21世纪高等继续教育精品教材·会计系列

A C C O U N T I N G

财务报表编制与分析

（第二版）

Accounting

■ 主编　伍巧君　王海民

中国人民大学出版社
·北京·

前　言

财务报表是信息提供者和信息使用者之间的重要桥梁，是了解企业财务状况、经营成果的重要信息来源。对于财会专业的学生和财务工作者来说，必须全面掌握编制财务报表的方法，具备运用财务报表数据进行财务分析的能力；企业的管理者、投资人、债权人或者其他信息需求者也希望通过财务报表获得其各自关注的信息，来帮助其进行决策。因此，更多的人越来越关注如何对财务报表进行分析。编写本书的目的就是帮助上述人士学会财务报表分析的基本原理和方法，帮助财会专业的学生以及财务工作者掌握财务报表编制的基本原理和方法。

本书根据2014年修订的《企业会计准则第30号——财务报表列报》中的规定重新调整所有报表格式，并根据2014年至2018年修订或新增的会计准则和列报要求对全书相关内容进行重新梳理。同时，用上市公司的最新数据替换书中原有陈旧的数据。除此之外，对于第一版的个别差错也进行了修改。本书内容丰富，体系合理，案例翔实新颖，并针对重要知识点配备了题型多样的课后思考题和练习题。本书既可作为高等继续教育相关专业教材，也可作为相关人士自学用书。

参加本书编写工作的有：伍巧君（主编，执笔第二、三、四、五、六、七、九、十、十一章）、王海民（主编，执笔第八章，并对全书总纂）、黄玮勤（执笔第一章）和温建萍（执笔第十二、十三章）。

由于受编写时间和水平的限制，我们虽竭尽全力仍难免书中有不当甚至错误之处，恳请读者批评指正，以利再版时改正。

编者

目 录

第一篇

财务报表认知

第一章
财务报表概述

学习目标

学完本章，你应能做到：

- 掌握财务报表的目标及分类。
- 熟悉财务报表的不同使用者以及他们所需要的财务信息。
- 熟悉财务报表的质量特征。
- 了解财务报表的法规框架。

第一节　财务报表的目标、分类及使用者

一、财务信息

财务信息是指能够用数字来表示的对企业的各项经济活动进行计量、记录和报告的信息。

财务信息的典型例子有：某企业总资产为5 000万元；当年的主营业务收入是4 000万元；当年的净利润是300万元。

这些财务信息都能从企业的财务报表中反映出来。当然，获取企业的财务信息还可通过其他的来源和途径，例如报纸杂志、互联网等。在“财务报表编制与分析”这门课程中，我们将集中探讨企业年度财务报表上的财务信息，掌握相关的理论知识，能在一定程度上了解和分析评价企业的财务状况和经营成果。

二、财务报表的目标

财务报表是指在日常会计核算资料的基础上，按照规定的格式、内容和方法定期编制的，综合反映企业某一特定日期财务状况和某一特定时期经营成果、现金流量状况及所有

者权益变动状况的书面文件。它是对企业财务状况和经济业务的结构性财务表述，反映了企业管理层对受托资源保管责任的成果。一般来说，财务报表习惯上也称会计报表。

财务报表的目标，是提供在经济决策中有助于一系列使用者的关于企业在某一个特定会计期间内的财务状况（资产负债表）、经营成果（利润表）、现金流量（现金流量表）和所有者权益变动（所有者权益变动表）的信息。每一份财务报表都向一个或多个有相关利益的群体提供了特定的有价值的信息。

为达到以上目标，财务报表应提供企业的下述财务信息：资产；负债；所有者权益（或股东权益）；收入和费用（包括利得和损失）；现金流量。这些财务信息，连同财务报表的附注、附表和其他信息，将有助于使用者预测企业未来的现金流量，尤其是产生现金和现金等价物的时间和确定性。

三、财务报表的分类

财务报表是财务报告程序的组成部分。全套的财务报表通常包括资产负债表、利润表、现金流量表、所有者权益变动表（或股东权益变动表）和附注，并且这些组成部分在列报上具有同等的重要程度，企业不得强调某张报表或某些报表较其他报表（或附注）更为重要。

（一）资产负债表

资产负债表反映企业资产、负债及所有者权益的期末状况，反映企业的长期偿债能力、短期偿债能力和利润分配能力等。

（二）利润表

利润表也称损益表，反映本期企业收入、费用和应该记入当期利润的利得和损失的金额和结构情况。财政部于 2014 年修订了《企业会计准则第 30 号——财务报表列报》，在利润表中增设“其他综合收益”和“综合收益总额”两个项目。其中：其他综合收益是指企业根据会计准则规定未在当期损益中确认，由非权益性交易形成的直接计入所有者权益的各项利得或损失。利润表中反映的是扣除所得税影响的其他综合收益的税后净额。综合收益总额是指企业在利润表中反映的净利润与其他综合收益扣除所得税影响后的净额相加后的合计金额。

（三）现金流量表

现金流量表反映企业现金流量的来龙去脉，分为经营活动、投资活动及筹资活动三部分。

（四）所有者权益变动表

所有者权益变动表反映本期企业所有者权益（或股东权益）各组成部分（含实收资本、其他权益工具、资本公积、其他综合收益、盈余公积和未分配利润）的增减变动情况和结构变动情况。特别是要反映直接计入所有者权益的利得和损失，含权益性交易形成的和非权益性交易形成的。

（五）财务报表附注

财务报表附注一般包括如下项目：

（1）企业的基本情况。

（2）财务报表的编制基础。

（3）遵循《企业会计准则》的声明。

（4）重要会计政策和会计估计。

（5）会计政策和会计估计变更及差错更正的说明。

（6）报表重要项目的说明。

（7）或有和承诺事项、资产负债表日后非调整事项、关联方关系及交易等需要说明的事项。

（8）有助于财务报表使用者评价企业管理资本的目标、政策及程序的信息。

在财务报表中，如果附有会计师事务所的审计报告，则财务报表的可信性将会更高。在上市公司的年报中，按上市规则，除了财务报表，还要提供公司业务摘要、经营情况讨论及分析、普通股股份变动及股东情况、公司治理等多份非会计文件。不过，股民最关心的还是公司年报内的派息建议及财务报表上的盈利率。

作业 1-1

试列举一些与使用者需求有关的除了主要财务报表以外的其他信息。

【参考答案】

对财务报表的需求来自使用者认为财务报表有助于他们进行决策，但除了资产负债表、利润表、现金流量表、所有者权益变动表这些主要财务报表以外，一系列的使用者在进行决策时也经常利用其他相关信息。所需的额外财务信息可能涉及公司间比较信息、行业分布和地区分布信息、价格变动信息、新工资合同、融资租赁的条款、企业的风险和不确定性因素、环境报告、人力资源信息、资产负债表内未予以确认的资源（例如矿藏）和义务等。

四、财务报表使用者及其信息需求

财务报表的主要使用群体包括投资人、债权人、管理当局、职工、顾客、政府及其机构、公众等。这些信息使用者出于不同的目的，对财务信息的关注点有所不同。

（一）投资人

投资人是企业法定的所有者，法律上财务报表是为其编制的。法律规定，除了管理信息以外，企业必须定期编制并发布财务报表，为其投资人公布财务信息。

在所有权和经营权分离的情况下，投资人虽然不参加企业的日常经营管理，但需要利用财务信息对经营者受托责任的履行情况进行评价，并对企业经营中的重大事项做出决策。具体而言，投资人通过对财务信息的分析，以便：

（1）评价企业的财务状况和管理当局的经营业绩，检查管理当局是否实现了企业的经营目标。

（2）分析企业所处行业的市场前景、本企业未来发展能力以及面临的风险，做出维持现有投资、追加投资或转让投资的决策。

（3）分析企业在市场竞争中的地位，制定企业的长远发展目标以及诸如企业扩张、收缩等方面的策略。

（4）评估企业股利支付能力、股票价格增长能力。

要进行上述四个方面的分析，投资人就需要关注企业的获利能力、投资风险、股票价格增长以及企业未来发展动向的资料。

投资人除包括现有投资人外，还包括潜在的投资人。对于潜在的投资人来说，他们主要是根据财务信息评价企业的各种投资机遇、估量投资的预期成本和收益以及投资风险的大小，做出是否对企业投资的决策。

（二）债权人

债权人可分为提供现金贷款给企业的人（即贷款债权人）和以赊账方式提供商品或劳务给企业的人（即商业债权人）两类。

1. 贷款债权人

贷款债权人是企业信贷资金的提供者（银行、金融机构），它们关心那些能使它们确定自己贷款的本金和利息能否得到按期支付的信息。基于此，它们需要分析资产的流动性和企业的获利能力，以评价企业产生现金流量的能力和偿债能力。它们会从企业的获利能力去衡量未来的现金流量，亦会从企业资产的流动性去评估是否有即时的现金流量，进而评价长期偿债能力和短期偿债能力。如果企业的生存能力出现问题，可抵押资产和已抵押资产的资料以及欠其他集团的贷款资料对贷款债权人就十分重要了。

贷款债权人通常都能获得公布的财务报表以外的内部资料，特别是企业未来的财务计划及现金流量预测，这些作为准予发放贷款的前提。如果贷款债权人担心企业归还贷款本息的能力，它们将拒绝提供贷款，或者要求借款人提供抵押或担保，或者因为要承担更大的借贷风险，而采取更高的利息率。

2. 商业债权人

商业债权人是提供信用的供应商，为企业赊销商品或劳务。它们希望知道企业的财务状况是否良好，以此来决定赊销的程度。此外，商业债权人在授出信用时还要考虑其资金成本。授出信用实际上就等于为企业筹措资金。所以，商业债权人关心那些能使它们确定企业所欠其款项能否按期支付的信息。商业债权人如果对企业的偿债能力有所怀疑，可能不愿意进行赊销，而会决定采用预收货款或钱货两讫（现销）的交易方式。

商业债权人只要不依赖该企业继续作为其主要顾客，就可以随时停止与其交易，所以商业债权人一般关注企业的短期状况，因此企业的流动资产状况是很重要的参考信息，而营运资金净值及现金流量表可提供详细有用的资料。然而，可供供应商参考的报表资料可能会是一年前的，其间的财务状况可能已有很大的变化，因此它们会利用财务报表以外的其他资料作为参考。当然，如果供销双方有着长期的关系，供应商对于企业的获利能力信息和在未来继续交易的前景会更感兴趣。

债权人还对企业的资本结构感兴趣，因为权益资本的数量与债务的关系，表明了所有者与债权人承担风险的关系。权益资本向债权人提供抵偿损失的安全余量，当权益安全余量很少时，债权人就会承担企业的风险。

（三）管理当局

管理当局也是财务信息的重要使用者，他们是财务信息的内部使用者，需要关于企业当前的和对未来预期的财务状况的报告来高效率地管理企业，对企业实行有效的控制并制订计划。

管理当局必须既从投资人的角度又从债权人的角度来分析各项数据。一般来说，他们对企业财务状况的各个方面均感兴趣。他们关心企业偿还债务的现时情况以及企业未来的盈利前景。为了确定短期负债、长期负债与股东权益的恰当组合，管理当局也很关心企业的资本结构。他们关心的另一个热点是企业的资产结构，即货币资金、存货、应收账款、投资以及固定资产等的组合。

管理当局必须制定良好的长短期财务政策并使之能够获取利润。例如，获利能力与变现能力是矛盾的，通常流动性强的资产（现金和有价证券）获利较少。如果企业资源不足以抵偿流动债务，则追求最大限度的获利目标对企业来说是很不利的。一旦债权人中断信用贷款并要求偿还，企业将面临破产清盘的局面。同样，管理当局必须恰当利用资源以获得合理的报酬。

当然，管理当局除利用财务报表上的信息外，还可通过其他途径获取外部使用者无法掌握的内部信息，即他们有获得关于企业信息的“特殊”通道。例如专门为企业管理当局准备而不为公众所知的财务报告，有时也称为管理会计报告。当管理当局需要大量的、有关某一类单独产品或经济活动，或者是企业不同部分的成本与效益信息时，他们就可以通过设置管理会计报告系统来获得。

（四）职工

除了财务报表的资料外，职工很少有机会获得其他的财务资料。他们主要关注的是企业的长远前景和自己的工作前途，因此企业的获利能力、增长能力及稳定性对他们来说是很重要的。职工及其代表组织（工会）关心有关企业稳定性和获利能力的信息，以及能使他们评估企业如期提供报酬并能准许增加工资、退休福利和附加福利、就业机会的能力等方面的信息，这些关系到他们未来的职业生涯和工资薪水。

（五）顾客

顾客关注有关企业延续性的信息，特别是在与企业有着长期性的联系或者依赖企业的情况下。例如，供应商品或劳务的数量和质量、现在和将来的价格保证等。

（六）政府及其机构

政府及其机构关心资源的配置。通过监管企业的经济活动，为贯彻和监督诸如税收政策、反垄断法、监管合并和收购的法规等国家政策而需要企业的相关财务信息。例如税务机关需要根据所获得的企业利润信息从而确定税收。政府及其机构较关注应税利润、国民收入统计等表现国家总体经济情况的各种资料，以及企业是否遵守代扣个人所得税法规等相关信息。

（七）公众

企业以各种方式和途径影响着公众成员。例如，企业可能以多种方式对当地经济做出重要贡献，包括提供就业岗位和对当地供应商的惠顾。另一个重要因素就是企业对环境的影响，例如在防止污染方面。公众成员关注财务报表中关于企业发展前景、活动范围等方面的信息。

虽然上述财务报表使用者对信息的需求不可能完全由财务报表来满足，但有些需求对于所有的使用者都是共同的。由于投资人是企业的业主，是风险资本的提供者，企业提供满足他们信息需求的财务报表，就能满足财务报表其他使用者的大部分需求。

作业 1-2

除了上述财务报表的主要使用群体，你还能列举出一些其他类别的使用者吗？

【参考答案】

其他类别的使用者包括财务分析人员和财务顾问、竞争对手、社会团体、租赁机构等。竞争对手利用财务报表评估企业的比较性业绩和状况；社会团体则较多关注企业是否遵守环境法规等相关信息。

第二节　财务报表的质量特征

财务报表所提供的财务信息要符合会计法律、法规和制度的规范；能够满足用户的信息需求；并能够真实反映企业的财务状况、经营成果和现金流量，具有可靠性和透明度。能够达到上述要求的财务报表，为有质量或高质量；反之，则为低质量。具体而言，高质量的财务报表应具有可靠性、相关性、可理解性、可比性、实质重于形式、重要性、谨慎性和及时性的特征。

一、可靠性

可靠性要求企业应当以实际发生的交易或事项为依据进行确认、计量和报告，如实反映符合确认和计量要求的各项会计要素及其他相关信息，保证会计信息真实可靠、内容完整。为了贯彻可靠性要求，企业应当做到以下两点：

第一，以实际发生的交易或者事项为依据进行确认、计量，将符合会计要素定义及确认条件的资产、负债、所有者权益、收入、费用和利润等如实反映在财务报表中，不得根据虚构的、没有发生的或者尚未发生的交易或者事项进行确认、计量和报告。

第二，在符合重要性和成本效益原则的前提下，保证会计信息的完整性，其中包括应当编制的报表及其附注内容等保持完整，不能随意遗漏或者减少应予以披露的信息，与使用者决策相关的有用信息都应当充分披露。

二、相关性

相关性要求企业提供的会计信息应当与投资者等财务报表使用者的经济决策需要相关，有助于投资人等财务报表使用者对企业过去、现在或者未来的情况做出评价或者预测。

会计信息质量的相关性要求，需要企业在确认、计量和报告会计信息的过程中，充分考虑使用者的决策模式和信息需要。但是，相关性是以可靠性为基础的，两者之间并不矛盾，不应将两者对立起来。也就是说，会计信息在可靠性的前提下，尽可能地保证相关性，以满足投资人等财务报表使用者的决策需要。

三、可理解性

可理解性要求企业提供的会计信息应当清晰明了，便于投资人等财务报表使用者理解和使用。

会计信息毕竟是一种专业性较强的信息产品，在强调会计信息的可理解性要求的同时，还应假定使用者具有一定的有关企业经营活动和会计方面的知识，并且愿意付出努力去研究这些信息。对于某些复杂的信息，如交易本身较为复杂或者会计处理较为复杂，若其与使用者的经济决策相关，企业就应当在财务报表中予以充分披露。

四、可比性

可比性要求企业提供的会计信息应当相互可比。这主要包括两层含义：

第一，同一企业不同时期可比，是指同一企业不同时期发生的相同或者相似的交易或者事项，应当采用一致的会计政策，不得随意变更。但是，满足会计信息可比性要求，并非表明企业不得变更会计政策，如果按照规定或者在会计政策变更后可以提供更可靠、更相关的会计信息，可以变更会计政策。有关会计政策变更的情况，应当在附注中予以说明。

第二，不同企业相同会计期间可比，是指不同企业同一会计期间发生的相同或者相似的交易或事项，应当采用规定的会计政策，确保会计信息口径一致、相互可比，以使不同企业按照一致的确认、计量和报告要求提供有关会计信息。

五、实质重于形式

实质重于形式要求企业应当按照交易或者事项的经济实质进行会计确认、计量和报告，不仅仅以交易或者事项的法律形式为依据。

在实际工作中，交易或事项的外在法律形式或人为形式并不总能完全真实地反映其实质内容。所以，会计信息要想真实反映企业的交易或事项，就必须以交易或事项的实质和经济现实为依据，而不能仅仅根据它们的法律形式进行核算和反映。例如，融资租入固定资产、售后回购、合并会计报表范围的确定、关联方关系的判断等，就应当按照交易或事项的经济实质进行会计核算，才能为会计信息使用者提供对决策有用的会计信息。

六、重要性

重要性要求企业提供的会计信息应当反映与企业财务状况、经营成果和现金流量有关的所有重要交易或者事项。

如果财务报表中提供的会计信息的省略或者错报会影响投资人等使用者据此做出决策，该信息就具有重要性。重要性的应用需要依赖职业判断，企业应当根据其所处环境和实际情况，从项目的性质和金额大小两方面加以判断。

七、谨慎性

谨慎性要求企业对交易或者事项进行会计确认、计量和报告时保持应有的谨慎，不应高估资产或者收益、低估负债或者费用。

在市场经济环境下，企业的生产经营活动面临着许多风险和不确定性，如应收款项的可收回性、固定资产的使用寿命、无形资产的使用寿命、售出存货可能发生的退货或者返修等。会计信息质量的谨慎性要求，需要企业在面临不确定性因素的情况下做出职业判断时，应当保持应有的谨慎，充分估计到各种风险和损失，既不高估资产或者收益，也不低估负债或者费用。

但是，谨慎性的应用并不是允许企业设置秘密准备，如果企业故意低估资产或者收益，或者故意高估负债或者费用，将有违会计信息的可靠性和相关性要求，从而损害会计信息质量，扭曲企业实际的财务状况和经营成果，对使用者的决策产生误导，这是会计准则所不允许的。

八、及时性

及时性要求企业对于已经发生的交易或者事项，应当及时进行确认、计量和报告，不得提前或者延后。

会计信息的价值在于帮助所有者或者其他方面做出经济决策，具有时效性。相关的会计信息，如果不及时提供，就失去了时效性，对于使用者的效用就大大降低，甚至不再具有实际意义。在会计确认、计量和报告过程中贯彻及时性，有三层含义：一是及时收集会计信息；二是及时处理会计信息；三是及时传递会计信息。

上述八个质量要求中，可靠性、相关性、可理解性和可比性是会计信息的首要质量要求，是企业财务报表中所提供财务信息应具备的基本质量特征；实质重于形式、重要性、谨慎性和及时性是财务信息的次级质量要求，是对可靠性、相关性、可理解性和可比性首要质量要求的补充和完善，尤其是在对某些特殊交易或者事项进行处理时，需要根据这些质量要求来把握会计处理原则；另外，及时性还是会计信息相关性和可靠性的制约因素，企业需要在相关性和可靠性之间寻求一种平衡，以确定信息及时披露的时间。

作业 1-3

现行的财务报表有哪些局限性？

【参考答案】

现行的财务报表的局限性包括：

(1) 财务报表所反映的信息只是财务性的信息。

(2) 财务报表所反映的信息主要是历史性的信息。

(3) 财务报表提供的信息存在个人判断的差异性。

(4) 财务报表提供的信息有时缺乏可比性。

(5) 财务报表提供的信息往往具有一定的滞后性。

(6) 财务报表的技术性弱化其信息的有用性。

(7) 财务报表的通用性与个体需求差异性存在矛盾。

第三节　财务报表的法规框架

一、法规的必要性

财务信息可从供需两方面来看。提供融资或资源的供给集团（投资人、贷款债权人、供应商等），是财务信息的需方。使用这些融资或资源的企业，是财务信息的供方。

在财务信息不受法规约束及没有揭示规则的环境中，企业未必愿意提供满足信息需求者即使用者所需的财务信息。解决这一问题的唯一办法是制定一系列的法规准则，来规范企业披露财务信息的基本要求并提高财务报表的透明度，做到真实和公允地反映企业的财务状况、经营成果和现金流量。财务报表法规的必要性如图 1-1 所示。

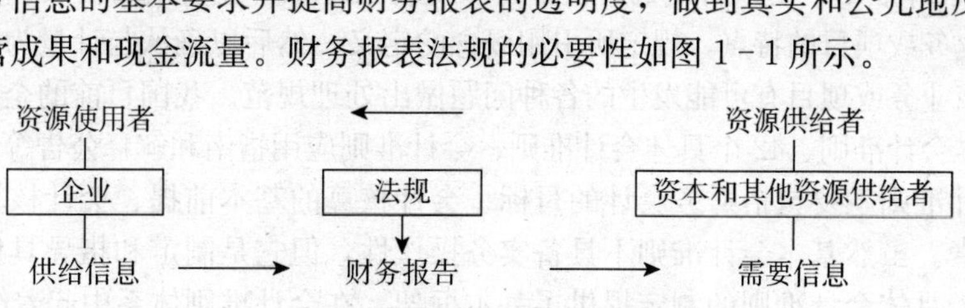

图 1-1　财务报表法规的必要性

二、制约企业财务报表编制和披露的法规体系

在我国，制约企业财务报表编制和披露的法规体系包括会计规范体系以及约束上市公司信息披露的法规体系。

（一）会计规范体系

从目前的情况来看，制约我国企业财务报表编制和披露的法规体系中的会计规范体系主要包括三个层次，即《中华人民共和国会计法》（以下简称《会计法》）及《企业财务会计报告条例》、会计行政法规和会计规章。

1.《会计法》及《企业财务会计报告条例》

《会计法》制定于1985年，此后曾于1993年、1999年、2017年先后进行过三次修订。《会计法》是调整我国经济活动中会计关系的法律总规范，是会计规范体系的最高层次，是制定其他会计法规的基本依据，也是指导会计工作的最高准则，可以说是规范会计工作的"宪法"。《会计法》明确规定了其作用、适用范围、会计人员行使职权的保障措施和会计工作的管理体制等，明确规定了会计信息的内容和要求、企业会计核算和监督的原则、会计机构的设置、会计人员的配备以及相关人员的法律责任。

《企业财务会计报告条例》于2000年6月21日发布，自2001年1月1日起实施。该条例对企业财务会计报告的含义、构成等均做了规范。

2. 会计行政法规

会计行政法规主要是指国家统一的会计核算制度，包括《企业会计制度》和《企业会计准则》。《企业会计制度》和《企业会计准则》主要从企业会计核算方面做出规定，为企业的会计核算工作提供规范，可以说是《会计法》中会计核算方面规定的具体化。

（1）《企业会计制度》。我国统一的会计制度是于2000年12月29日发布，并于2001年1月1日起实施的。《企业会计制度》是我国企业会计核算工作的具体规范，它以特定部门、特定行业的企业或所有的企业为对象，着重对会计科目的设置、使用和财务会计报告的格式及编制加以详细规范。按照企业性质和规模，分别建立了《企业会计制度》（不含金融企业）（尚未废止）、《金融企业会计制度》（已废止，目前金融企业执行《企业会计准则》）和《小企业会计制度》（已废止，目前小企业执行《小企业会计准则》）。在2006年颁布的会计准则实施前，《企业会计制度》是企业会计核算制度的核心。

（2）《企业会计准则》和《小企业会计准则》。

1）《企业会计准则》。我国的《企业会计准则》于1992年11月30日发布，自1993年7月1日起实施。后于2006年2月15日、2014年及2017年进行三次大规模的修订及增加。《企业会计准则》是以特定的经济业务（交易或事项）或特定的报表项目为对象，详细分析各项业务或项目的特点，规定所引用概念的定义，然后以确认与计量为中心并兼顾披露，对围绕该业务或项目有可能发生的各种问题做出处理规范。我国目前的企业会计准则体系由1个基本会计准则、42个具体会计准则、会计准则应用指南和解释公告等组成。

基本会计准则主要包括财务会计的目标、会计核算的基本前提、会计核算的一般原则以及会计要素。虽然基本会计准则不具备实务操作性，但它是制定和指导具体会计准则的前提条件，为具体会计准则的制定提供了基本框架，在会计准则体系中起着统驭作用。

具体会计准则是根据基本会计准则的要求而制定的，就经济业务的会计处理以及报表披露等方面做出具体规定。42项具体会计准则又具体规范了三类经济业务或会计事项的处理：第一类，一般业务处理准则。该准则主要规范各类企业普遍适用的一般经济业务的确认与计量。如存货核算、长期股权投资、固定资产、无形资产、投资性房地产、职工薪酬、收入、建造合同、所得税、股份支付、政府补助、外币折算、借款费用、资产减值、每股收益、企业合并、企业年金基金、财务报表列报、现金流量表、中期财务报告、合并财务报告、分部报告、资产负债表日后事项、会计政策、会计估计变更和前期差错更正、合营安排、在其他主体中权益的披露等。第二类，特殊行业会计准则。该准则主要规范特殊行业的会计业务或事项的处理，如生物资产、石油天然气开采等。第三类，特定业务准则。该准则主要规范特定业务的确认与计量，如债务重组、非货币性资产交换、租赁、或有事项、金融工具确认与计量、金融资产转移、金融工具列报、套期会计、原保险合同、再保险合同、公允价值及持有待售的非流动资产、处置组和终止经营等。

会计准则应用指南是根据基本准则和具体准则制定的用于指导会计实务操作的细则，是企业会计准则体系的重要组成部分，主要介绍在运用会计准则处理业务时所涉及的会计科目、账务处理、会计报表及其格式编制说明，类似于以前的会计制度。

解释公告是随着企业会计准则的贯彻实施，就实务中遇到的问题而对准则做出的具体解释。

2)《小企业会计准则》。我国的《小企业会计准则》于 2011 年 10 月 18 日发布，自 2013 年 1 月 1 日起实施。适用于在中华人民共和国境内设立的不对外筹集资金、经营规模较小的企业（不包括以个人独资及合伙形式设立的小企业）。该准则分为总则、资产、负债、所有者权益、收入、费用、利润及利润分配、外币业务、财务报表、附则，共 10 章 90 条，用以规范小企业的会计核算。《小企业会计准则》以税法为导向，在收入、费用的确认上尽量减少和缩小与税法之间的差异，减少小企业纳税调整的项目和内容。《小企业会计准则》主要体现以下几个特点：通俗易懂、简便易行；减少了会计职业判断；做到与税法要求相互协调，满足税收征管信息的需求；可操作性强等。《小企业会计准则》的发布实施，标志着我国由适用于大中型企业的《企业会计准则》和适用于小企业的《小企业会计准则》共同构成的企业会计标准体系基本建成。

会计制度和会计准则的发布都是为了规范会计行为，因此，两者在内容上没有实质性的差别，只是制定理念不一样，前者属于“规则导向”，而后者属于“原则导向”。其实在这两者之间是完全可以二选一的，而我国之所以既有准则又有制度，正是因为当初没有确定采取哪一种理念来制定我们的制度。但是，随着我国会计国际趋同化加剧，必将越来越倚重“原则导向”的会计准则，这种并存的局面随着时间的推移必将成为历史。

3. 会计规章

会计规章主要包括财政部和其他行政部门制定的有关会计规范性文件，如《会计基础工作规范》《会计档案管理办法》等。

需要提醒读者注意的是，在我国，制约企业财务报表编制的会计规范体系一直在不断完善、不断变化中，今后仍将继续完善并发展变化。

（二）上市公司信息披露制度

信息披露制度，也称公示制度或公开披露制度，是上市公司为保障投资人利益、接受社会公众的监督而依照法律规定必须将其自身的财务变化、经营状况等信息和资料向证券管理部门和证券交易所报告，并向社会公开或公告，以便使投资人充分了解情况的制度。

上市公司信息披露的内容主要分为两类：一是投资人评估公司状况所需要的信息；二是对股价运行有重要影响的事项。从披露信息的时段来看，可分为上市前和上市后会计信息两部分内容。我国现行的上市公司信息披露规范体系主要由证券发行信息披露制度和持续性信息披露制度（定期报告制度和临时报告制度等）两个方面组成。具体而言，会计信息披露文件一般包括招股说明书、上市公告书、年度报告、中期报告（包括半年度报告和季度报告）以及临时公告（包括重大事项公告和收购与合并公告）。前两者构成首次披露，后三者构成持续披露。

信息披露的评价标准是及时、有效和充分。信息披露制度的目的与证券市场监管的目标是一致的，都以维护投资人利益、提高证券市场的效率为宗旨。从各市场经济国家证券市场监管的实践来看，信息披露制度是每一个国家证券监管制度不可分割的组成部分。为了应对证券市场中欺诈行为和内幕交易等市场失灵的现象，改善市场中客观存在的不公平竞争状态，世界上几乎所有国家的证券法规都规定，一切已经上市的和即将上市的股份有限公司都负有公开、公平和及时地向投资人和潜在的投资人披露一切有关公司重要信息的持续性责任。因此，证券监管历来都把信息披露监管作为重中之重。

近年来，随着上市公司数量的不断增加，我国上市公司的信息披露制度也逐渐规范。中国证监会先后发布了《公开发行股票公司信息披露实施细则（试行）》《公开发行股票公司信息披露的内容与格式准则》等。

我国约束上市公司信息披露的法规体系包括四个层次，如图 1－2 所示。

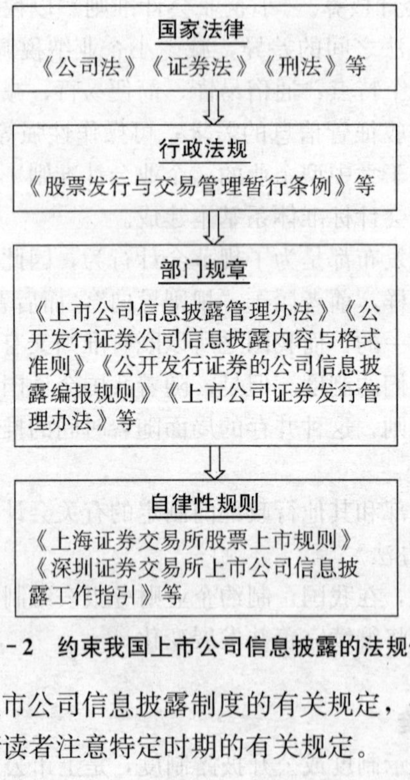

图 1－2　约束我国上市公司信息披露的法规体系

必须指出的是，关于上市公司信息披露制度的有关规定，会随着上市公司治理结构的不断变化而发展变化，提请读者注意特定时期的有关规定。

本章小结

财务报表是指在日常会计核算资料的基础上，按照规定的格式、内容和方法定期编制的，综合反映企业某一特定日期财务状况和某一特定时期经营成果、现金流量状况及所有者权益变动状况的书面文件。财务报表的目标，是提供在经济决策中有助于一系列使用者的关于企业在某一个特定会计期间内的财务状况、经营成果、现金流量和所有者权益变动的信息。

财务报表的主要使用群体包括投资人、债权人、管理当局、职工、顾客、政府及其机构、公众等。这些信息使用者出于不同的目的，对财务信息的关注点有所不同。

财务报表的质量特征是使财务报表提供的信息对使用者有用的属性，主要包括可靠性、相关性、可理解性、可比性、实质重于形式、重要性、谨慎性和及时性。

在我国，制约企业财务报表编制和披露的法规体系包括会计规范体系以及约束上市公司信息披露的法规体系。其中，会计规范体系主要包括《会计法》及《企业财务会计报告条例》、会计行政法规（即《企业会计制度》、《企业会计准则》和《小企业会计准则》）和会计规章。约束上市公司信息披露的法规体系主要有《公司法》《证券法》《股票发行与交易管理暂行条例》等。

课后思考题

1. 概述财务报表的目标。

2. 企业的获利能力是否为债权人的主要考虑因素?

3. 在实践中，外部财务报表使用者诸如供应商、银行等是如何获得有关企业的财务信息的?

4. 一般人普遍认为财务报表中最重要的质量特征是相关性，请解释。

5. 针对本章提出的财务报表的局限性，你认为应如何改进?

课后练习题

一、单项选择题

1. 我国财务报表的目标是（　　）。

A. 向财务报表使用者提供对决策有用的信息

B. 向财务报表使用者建议投资的方向

C. 向财务报表使用者明示企业的风险程度

D. 向财务报表使用者建议提高报酬的途径

2. 下列关于某企业的信息，不属于财务信息的是（　　）。

A. 该企业当年年末的预收款项为 650 万元

B. 该企业当年投资收益为 500 万元

C. 该企业主要产品在国内的市场占有率为 10%

D. 该企业的股本为 8 000 万元

3. 会计信息要有用，就必须满足一定的质量要求。例如，企业应当以实际发生的交易或者事项为依据进行确认、计量和报告，体现的会计信息质量要求是（　　）。

A. 可靠性　　B. 可比性　　C. 相关性　　D. 重要性

4. 下列业务中，体现重要性质量要求的是（　　）。

A. 融资租入固定资产视同自有固定资产入账

B. 对未决仲裁确认预计负债

C. 对售后回购不确认收入

D. 对低值易耗品采取一次摊销法

5. 我国会计规范体系的最高层次是（　　）。

A.《企业会计制度》　　B.《企业会计准则》

C.《会计法》　　D.《会计基础工作规范》

6. 下列不属于上市公司信息披露主要公告的是（　　）。

A. 收购公告　　B. 重大事项公告

C. 利润预测　　D. 中期报告

二、多项选择题

1. 我国企业的基本财务报表包括（　　）。

A. 资产负债表　　B. 利润表

C. 所有者权益变动表　　D. 现金流量表

E. 财务报表附注

2. 财务报表的目标是为信息使用者提供对决策有用的信息。财务报表信息使用者主要有（　　）。

A. 投资人　　B. 债权人

C. 政府及其部门　　D. 管理当局　　E. 职工

3. 下列属于会计信息质量要求的有（　　）。

A. 可读性　　B. 可靠性　　C. 可比性　　D. 相关性

E. 实质重于形式

4. 制约我国企业财务报表编制和披露的会计规范体系有（　　）。

A.《会计法》　　B.《企业财务会计报告条例》

C.《企业会计制度》　　D.《企业会计准则》

E.《小企业会计制度》

5. 上市公司信息披露的公告主要有（　　）。

A. 上市公告书　　B. 年度报告　　C. 中期报告　　D. 临时公告

E. 招股说明书

三、判断题

1. 会计准则将财务报表的目标定位为“受托责任观”。（　　）

2. 可比性要求企业的会计核算方法前后各期应当保持一致，不得随意变更。但是，在符合一定条件的情况下，企业也可以变更会计政策，并在附注中说明。（　　）

3. 谨慎性要求企业不仅要核算可能发生的收入，也要核算可能发生的费用和损失，以对未来的风险进行充分核算。（　　）

4. 某一会计事项是否具有重要性，在很大程度上取决于会计人员的职业判断。对于同一会计事项，在某一企业具有重要性，在另一企业则不一定具有重要性。（　　）

第二篇

财务报表编制

第二章 财务报表编制要求及编制前的准备工作

学习目标

学完本章，你应能做到：

- 了解财务报表的编制要求。
- 掌握财务报表编制前的准备工作。

第一节 财务报表的编制要求

企业财务报表的编制，要遵守会计规范规定的统一编制要求，这样才有利于为外部报表使用者提供正确的经营决策信息。

一、编报及时

财务报表的信息具有极强的时效性，一旦过期，信息的价值就会丧失。因此，为使企业的投资人、债权人和政府管理部门充分利用财务报表资料，财务报表必须在会计期间结束后及时编制，并在规定期限内迅速上报。

我国财务报表的编制时间、报送时间由国家发布的会计制度、税收制度统一规定。一般来说，资产负债表、利润表、现金流量表需要中期报告和年度报告，所有者权益变动表需要年度报告。各种报表的报送时间按照会计制度和税收制度的规定略有不同，具体如表2-1所示。

表2-1 财务报表报送时间

报表种类	报送时间	
	会计制度	税收制度
月报	月份终了后6日内	月份终了后15日内
季报	季度终了后15日内	季度终了后15日内

续前表

报表种类	报送时间	
	会计制度	税收制度
半年报	半年度终了后 60 日内	半年度终了后 15 日内
年报	年度终了后 4 个月内	年度终了后 5 个月内

二、格式规范

企业对外报送的财务报表的格式由财政部统一规定，各企业在编制财务报表时应遵照执行。企业对外报送的财务报表采用统一的格式，有利于不同企业会计指标的口径一致和相互可比，也有利于国家有关部门进行会计指标的汇总，同时提供了衡量一个企业的会计核算工作质量的标准之一。2018 年最新发布的财务报表格式规范对绝对统一的格式做了一定的变通，允许企业对不存在相应业务的报表项目进行必要的删减，也可以根据实际情况，对确实需要单独列示的内容增加报表项目。

三、保证质量

财务报表应当根据登记完整、核对无误的会计账簿记录和其他有关资料编制，任何人不得篡改或者授意、指使、强令他人篡改财务报表数字，保证财务报表的数字真实、计算准确、内容完整。

（一）要以真实合法的会计资料为基础

财务报表反映的信息应当与企业的财务状况、经营成果、现金流量状况相一致，要求每项会计记录都要有合法的会计凭证作为依据，一切会计资料必须真实反映企业经济活动实际，会计的计量、记录和确认必须以国家统一的会计制度和相关法规的规定为依据。企业编制财务报表，必须以登记完整、核对无误的会计记录和其他有关资料为依据，财务报表所列数字应该客观地、有根据地确定，真实准确地反映企业经营活动信息。

（二）数字计算要准确

在会计账簿和其他有关资料真实可靠的前提下，企业应严格按照会计制度、会计准则的规定编制财务报表，计算相关数据，做到表内各项目之间、财务报表之间、本期报表与上期报表之间的有关数字相互衔接。严禁任何人用任何方式篡改财务报表数字，报送虚假的财务报表。

（三）内容填列要完整

财务报表的内容必须按照国家会计制度、会计准则统一规定的内容填列，满足各方面对财务信息的要求。财务报表一般由财务报表名称、表头项目、主体项目、补充资料及有关人员的签章组成。财务报表的表头项目包括编制企业的确切名称、财务报表的报告日期或报告时期、财务报表的编号、财务报表的计价单位等内容；财务报表的主体项目主要列示财务报表的内容，包括项目名称、行次、上年财务报表的数字及本期需要报送的财务报表数据；财务报表的补充资料按照会计制度的要求列示有关内容；财务报表的有关人员签章包括企业负责人、财务负责人、复核人及制表人的签章。上述财务报表项目必须填写齐全，按照规定的排列顺序填列，不允许随意改动。

总之，企业必须在规定的时间，按照规定的财务报表格式，对外报送内容完整、真实可靠的财务报表，这样才能满足各方面对财务信息的需求。

第二节　财务报表编制前的准备工作

在编制财务报表前，企业必须保证本期发生的所有经济业务均已入账，并且及时处理需以转账凭证方式记录和结转的经济业务。

一、清查核实财产物资

企业在编制财务报表前，尤其在编制年度财务报表前，应当做好各项财产物资的清查盘点工作，做到账实相符。主要包括：清点现金和应收票据；核对银行存款，编制银行存款余额调节表；与购货人核对应收账款；与供货人核对预付账款；与其他债务人核对其他应收款；清查各项存货；检查各项投资的回收和利润分配情况；清查各项固定资产和在建工程。

在核实以上各项资产的过程中，如发现与账面记录不符，应先转入“待处理财产损溢”科目，待查明原因，按规定报批处理。

二、清理核对往来账目

企业对于和其他企业的往来款项，在结账前也要清理核对，发现问题及时更正处理。往来款项的核对可以采用发函证的方法，对于核对不符的款项及时上报解决。对于长期挂账、无法收回的应收账款，符合坏账损失核销条件的，及时报批处理。

三、复核成本

企业编制财务报表前，要认真复核各项生产、销售项目的成本结转情况。核查是否有少转、多转、漏转、错转的成本，这些都直接影响企业盈亏的真实性，并由此产生一系列的后果，如多缴税金、多分利润，使企业资产流失等。

四、内部调账，合理确认本期的收入和费用

按照收入的确认原则，检查是否有收入提前确认或延后确认的情况，重点检查预收账款销售方式、分期收款销售方式等特殊的销售行为，保证真实确认本期实现的收入。同

时，企业应当准确确认本会计期间应负担的成本费用，应摊销或预提的费用及时计入当期费用，保证本期的会计事项不延至以后各期。具体包括：摊销长期待摊费用，凡本期负担的费用应在本期摊销；计提固定资产折旧；摊销各项无形资产；按权责发生制原则及有关规定，预提利息、费用和税金；如有资产发生减值，需计提各项资产减值损失；实行工效挂钩的企业，按规定计提应付职工薪酬；转销经批准的“待处理财产损溢”，财务部门对此要及时提出处理意见，报有关领导审批，不能长期挂账；有外币业务的企业，还应计算汇兑损益，调整有关外币科目。

五、试算平衡

在完成以上准备工作之后，应进行一次试算平衡，以检查账务处理有无错误。

六、结转并分配企业损益

试算平衡后的结账工作主要有以下几项：将损益类科目全部转入“本年利润”科目；将“本年利润”科目形成的本年税后净利润或亏损转入“利润分配”科目；进行利润分配。

企业在年终结账前，所有的损益类科目应当没有余额，“本年利润”科目也没有余额，除“利润分配——未分配利润”外，其他利润分配明细科目均没有余额。

以上各项准备工作往往是同时交叉进行的。在实现会计电算化的企业，以上有些准备工作是可以通过计算机完成的，如试算平衡和结账等。

总之，在编制财务报表之前，企业必须保证账证相符、账账相符、账实相符，编制总账科目余额表，对企业的当期业务进行试算平衡，然后编制财务报表，保证财务报表的真实性与准确性。

本章小结

财务报表的编制要求是编报及时、格式规范、保证质量，做到财务报表的数字真实、计算准确、内容完整。

在编制财务报表前，企业必须保证本期发生的所有经济业务均已入账，并且及时处理需以转账凭证方式记录和结转的经济业务。具体包括：清查核实财产物资；清理核对往来账目；复核成本；内部调账，合理确认本期的收入和费用；试算平衡；结转并分配企业损益。

课后思考题

1. 财务报表的编制要求主要有哪些？
2. 在编制财务报表前需做哪些准备工作？

课后练习题

一、单项选择题

1. 根据《企业会计制度》的规定，中期财务会计报告不包括（　　）。

A. 月报　　B. 季报　　C. 半年报　　D. 年报

2. 某公司的会计人员未对本年的折旧作期末调账分录，由此引发的错误是（　　）。

A. 资产被高估，负债和股东权益被低估

B. 资产、净收益和股东权益都被高估，费用被低估

C. 净收益被高估，负债被低估

D. 资产和费用被低估，净收益被高估

3. 某公司年末未按分期收款销售合同的规定确认本期应确认的收入，则（　　）。

A. 资产被低估，净收益被低估　　B. 负债被高估，股东权益被低估

C. 净收益被高估，负债被低估　　D. 净收益被低估，股东权益被高估

4. 借记一项费用并贷记一项相关负债的调整分录属于的类型为（　　）。

A. 预付费用　　B. 预收收入　　C. 应计费用　　D. 应计收入

二、多项选择题

1. 财务报表的编制要求有（　　）。

A. 真实可靠　　B. 格式规范　　C. 内容完整　　D. 编报及时

E. 数字准确

2. 在编制财务报表前，必须及时做好的工作包括（　　）。

A. 清查核实财产物资　　B. 清理核对往来账目

C. 按照权责发生制原则进行内部调账　　D. 试算平衡

E. 结转并分配企业损益

3. 期末企业用于内部调账的调整分录（　　）。

A. 用来衡量会计期间的净收益或者净损失

B. 可以更新会计账户

C. 不影响企业的货币资金

D. 是基于权责发生制要求编制的

E. 以上几项均正确

4. 下列陈述正确的是（　）。

A. 权责发生制较收付实现制能提供更准确反映企业情况的信息

B. 使用收付实现制的企业要编制调整分录

C. 配比原则指导会计人员确认费用的发生并将费用从同一期的收入中扣除

D. 我国会计年度可以不在 12 月 31 日结束

E. 月末结账后，“本年利润”科目通常无余额

5. 下列不必进行期末结转的账户有（　　）。

A. “盈余公积”　　B. “主营业务收入”

C. “固定资产”　　D. “本年利润”

E. “坏账准备”

第三章
资产负债表的编制

学习目标

学完本章，你应能做到：
- 了解资产负债表的格式及作用。
- 熟悉资产负债表的内容。
- 掌握资产负债表的编制原理。
- 能够熟练编制资产负债表。

第一节 资产负债表概述

资产负债表是总括反映企业在某一特定日期（如月末、季末、半年末、年末）全部资产、负债和所有者权益情况的财务报表。资产负债表反映会计中最基本的平衡公式，即"资产＝负债＋所有者权益"。它表明企业在某一特定日期所拥有或控制的经济资源、所承担的现时义务和所有者对净资产的要求权。资产负债表可以提供某一特定日期资产的总额及结构，表明企业拥有或控制的资源及其分布情况；可以提供某一日期的负债总额及结构，表明企业未来需要用多少资产或劳务清偿债务以及对负债的保障程度。资产负债表是企业必须按期编制的一张主要财务报表。

图3-1是资产负债表结构简图，该图反映了资产负债表基本的恒等关系，即资产＝负债＋所有者权益。该图的右边反映企业的资金来源（从所有者或债权人处筹资），左边反映企业的资金占用（以流动资产或非流动资产占用）。

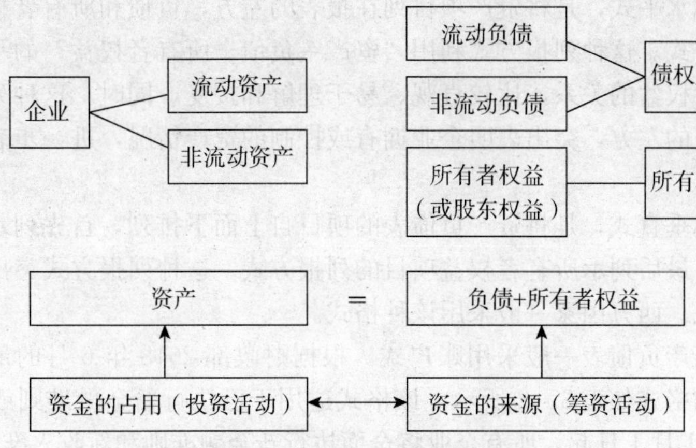

图 3-1 资产负债表结构简图

作业 3-1

1. 会计最基本的恒等式是“资产＝________＋________”。

2. 贵州茅台、宝钢股份、上汽集团、苏宁云商四家企业 2017 年 12 月 31 日的资产、负债及股东权益项目如表 3-1 所示，完成会计恒等式中缺省的项目。

表 3-1　四家企业资产、负债及股东权益情况　　单位：万元

项目	贵州茅台	宝钢股份	上汽集团	苏宁云商
资产	13 440 494		72 353 313	
负债		17 576 223	45 142 731	7 364 903
股东权益	10 514 968	17 447 240		8 362 766

3. 公司进入一个大规模发展的阶段，一种衡量规模的方式就是总资产。为了公司能够有一个较好的发展前景，需要检测上述报告中总资产的范围和规模。________是表 3-1 中最大的公司，其报告的总资产为________亿元；________是上述公司中规模最小的公司，其报告的总资产是________亿元。

4. 公司的总资产更多的来源于负债的公司是________；更多的来源于所有者权益（或股东权益）的公司是________。

【参考答案】

1. 负债；所有者权益。
2. 2 925 526；35 023 463；27 210 582；15 727 669。
3. 上汽集团；7 235.33；贵州茅台；1 344.05。
4. 上汽集团；贵州茅台。

一、资产负债表的格式

资产负债表可用两种格式列报，即账户式和报告式。

账户式，又称水平式，是将资产项目列在报表的左方，负债和所有者权益项目列在报表的右方的列报方式。这种列报方式利用“资产＝负债＋所有者权益”的平衡关系反映资产、负债和所有者权益的关系，比较直观、易于理解和接受。同时，这种列报方式将资产类项目单列在报表的左方，突出表明企业拥有或控制的资产情况，进一步表明企业的经营状况和发展前景。

报告式，又称垂直式，是将资产负债表的项目自上而下排列，首先列示资产项目，其次列示负债项目，最后列示所有者权益项目的列报方式。这种列报方式突出强调的是企业的所有者权益情况。西方国家一般采用该种格式。

我国企业的资产负债表一般采用账户式。根据财政部 2018 年 6 月的最新规定，一般企业资产负债表的格式如表 3－2 所示。该格式适用于已执行新金融准则或新收入准则的企业。自 2021 年 1 月 1 日起，所有企业将全面执行新金融准则和新收入准则。

表 3－2　　资产负债表

编制单位：　　年　月　日　　单位：元

资产	期末余额	年初余额	负债和所有者权益（或股东权益）	期末余额	年初余额
流动资产：			流动负债：		
货币资金			短期借款		
交易性金融资产			交易性金融资产		
衍生金融资产			衍生金融负债		
应收票据及应收账款			应付票据及应付账款		
预付款项			预收款项		
其他应收款			合同负债		
存货			应付职工薪酬		
合同资产			应交税费		
持有待售资产			其他应付款		
一年内到期的非流动资产			持有待售负债		
其他流动资产			一年内到期的非流动负债		
流动资产合计			其他流动负债		
非流动资产：			流动负债合计		
债权投资			非流动负债：		
其他债权投资			长期借款		
长期应收款			应付债券		
长期股权投资			其中：优先股		
其他权益工具投资			永续债		
其他非流动金融资产			长期应付款		

续前表

资产	期末余额	年初余额	负债和所有者权益（或股东权益）	期末余额	年初余额
投资性房地产			预计负债		
固定资产			递延收益		
在建工程			递延所得税负债		
生产性生物资产			其他非流动负债		
油气资产			非流动负债合计		
无形资产			负债合计		
开发支出			所有者权益（或股东权益）：		
商誉			实收资本（或股本）		
长期待摊费用			其他权益工具		
递延所得税资产			其中：优先股		
其他非流动资产			永续债		
非流动资产合计			资本公积		
			减：库存股		
			其他综合收益		
			盈余公积		
			未分配利润		
			所有者权益（或股东权益）合计		
资产总计			负债和所有者权益（或股东权益）总计		

资产负债表的表首部分是报表的标志，有报表名称、编制单位、编报日期和金额单位。资产负债表是静态报表，编报日期应填列报告期末最后一天的日期。资产负债表的正表部分是报表的主体，年度报表可按“年初余额”“期末余额”列示金额。资产类各项目按资产流动性由高到低的顺序排列，依次为流动资产、非流动资产；负债类项目按负债到期日由近到远的顺序排列，依次为流动负债、非流动负债；所有者权益类项目按其稳定程度递减的顺序排列，依次为实收资本（或股本）、其他权益工具、资本公积、其他综合收益、盈余公积、未分配利润。

二、资产负债表的内容

根据《企业会计准则》的规定，企业资产负债表的内容主要包括以下内容，可对照表3-2查看。

（一）资产类项目

资产是指企业过去的交易或者事项形成的，由企业拥有或者控制的，预期会给企业带来经济利益的资源。资产可能是有形的，如土地、存货等，也可能是无形的，如专利和商标。资产通常分为两个主要类型：流动资产和非流动资产。

1. 流动资产

流动资产是指可以在一年或超过一年的一个营业周期内变现或耗用的资产。在资产负债表中，流动资产项目包括货币资金、交易性金融资产、应收票据及应收账款、预付款项、其他应收款、存货等。流动资产是企业在生产经营过程中必不可少的资产。例如，缺少货币资金，企业就难以购买材料、发放工资、购置设备等；缺少原材料，就会给企业生产经营造成停工损失。所以流动资产犹如企业的血液，必须保证充足、流动畅通，企业才能健康持续发展。

2. 非流动资产

除流动资产外，企业的其他资产统称为非流动资产，非流动资产是指在一年或超过一年的一个营业周期内不能变现或耗用的资产。非流动资产包括债权投资、其他债权投资、长期应收款、长期股权投资、其他权益工具投资、其他非流动金融资产、投资性房地产、固定资产、在建工程、无形资产、商誉等。非流动资产的形成往往需要投入大量资金，并且其发挥作用的时间也较长，在短时间内不会变现，它一旦形成就不易调整或变现。

（二）负债类项目

负债是指企业过去的交易或者事项形成的、预期会导致经济利益流出企业的现时义务。现时义务是指企业在现行条件下已承担的义务。未来发生的交易或者事项形成的义务，不属于现时义务，不应当确认为负债。同资产类项目一样，负债分为流动负债和非流动负债。在资产负债表中，负债是按照到期日由近到远自上而下排列的。

1. 流动负债

流动负债是指可以合理预期在一年内或超过一年的一个营业周期内需要利用企业现有资产偿还的债务。流动负债项目包括短期借款、应付票据及应付账款、应付职工薪酬等。

2. 非流动负债

非流动负债是指偿还期超过一年的一个营业周期的债务，具体包括长期借款、应付债券、长期应付款等。

（三）所有者权益类项目

所有者权益是指企业资产扣除负债后由所有者享有的剩余权益。公司的所有者权益又称为股东权益，也称为净资产。所有者权益的来源包括实收资本（或股本）、其他权益工具、资本公积、其他综合收益、盈余公积和未分配利润等。盈余公积和未分配利润合称为留存收益。

资产负债表具体各项目反映的内容见本章第二节。

三、资产负债表的作用

（一）了解企业经济资源的总量、种类及分布

通过资产负债表的资产项目，可以了解企业拥有的经济资源的总量、种类及分布，可

以计算出企业流动资产、长期投资、固定资产及无形资产等各项资产在总资产中的比重，分析资产的构成是否合理。资产负债表是分析企业生产经营能力的重要资料。

（二）反映企业资金来源及构成情况，衡量企业的财务风险

通过资产负债表的负债和所有者权益项目，可以了解企业资金的来源及构成情况。通过负债项目，还可以显示企业承担债务的不同偿还期限，了解企业面临的财务风险。通过资产负债表的所有者权益项目，可以说明企业投资者对本企业资产所持有的权益份额，了解企业的财务实力。

（三）评价企业的偿债能力

资产负债表中反映的流动性情况，有助于评价企业的短期偿债能力。所谓流动性，是指资产转换成现金到期偿债所需时间。除现金本身外，资产变现越快，其流动性越强。短期偿债能力主要靠流动资产的流动性来衡量。资产负债表中流动资产与流动负债的相关信息能够反映资产的流动性，这些信息有助于评价企业的短期偿债能力。同时，所有者权益与长期负债的相关信息能够反映企业长期偿债能力的高低。

（四）预测企业的发展前景

通过资产负债表年初数和年末数的对比分析，可以看出企业的财务变动趋势：总资产是否增加；通过企业资产、负债、所有者权益增减数额，判断企业的财务状况是上升趋势还是下降趋势，以此预测企业发展前景。

第二节　资产负债表的编制原理与实务

一、资产负债表“年初余额”的填列原理

资产负债表“年初余额”栏内的各项目数字根据上年度资产负债表各项目的“期末余额”栏的数字填列。如果本年度资产负债表规定的项目名称和内容同上年度资产负债表不一致，应对上年度资产负债表的项目名称和内容做相应调整，按调整后的“期末余额”填入本年度资产负债表的“年初余额”栏。

二、资产负债表“期末余额”的填列原理

资产负债表中的“期末余额”，是指月末、季末、半年末或年末数字，它们是根据企业各项目有关总账科目或明细科目的期末余额直接填列或计算分析填列的。报表中有关资产类项目，一般根据各资产类科目的借方余额填列；有关负债类和所有者权益类项目，一般根据各相应科目的贷方余额填列。但是，由于资产负债表的项目与企业的会计科目之间不完全是一一对应关系，因此填列资产负债表中的一些项目时，需要对有关会计科目进行加工、整理。根据资产负债表各项目的内容与填列方法，可将资产负债表期末余额的填列

分为以下六种情况：

第一，根据总账科目余额直接填列。资产负债表中的有些项目，报表项目名称与科目名称完全一致，或者虽不完全一致，但其含义相同，可直接根据有关总账科目余额填列，如“短期借款”“应付职工薪酬”等项目。

第二，根据几个总账科目余额合计填列。资产负债表中的有些项目，报表项目与科目名称完全不一致，根据各个项目的含义和有关科目的关系，采用几个科目总账余额之和计算填列，如“货币资金”项目，需根据“库存现金”“银行存款”“其他货币资金”三个总账科目的期末余额的合计数填列。

第三，根据有关明细账科目余额计算填列。如“应付票据及应付账款”项目，需要根据“应付票据”总账科目，以及“应付账款”和“预付账款”两个科目所属的相关明细科目的期末贷方余额计算填列。

第四，根据总账科目和明细账科目余额分析计算填列。如“长期借款”项目，需根据“长期借款”总账科目余额扣除“长期借款”科目所属的明细科目中将在资产负债表日起一年内到期且企业不能自主地将清偿义务展期的长期借款后的金额计算填列。

第五，根据有关科目余额减去其备抵科目余额后的净额填列。如“固定资产”项目，根据“固定资产”科目的期末余额减去“累计折旧”“固定资产减值准备”备抵科目余额后的净额填列；“无形资产”项目根据“无形资产”科目的期末余额，减去“累计摊销”“无形资产减值准备”备抵科目余额后的净额填列。

第六，综合运用上述填列方法分析填列。如“应收票据及应收账款”项目，需要根据“应收票据”总账科目余额，以及“应收账款”和“预收账款”两个科目所属的有关明细科目的期末借方余额合计减去相应的坏账准备后的金额填列；“存货”项目，根据“材料采购”“原材料”“库存商品”“周转材料”“生产成本”“发出商品”“委托加工物资”“委托代销商品”“受托代销商品”等科目的期末借方余额合计，减去“受托代销商品款”“存货跌价准备”科目期末贷方余额后的金额填列。

具体来说，资产负债表各项目的列报内容和填列方法如下所述。

（一）资产项目的列报内容及填列方法

1.“货币资金”项目

“货币资金”项目反映企业库存现金、银行结算户存款、外埠存款、银行汇票存款、银行本票存款、信用卡存款、信用证保证金存款等的合计数。本项目根据“库存现金”“银行存款”“其他货币资金”三个总账科目的期末借方余额的合计数填列。

2.“交易性金融资产”项目

“交易性金融资产”项目反映企业持有的以公允价值计量且变动计入当期损益的，为交易目的所持有的债券投资、股票投资、基金投资等金融资产的公允价值，以及直接指定为以公允价值计量且其变动计入当期损益的金融资产的公允价值。本项目根据“交易性金融资产”科目的有关明细科目期末借方余额分析填列。自资产负债表日起超过一年到期且预期持有超过一年的以公允价值计量且其变动计入当期损益的非流动金融资产，在“其他非流动金融资产”项目反映。

3. “衍生金融资产”项目

“衍生金融资产”项目反映企业因持有远期合同、期货合同、互换合同和期权合同等衍生金融工具形成资产的公允价值。本项目根据“衍生工具”所属明细科目的期末借方余额填列。如“衍生工具”所属明细科目的期末余额在贷方，则在“衍生金融负债”项目中反映。

4. “应收票据及应收账款”项目

“应收票据及应收账款”项目反映企业因销售产品和提供劳务而应向购买单位收取的各种款项以及收到的商业汇票，包括银行承兑汇票和商业承兑汇票。本项目根据“应收票据”科目期末借方余额加上“应收账款”和“预收账款”两个科目所属的各明细科目的期末借方余额合计数，减去“坏账准备”科目中有关应收票据和应收账款计提的坏账准备期末贷方余额后的金额填列。如“应收账款”科目所属明细科目期末有贷方余额，应在资产负债表“预收款项”项目内填列。

注意，当“应收账款”科目的某一个明细科目出现贷方余额时，虽然其一级科目仍是应收账款，但其性质已是企业的一项待偿还的负债，为正确反映企业的资产负债情况，在编制资产负债表时，应将该明细科目的余额列入企业的负债项目“预收款项”项目中。

5. “预付款项”项目

“预付款项”项目反映企业预付给供应单位的款项等。本项目根据“预付账款”和“应付账款”两个科目所属各明细科目的期末借方余额合计数，减去“坏账准备”科目中有关预付账款计提的坏账准备期末贷方余额后的金额填列。如“预付账款”科目所属各明细科目期末有贷方余额，应在资产负债表“应付账款”项目内填列。

6. “其他应收款”项目

“其他应收款”项目反映企业对其他单位和个人的应收和暂付的款项，包括应收利息和应收股利。本项目根据“应收利息”“应收股利”“其他应收款”科目的期末借方余额合计数减去“坏账准备”科目中有关应收利息、应收股利和其他应收款计提的坏账准备期末贷方余额后的差额填列。

作业3-2

按照《企业会计准则》的规定，哪些应收款项可计提坏账准备？

【参考答案】

《企业会计准则》规定，计提坏账准备的范围为存在减值迹象的应收票据及应收账款、应收票据、其他应收款、应收利息、应收股息、预付款项、长期应收款等。

7. “存货”项目

“存货”项目反映企业期末在库、在途和在加工中的各种存货的可变现净值。本项目根据“材料采购”“原材料”“库存商品”“周转材料”“生产成本”“发出商品”“委托加工物资”“委托代销商品”“受托代销商品”等科目的期末借方余额合计，减去“受托代销商品款”“存货跌价准备”科目期末贷方余额后的金额填列。材料采用计划成本核算，以及库存商品采用计划成本核算或售价核算的企业，还应按加或减“材料成本差异”“商品进销差价”后的金额填列。

关于受托代销商品列入存货项目的说明：受托代销商品所有权不属于企业，不应归入企业存货，但是为了加强受托代销企业对受托代销商品的管理，《企业会计准则》要求代销企业将受托代销商品计入企业的存货项目，这样使得对同一商品在两个企业的账户上都作了反映，为了弥补这种情况的影响，要求受托代销企业将“受托代销商品款”以负数金额反映在企业的存货项目中，作为存货项目的抵减项目。

8. “合同资产”项目

“合同资产”项目反映企业已向客户转让商品而有权收取对价的权利，但该权利取决于时间流逝之外的其他因素，如履行合同中的其他履约义务等。本项目根据“合同资产”科目借方余额填列，若企业对合同资产计提了减值准备，应从本项目中扣除。如企业合同资产的变现期在一年以上，应在“其他非流动资产”项目中反映。

9. “持有待售资产”项目

“持有待售资产”项目反映企业资产负债表日划分为持有待售类别的非流动资产及处置组的期末账面价值。本项目根据“持有待售资产”科目的期末余额，减去“持有待售资产减值准备”科目的期末余额后的金额填列。

10. “一年内到期的非流动资产”项目

“一年内到期的非流动资产”项目反映企业将于一年内到期的非流动资产项目金额。在编制资产负债表时，将于资产负债表日起一年内（含一年）到期的非流动资产的金额，在流动资产中的“一年内到期的非流动资产”项目单独反映。涉及的非流动资产项目主要有“债权投资”“其他债权投资”“长期应收款”“长期待摊费用”等。本项目根据“债权投资”“其他债权投资”“长期应收款”“长期待摊费用”总账科目和明细科目的期末余额分析填列。

11. “其他流动资产”项目

“其他流动资产”项目反映企业除流动资产中所列项目以外的其他流动资产。本项目根据有关科目的余额填列，如在资产负债表日没有处理的“待处理财产损溢”。企业购入的以摊余成本计量的一年内到期的债权投资以及以公允价值计量且其变动计入其他综合收益的一年内到期的债权投资，也在本项目反映。企业购买的理财产品有时也归入此项目列报。《会计基础工作规范》规定：企业在不影响会计核算要求、会计报表指标汇总和对外统一会计报表的前提下，可以根据实际情况自行设置和使用会计科目。如果企业遇到一些确实不好归到那些常用的流动资产科目的项目时，可以自行设立科目，填制报表时，如果变现期在一年以内，就可以在其他流动资产中列报。

12. “债权投资”项目

“债权投资”项目反映企业持有的以摊余成本计量的债权投资。本项目根据“债权投资”科目的期末借方余额，减去“债权投资减值准备”科目期末贷方余额后的金额填列。

注意，若“债权投资”科目余额中有从编制资产负债表日起一年内（含一年）到期的长期债权的可收回金额，在“一年内到期的非流动资产”项目中填列，金额应从本项目中扣除。

13.“其他债权投资”项目

“其他债权投资”项目反映企业持有的以公允价值计量且其变动计入其他综合收益的债权投资。本项目根据“其他债权投资”科目的期末借方余额填列。

注意，若“其他债权投资”科目余额中有从编制资产负债表日起一年内（含一年）到期的长期债权的可收回金额，在“一年内到期的非流动资产”项目中填列，金额应从本项目中扣除。

14.“长期应收款”项目

“长期应收款”项目反映企业的长期应收款项，包括融资租赁产生的应收款项、采用递延方式具有融资性质的销售商品或提供劳务产生的应收款项等。本项目根据“长期应收款”科目的期末借方余额，减去相应的“未实现融资收益”科目余额填列。若“长期应收款”已计提坏账准备，也应从本项目中扣除。

注意，若“长期应收款”科目余额中有从编制资产负债表日起一年内（含一年）到期的可收回金额，在“一年内到期的非流动资产”项目中填列，金额从本项目中扣除。

15.“长期股权投资”项目

“长期股权投资”项目反映企业持有的对子公司、联营企业和合营企业的长期股权投资。本项目根据“长期股权投资”科目的期末借方余额，减去“长期股权投资减值准备”科目的期末贷方余额后的金额填列。

16.“其他权益工具投资”项目

“其他权益工具投资”项目反映企业在初始确认时即指定为以公允价值计量且其变动计入其他综合收益的非交易性权益工具投资，包含投资其他上市公司股票或非上市公司股权。交易性权益工具投资在“以公允价值计量且其变动计入当期损益的金融资产”项目中反映。本项目根据“其他权益工具投资”科目的期末借方余额填列。

17.“其他非流动金融资产”项目

“其他非流动金融资产”项目反映自资产负债表日起超过一年到期且预期持有超过一年的以公允价值计量且其变动计入当期损益的非流动金融资产。本项目根据“交易性金融资产”科目的有关明细科目期末借方余额分析填列。

18.“投资性房地产”项目

“投资性房地产”项目反映企业持有的投资性房地产，具体来说，反映按成本模式计量的投资性房地产的成本及按公允价值计量的房地产价值。企业采用成本模式计量投资性房地产的，本项目根据“投资性房地产”科目的期末借方余额，减去“投资性房地产累计折旧”科目和“投资性房地产减值准备”科目的期末贷方余额后的金额填列；企业采用公允价值模式计量投资性房地产的，本项目根据“投资性房地产”科目的期末借方余额直接填列。

19.“固定资产”项目

“固定资产”项目反映企业各种固定资产的净额及尚未清理完毕的固定资产清理净损益。本项目根据“固定资产”科目的期末借方余额，减去“累计折旧”和“固定资产减值准备”科目的期末贷方余额后的金额，以及“固定资产清理”科目期末借方余额（减：期末贷方余额）合计数填列。

20.“在建工程”项目

“在建工程”项目反映企业期末各项未完工工程的实际支出，包括交付安装设备的价值、未完建筑工程已经耗用的材料、工资费用支出、预付出包工程价款、已经建筑安装完毕但尚未交付使用的建筑安装工程成本等，企业为在建工程准备的各种未使用的工程物资的实际成本也在本项目反映。本项目根据“在建工程”科目的期末借方余额，减去“在建工程减值准备”科目的期末贷方余额后的金额，以及“工程物资”科目的期末借方余额，减去“工程物资减值准备”科目的期末贷方余额的金额合计数填列。

21.“生产性生物资产”项目

“生产性生物资产”项目反映因产出农产品、提供劳务或出租等目的而持有的生产性生物资产，包括经济林、薪炭林、产畜和役畜等。本项目根据“生产性生物资产”科目的期末借方余额，减去“生产性生物资产累计折旧”科目和“生产性生物资产减值准备”科目的期末贷方余额后的金额填列。

22.“油气资产”项目

“油气资产”项目反映石油天然气开采企业持有的矿区权益和油气井及相关设施的净值。本项目根据“油气资产”科目的期末借方余额，减去“累计折耗”科目和“油气资产减值准备”科目的期末贷方余额后的金额填列。

23.“无形资产”项目

“无形资产”项目反映企业各项无形资产的净值。本项目根据“无形资产”科目的期末借方余额，减去“累计摊销”科目和“无形资产减值准备”科目的期末贷方余额后的金额填列。

24.“开发支出”项目

“开发支出”项目反映企业在研究和开发无形资产过程中发生的能够资本化形成无形资产成本的各项支出。本项目根据“研发支出”科目中所属的“资本化支出”明细科目期末余额填列。

25.“商誉”项目

“商誉”项目反映企业在非同一控制下企业合并中形成的商誉价值，即购买方支付的合并成本大于合并中取得的被购买方可辨认净资产公允价值份额的差额。本项目根据“商誉”科目的期末借方余额，减去“商誉减值准备”科目期末贷方余额后的金额填列。

26.“长期待摊费用”项目

“长期待摊费用”项目反映企业已经发生但应由本期和以后各期负担的分摊期限在一年以上的各项费用。如固定资产大修理支出、租入固定资产的改良支出以及摊销期限在一年以上的其他待摊费用的金额。本项目根据“长期待摊费用”科目的期末借方余额填列。

注意，若“长期待摊费用”科目余额中有从编制资产负债表日起一年内（含一年）摊销的部分，在“一年内到期的非流动资产”项目中填列，金额应从本项目中扣除。

27.“递延所得税资产”项目

“递延所得税资产”项目反映采用债务法进行所得税会计核算的企业所发生的可抵扣暂时性差异产生的递延所得税资产。本项目根据“递延所得税资产”科目的期末借方余额填列。

28. “其他非流动资产”项目

“其他非流动资产”项目反映除资产负债表中列示的非流动资产以外的其他非流动资产。例如，被冻结一年以上的银行存款。本项目根据有关科目的期末借方余额填列。

(二) 负债项目的列报内容及填列方法

1. “短期借款”项目

“短期借款”项目反映企业借入尚未归还的一年期（含一年）以内的借款。本项目根据“短期借款”科目的期末贷方余额填列。

2. “交易性金融负债”项目

“交易性金融负债”项目反映企业承担的交易性金融负债，以及持有的直接指定为以公允价值计量且其变动计入当期损益的金融负债。本项目根据“交易性金融负债”科目的相关明细科目的期末余额填列。

3. “衍生金融负债”项目

“衍生金融负债”项目反映企业因持有远期合同、期货合同、互换合同和期权合同等衍生金融工具而形成负债的公允价值。本项目根据“衍生工具”科目所属明细科目的期末贷方余额填列。

4. “应付票据及应付账款”项目

“应付票据及应付账款”项目反映企业因购买材料、商品和接受劳务等经营活动应支付的款项，以及开出、承兑的商业汇票。本项目根据“应付票据”总账科目期末贷方余额，以及“应付账款”和“预付账款”科目所属各明细科目的期末贷方余额合计数填列。如“应付账款”科目所属明细科目期末有借方余额，应在资产负债表“预付款项”项目内填列。

5. “预收款项”项目

“预收款项”项目反映企业按照销货合同规定预收客户的款项。本项目根据“预收账款”和“应收账款”科目所属各明细科目的期末贷方余额合计数填列。如“预收账款”科目所属各明细科目期末有借方余额，应在资产负债表“应收票据及应收账款”项目内填列。

作业 3-3

M公司某年12月31日结账后的有关科目余额如表3-3所示。

表3-3　　M公司有关科目余额表　　单位：元

科目名称	总账		明细账	
	借方余额	贷方余额	借方余额	贷方余额
应收票据	100 000			
应收账款	255 000			
——A公司			60 000	
——B公司				5 000
——C公司			200 000	
坏账准备		800		
——应收账款				800

续前表

科目名称	总账		明细账	
	借方余额	贷方余额	借方余额	贷方余额
预付账款		1 000		
——H公司				1 000
应付票据		60 000		
应付账款		148 000		
——F公司				150 000
——G公司			2 000	
预收账款		77 000		
——D公司				80 000
——E公司			3 000	

要求：请根据上述资料计算资产负债表中下列项目的金额：应收票据及应收账款；预付款项；应付票据及应付账款；预收款项。

【参考答案】

(1)“应收票据及应收账款”项目金额＝100 000＋60 000＋200 000＋3 000－800＝362 200（元）。

(2)“预付款项”项目金额＝2 000（元）。

(3)“应付票据及应付账款”项目金额＝60 000＋150 000＋1 000＝211 000（元）。

(4)“预收款项”项目金额＝80 000＋5 000＝85 000（元）。

6.“合同负债”项目

“合同负债”项目反映企业已收或应收客户对价而应向客户转让商品的义务。本项目根据“合同负债”科目期末贷方余额填列。如企业合同负债的偿还期在一年以上，应在“其他非流动负债”中反映。

7.“应付职工薪酬”项目

“应付职工薪酬”项目反映企业为获得职工提供的服务而给予各种形式的报酬及其他相关支出，包括职工工资、奖金、津贴和补贴；职工福利费；医疗保险费、养老保险费、失业保险费、工伤保险费和生育保险费等社会保险费；住房公积金；工会经费和职工教育经费；非货币性福利；因解除与职工的劳动关系而给予的补偿及其他与获得职工提供的服务相关的支出。本项目根据“应付职工薪酬”科目的期末贷方余额填列。

8.“应交税费”项目

“应交税费”项目反映企业按税法规定应交的各项税费，包括增值税、消费税、所得税、资源税、土地增值税、城市维护建设税、房产税、车船使用税、土地使用税、教育费附加、矿产资源补偿费及企业代扣代缴的个人所得税等。本项目应根据“应交税费”科目所属明细科目的期末余额分析填列，其中的借方余额，应当根据其流动性在“其他流动资产”或“其他非流动资产”项目中填列。

9.“其他应付款”项目

“其他应付款”项目反映企业除应付账款、应付票据、预收账款、应付职工薪酬、应交税费、长期应付款以外的其他各种应付或暂收其他单位或个人的款项，如应付利息、应付股利、应付包装物、固定资产租金、存入保证金等。本项目根据“应付股利”“应付利息”“其他应付款”科目的期末贷方余额填列。

10.“持有待售负债”项目

“持有待售负债”项目反映资产负债表日处置组中与划分为持有待售类别的资产直接相关的负债的期末账面价值。本项目根据“持有待售负债”科目的期末贷方余额填列。

11.“一年内到期的非流动负债”项目

“一年内到期的非流动负债”项目反映企业非流动负债中将于编制资产负债表日起一年内（含一年）到期部分的金额，如将于一年内偿还的长期借款。在编制资产负债表时，将于资产负债表日起一年内（含一年）到期的非流动负债的金额，在流动负债中的“一年内到期的非流动负债”项目单独反映。涉及的非流动负债项目主要有“长期借款”“应付债券”“长期应付款”等。本项目根据“长期借款”“应付债券”“长期应付款”总账科目和明细科目的期末余额分析填列。

12.“其他流动负债”项目

“其他流动负债”项目反映企业除资产负债表中列示的流动负债项目外的其他流动负债。本项目根据有关科目的期末余额填列。

13.“长期借款”项目

“长期借款”项目反映企业借入尚未归还的一年期以上的各项借款。本项目根据“长期借款”科目的期末贷方余额扣除将于一年内到期的长期借款金额后的差额填列。

作业 3-4

乙公司 2×17 年 12 月 31 日的有关资料如下：

(1)“长期借款”科目期末贷方余额为 1 750 万元，其明细资料如表 3-4 所示。

表 3-4　“长期借款”科目明细资料

借款起始日期	借款期限/年	金额/万元
2×16 年 4 月 1 日	3	450
2×14 年 1 月 1 日	5	1 000
2×14 年 6 月 1 日	4	300

(2)“长期待摊费用”科目的期末借方余额为 30 万元，将于一年内摊销的数额为 20 万元。

要求：根据上述资料，计算资产负债表中下列项目的金额：长期借款；长期借款中应列入“一年内到期的非流动负债”项目的金额；长期待摊费用；长期待摊费用中应该列入“一年内到期的非流动资产”项目的金额。

【参考答案】

(1)“长期借款”项目金额＝1 750－300＝1 450（万元）。

(2) 长期借款中应列入“一年内到期的非流动负债”项目的金额＝300（万元）。

(3)“长期待摊费用”项目金额＝30－20＝10（万元）。

(4) 长期待摊费用中应该列入“一年内到期的非流动资产”项目的金额＝20（万元）。

14．“应付债券”项目

“应付债券”项目反映企业发行的尚未偿还的各种长期债券的本息。本项目根据“应付债券”科目的期末贷方余额扣除将于一年内到期的债券金额后的差额填列。企业发行的划分为金融负债的优先股和永续债也在本项目中反映，而划分为权益工具的优先股和永续债在所有者权益中的“其他权益工具”项目中反映。

15．“长期应付款”项目

“长期应付款”项目反映企业期末除长期借款和应付债券以外的其他各种长期应付款，包括采用补偿贸易方式引进国外设备款、融资租赁方式租入固定资产租赁费。本项目根据“长期应付款”科目的期末贷方余额扣除将于一年内到期的长期应付款金额，同时扣除“未确认融资费用”科目的期末余额后的差额填列。

16．“预计负债”项目

“预计负债”项目反映企业确认的各项预计负债，包括对外提供担保、未决诉讼、产品质量保证、重组义务、亏损合同等预计负债。本项目根据“预计负债”科目的期末贷方余额填列。

17．“递延收益”项目

“递延收益”项目反映企业确认的应在以后期间计入当期损益的政府补助和未实现售后租回损益（融资租赁）。本项目根据“递延收益”科目的期末贷方余额填列。

18．“递延所得税负债”项目

“递延所得税负债”项目反映采用债务法进行所得税会计核算的企业所发生的应纳税暂时性差异产生的递延所得税负债。本项目根据“递延所得税负债”科目的期末贷方余额填列。

19．“其他非流动负债”项目

“其他非流动负债”项目反映企业除资产负债表中列示的非流动负债项目外的其他非流动负债。本项目根据有关科目的期末余额填列。非流动负债各项目中将于一年内（含一年）到期的非流动负债，应在“一年内到期的非流动负债”项目内单独反映。

（三）所有者权益项目的列报内容及填列方法

1．“实收资本（或股本）”项目

“实收资本（或股本）”项目反映企业实际收到的资本（或股本）总额。本项目根据“实收资本（或股本）”科目的期末贷方余额填列。

2．“其他权益工具”项目

“其他权益工具”项目反映企业发行的除普通股以外的归类为权益工具的金融工具的账面价值，如优先股和永续债。本项目下设“优先股”和“永续债”两个项目，分别反映企业发行的分类为权益工具的优先股和永续债的账面价值。本项目根据“其他权益工具”科目有关明细科目的期末贷方余额填列。

3．“资本公积”项目

“资本公积”项目反映企业由权益性交易形成的投资者出资额超过其在注册资本或股本所占份额的部分及由权益性交易形成的直接计入所有者权益的利得和损失。本项目根据“资本公积”科目的期末贷方余额填列。

4. “库存股”项目

“库存股”项目反映企业持有的尚未注销或转让的本公司股份的金额。本项目根据“库存股”科目的期末借方余额填列。

5. “其他综合收益”项目

“其他综合收益”项目反映企业由非权益性交易形成的直接计入所有者权益的利得和损失。本项目根据“其他综合收益”科目的期末贷方余额填列，如为借方余额，以“—”号填列。

6. “盈余公积”项目

“盈余公积”项目反映企业利润分配过程中所积累的法定盈余公积和任意盈余公积的金额。本项目根据“盈余公积”科目的期末贷方余额填列。

7. “未分配利润”项目

“未分配利润”项目反映企业尚未分配的利润或留待以后年度弥补的亏损。编制年度会计报表时，本项目根据“利润分配”科目的期末贷方余额填列，如为借方余额，以“—”号填列。若编制中期会计报表，本项目根据“利润分配”科目的余额和“本年利润”科目的余额计算填列。

说明：由于年度内实现的利润或发生的亏损体现为“本年利润”账户贷方余额或借方余额，需要年度终了才可结转记入“利润分配——未分配利润”明细账户，而年度内已分配利润也只体现在除“利润分配——未分配利润”明细账户以外的“利润分配”账户其他有关明细账户余额上，需要年度终了才可结转记入“利润分配——未分配利润”明细账户。所以，年度内1月至11月各月末编制资产负债表时，“未分配利润”项目根据“本年利润”账户余额（截至本月末全年实现利润累计数或发生亏损累计数）与“利润分配”账户余额计算的净额（贷方净额为未分配利润，借方净额为未弥补亏损）填列。年度终了，编制年度资产负债表时，本项目则按“利润分配”账户余额（贷方余额为未分配利润，借方余额为未弥补亏损）直接填列。

三、资产负债表编制实务

【例3-1】昌顺股份有限公司2×16年度资产负债表及2×17年12月31日的科目余额表分别见表3-5和表3-6。

表3-5　　**资产负债表（简表）**

编制单位：昌顺股份有限公司　　2×16年12月31日　　单位：元

资产	期末余额	年初余额（略）	负债和所有者权益（或股东权益）	期末余额	年初余额（略）
流动资产：			流动负债：		
货币资金	9 375 000		短期借款	2 000 000	
交易性金融资产	100 000		应付票据及应付账款	9 422 000	
应收票据及应收账款	10 591 000		应付职工薪酬	700 000	
预付款项	680 000		应交税费	244 000	
其他应收款	30 000		其他应付款	310 000	
存货	17 200 000		一年内到期的非流动负债	5 000 000	

续前表

资产	期末余额	年初余额（略）	负债和所有者权益（或股东权益）	期末余额	年初余额（略）
其他流动资产	700 000		流动负债合计	17 676 000	
流动资产合计	38 676 000		非流动负债：		
非流动资产：			长期借款	4 000 000	
长期股权投资	1 500 000		非流动负债合计	4 000 000	
固定资产	7 500 000		负债合计	21 676 000	
在建工程	10 000 000		所有者权益（或股东权益）：		
无形资产	4 000 000		实收资本（或股本）	40 000 000	
长期待摊费用	1 500 000		盈余公积	1 000 000	
非流动资产合计	24 500 000		未分配利润	500 000	
			所有者权益（或股东权益）合计	41 500 000	
资产总计	63 176 000		负债和所有者权益（或股东权益）总计	63 176 000	

表 3-6　　总账科目期末余额表

2×17 年 12 月 31 日　　单位：元

科目名称	借方金额	科目名称	贷方金额
库存现金	30 000	坏账准备	20 000
银行存款	8 971 500	累计折旧	1 230 000
其他货币资金	72 000	固定资产减值准备	500 000
应收票据	400 000	累计摊销	400 000
应收账款	6 894 200	短期借款	500 000
预付账款	850 000	应付票据	1 000 000
其他应收款	78 000	应付账款	7 004 600
材料采购	2 389 100	预收账款	1 100 000
原材料	1 023 000	其他应付款	450 000
周转材料	186 000	应付职工薪酬	560 000
材料成本差异	201 600	应交税费	463 200
库存商品	15 452 100	应付利息	65 400
待处理财产损溢	700 000	长期借款	2 600 000
长期股权投资	1 800 000	股本	50 000 000
固定资产	21 000 000	盈余公积	1 253 000
工程物资	1 100 000	利润分配	1 201 300
在建工程	2 000 000		
无形资产	4 000 000		
长期待摊费用	1 200 000		
合计	68 347 500	合计	68 347 500

其他条件：

（1）“坏账准备”科目的余额 20 000 元均是依据应收账款计提的。

（2）“应收账款”“预付账款”科目所属明细科目的余额均在借方。

（3）“应付账款”“预收账款”科目所属明细科目的余额均在贷方。

(4) 所有的长期借款都将在 2×18 年 5 月 31 日到期。

要求：根据上述资料编制昌顺股份有限公司 2×17 年的资产负债表。

编制步骤：

(1) 将 2×16 年度资产负债表“期末余额”栏中的数据直接过入 2×17 年度资产负债表“年初余额”栏中。

(2) 计算出各项目的期末余额数据。

公司编制的 2×17 年度资产负债表如表 3-7 所示。

表 3-7　　**资产负债表（简表）**

编制单位：昌顺股份有限公司　　2×17 年 12 月 31 日　　单位：元

资产	期末余额	年初余额	负债和所有者权益（或股东权益）	期末余额	年初余额
流动资产：			流动负债：		
货币资金	①9 073 500	9 375 000	短期借款	500 000	2 000 000
交易性金融资产		100 000	应付票据及应付账款	⑦8 004 600	9 422 000
应收票据及应收账款	②7 274 200	10 591 000	预收款项	1 100 000	
预付款项	850 000	680 000	应付职工薪酬	560 000	700 000
其他应收款	78 000	30 000	应交税费	463 200	244 000
存货	③19 251 800	17 200 000	其他应付款	⑧515 400	310 000
其他流动资产	700 000	700 000	一年内到期的非流动负债	⑨2 600 000	5 000 000
流动资产合计	37 227 500	38 676 000	流动负债合计	13 743 200	17 676 000
非流动资产：			非流动负债：		
长期股权投资	1 800 000	1 500 000	长期借款		4 000 000
固定资产	④19 270 000	7 500 000	非流动负债合计		4 000 000
在建工程	⑤3 100 000	10 000 000	负债合计	13 743 200	21 676 000
无形资产	⑥3 600 000	4 000 000	所有者权益（或股东权益）：		
长期待摊费用	1 200 000	1 500 000	实收资本（或股本）	50 000 000	40 000 000
非流动资产合计	28 970 000	24 500 000	盈余公积	1 253 000	1 000 000
			未分配利润	1 201 300	500 000
			所有者权益（或股东权益）合计	52 454 300	41 500 000
资产总计	66 197 500	63 176 000	负债和所有者权益（或股东权益）总计	66 197 500	63 176 000

部分数据计算过程：

①“货币资金”项目金额＝30 000＋8 971 500＋72 000＝9 073 500（元）。

②“应收票据及应收账款”项目金额＝400 000＋6 894 200－20 000＝7 274 200（元）。

③“存货”项目金额=2 389 100+1 023 000+186 000+201 600+15 452 100=19 251 800（元）。

④“固定资产”项目金额=21 000 000−1 230 000−500 000=19 270 000（元）。

⑤“在建工程”项目金额=2 000 000+1 100 000=3 100 000（元）。

⑥“无形资产”项目金额=4 000 000−400 000=3 600 000（元）。

⑦“应付票据及应付账款”项目金额=1 000 000+7 004 600=8 004 600（元）。

⑧“其他应付款”项目金额=450 000+65 400=515 400（元）。

⑨由于所有的长期借款都将在 2×18 年 5 月 31 日到期，所以“长期借款”总账中的金额 2 600 000 元全部在“一年内到期的非流动负债”中列示，资产负债表中的“长期借款”项目为 0 元。

其余数据均按照对应总账科目的余额直接填列。

检验编制的资产负债表是否正确的方法：看资产总计是否等于负债合计加所有者权益（或股东权益）合计。

作业 3-5

A 公司 2×17 年度有关资料如下（单位：元）：

1. 年初、年末总分类科目余额如表 3-8 所示。

表 3-8　总分类科目余额表

科目名称	年初数	年末数	科目名称	年初数	年末数
库存现金	45 000	60 000	短期借款	6 250 000	6 400 000
银行存款	3 905 000	4 900 000	应付账款	3 125 000	3 255 000
应收账款	3 870 000	5 072 500	预收账款	125 000	145 000
预付账款	615 000	700 000	应付职工薪酬	316 150	378 600
其他应收款	252 500	290 000	应付股利	990 500	0
原材料	4 913 000	5 610 000	应交税费	421 350	453 900
生产成本	4 455 000	3 920 000	其他应付款	160 000	180 000
库存商品	4 664 500	4 810 000	应付利息	282 000	310 000
固定资产	22 600 000	26 650 000	累计折旧	3 000 000	4 400 000
无形资产	1 500 000	1 500 000	累计摊销	0	150 000
			长期借款	11 000 000	12 000 000
			实收资本	19 750 000	19 750 000
			资本公积	100 000	100 000
			盈余公积	901 500	901 500
			利润分配	398 500	398 500
			本年利润		4 690 000
合计	46 820 000	53 512 500	合计	46 820 000	53 512 500

2. 有关明细分类科目余额：

	年初数	年末数
(1)“应收账款”明细分类科目借方余额合计	4 200 000	5 462 500
“应收账款”明细分类科目贷方余额合计	330 000	390 000
(2)“应付账款”明细分类科目借方余额合计	275 000	345 000
“应付账款”明细分类科目贷方余额合计	3 400 000	3 600 000
(3)“长期借款”科目中一年内到期借款合计	1 000 000	1 500 000

“预付账款”所属明细科目余额均在借方，“预收账款”所属明细科目余额均在贷方。

3. 本年利润的金额为A公司本年的净利润。A公司每年根据本年净利润的10%提取法定盈余公积、5%提取任意盈余公积、30%向所有者支付利润。

要求：根据上列资料编制期末利润分配相关分录，并编制2×17年度的资产负债表。

【参考答案】

(1) 编制利润分配分录：

借：本年利润　　4 690 000

　贷：利润分配——未分配利润　　4 690 000

借：利润分配——提取法定盈余公积　　469 000

　　　　　——提取任意盈余公积　　234 500

　　　　　——应付现金股利或利润　　1 407 000

　贷：盈余公积——法定盈余公积　　469 000

　　　　　——任意盈余公积　　234 500

　　应付股利　　1 407 000

借：利润分配——未分配利润　　2 110 500

　贷：利润分配——提取法定盈余公积　　469 000

　　　　　——提取任意盈余公积　　234 500

　　　　　——应付现金股利或利润　　1 407 000

利润分配后，企业的盈余公积增加703 500元，应付股利增加1 407 000元，当年未分配利润增加2 579 500元。

(2) 编制的2×17年资产负债表如表3-9所示。

表3-9　　资产负债表（简表）

编制单位：A公司　　2×17年12月31日　　单位：元

资产	期末余额	年初余额	负债和所有者权益（或股东权益）	期末余额	年初余额
流动资产：			流动负债：		
货币资金	①4 960 000	3 950 000	短期借款	6 400 000	6 250 000
应收票据及应收账款	②5 462 500	4 200 000	应付票据及应付账款	⑦3 600 000	3 400 000
预付款项	③1 045 000	890 000	预收款项	⑧535 000	455 000
其他应收款	290 000	252 500	应付职工薪酬	378 600	316 150
存货	④14 340 000	14 032 500	应交税费	453 900	421 350

续前表

资产	期末余额	年初余额	负债和所有者权益（或股东权益）	期末余额	年初余额
流动资产合计	26 097 500	23 325 000	其他应付款	⑨1 897 000	1 432 500
非流动资产：			一年内到期的非流动负债	⑩1 500 000	1 000 000
固定资产	⑤22 250 000	19 600 000	流动负债合计	14 764 500	13 275 000
无形资产	⑥1 350 000	1 500 000	非流动负债：		
非流动资产合计	23 600 000	21 100 000	长期借款	⑪10 500 000	10 000 000
			非流动负债合计	10 500 000	10 000 000
			负债合计	25 264 500	23 275 000
			所有者权益（或股东权益）：		
			实收资本（或股本）	19 750 000	19 750 000
			资本公积	100 000	100 000
			盈余公积	⑫1 605 000	901 500
			未分配利润	⑬2 978 000	398 500
			所有者权益合计	24 433 000	21 150 000
资产总计	49 697 500	44 425 000	负债和所有者权益（或股东权益）总计	49 697 500	44 425 000

年末部分数据计算过程如下，年初数与年末数计算方法相同：

①“货币资金”项目金额＝60 000＋4 900 000＝4 960 000（元）。

②“应收票据及应收账款”项目金额为“应收账款”所属明细分类科目借方余额合计数，即5 462 500元。

③“预付款项”项目金额＝700 000＋345 000＝1 045 000（元）。

④“存货”项目金额＝5 610 000＋3 920 000＋4 810 000＝14 340 000（元）。

⑤“固定资产”项目金额＝26 650 000－4 400 000＝22 250 000（元）。

⑥“无形资产”项目金额＝1 500 000－150 000＝1 350 000（元）。

⑦“应付票据及应付账款”项目金额为“应付账款”所属明细分类科目贷方余额合计数，即3 600 000元。

⑧“预收款项”项目金额＝145 000＋390 000＝535 000（元）。

⑨“其他应付款”项目金额＝310 000＋4 690 000×30%＋180 000＝1 897 000（元）。

⑩“一年内到期的非流动负债”项目金额为“长期借款”科目中一年内到期借款数，即1 500 000元。

⑪“长期借款”项目金额＝12 000 000－1 500 000＝10 500 000（元）。

⑫“盈余公积”项目金额＝901 500＋703 500＝1 605 000（元）。

⑬“未分配利润”项目金额＝398 500＋2 579 500（即4 690 000－703 500－1 407 000）＝2 978 000（元）。

其余数据均按照对应总账科目的余额直接填列。

对作业3-5的进一步分析：

作业中年末数本年利润4 690 000元是2×17年的净利润，如果有利润表，该数据应等于利润表中的净利润数据。通过上例我们可以发现利润表和资产负债表存在如下关系：

资产负债表中的期末未分配利润＝资产负债表中的期初未分配利润＋当期净增加的未分配利润

当期净增加的未分配利润＝利润表中的当期净利润－当期提取的盈余公积金－当期向股东分配的股利

即

期末未分配利润＝期初未分配利润＋当期净利润－当期利润分配

该恒等关系可以用来检验编制的资产负债表和利润表是否正确。如果有利润分配表，资产负债表中的期末未分配利润应等于利润分配表中的期末未分配利润。

本章小结

资产负债表有关项目全是根据有关账户的余额资料填列的。有的项目是根据有关总账科目余额直接填列；有的项目是根据几个总账科目余额合计填列；有的项目是根据有关明细账余额计算填列；有的项目则根据有关总账科目和明细账科目余额分析计算填列；有的项目是根据有关科目余额减去其备抵科目余额后的净额填列；有的项目则是综合运用上述方法填列。

在编制资产负债表时需注意以下三点：第一，资产负债表是提供有关企业特定日期财务状况信息的报表，不是账户余额表。所以，一方面，报表中的各项目名称不一定与账户名称一致（例如，“一年内到期的非流动资产”“未分配利润”等项目，并没有与其完全同名的会计账户）；另一方面，即使报表项目名称与有关账户名称一致，也不一定单纯反映该账户余额（例如“预付款项”“预收款项”“长期股权投资”“债权投资”“在建工程”“长期应付款”等）。第二，资产负债表是提供有关企业一定日期财务状况信息的报表，不是账户余额表，所以，一些将在一年以内到期的长期债券投资和一年以内到期的长期负债，应分别作为流动资产和流动负债报告，因为它们在一年以内可以变现或必须在一年以内偿还，尽管其余额包括在有关长期资产和长期负债账户里。第三，由于资产负债表并不是账户余额表，表内每个项目都有其要反映的具体内容，因此所填列的数字应满足报表项目内容的要求。比如，“应收票据及应收账款”项目反映的就是报告期期末企业销售商品、提供劳务应该收取的货款及商业汇票的可变现净值。因此，这个项目就不能单纯根据“应收票据”“应收账款”账户余额填列，而应根据“应收票据”总账余额加“应收账款”“预收账款”账户有关明细账户借方余额之和（贷方余额之和就是“预收款项”）减去“坏账准备”账户“应收票据坏账准备”和“应收账款坏账准备”明细账户贷方余额之差填列。

年度资产负债表的“未分配利润”项目期末数，与年度利润分配表的“未分配利润”

项目金额应该相等。这不仅对理解个别资产负债表、利润表及利润分配表之间的关系意义重大，而且对理解合并会计报表的编制方法至关重要。

课后思考题

1. 资产负债表的作用有哪些？通过资产负债表人们可以了解企业的哪些信息？

2. 资产负债表中的资产类项目主要包括哪些？负债类项目主要包括哪些？所有者权益类项目主要包括哪些？

3. 资产负债表各项目年末数的填列方法有哪些？试举例说明。

4. 资产负债表和利润表存在怎样的钩稽关系？

课后练习题

一、单项选择题

1. 资产负债表中资产的排列依据是（　　）。

A. 项目收益性　　B. 项目重要性

C. 项目流动性　　D. 项目时间性

2. 下列资产负债表项目，可根据有关总账科目余额直接填列的是（　　）。

A. “货币资金”　　B. “短期借款”

C. “存货”　　D. “应收票据及应收账款”

3. 下列资产负债表项目，不需要根据相关总账科目所属明细科目的期末余额分析填列的是（　　）。

A. “预收款项”　　B. “应收票据及应收账款”

C. “应付票据及应付账款”　　D. “应付职工薪酬”

4. 下列各项中，不属于资产负债表中“货币资金”项目的是（　　）。

A. 银行承兑汇票　　B. 银行结算户存款

C. 信用卡存款　　D. 外埠存款

5. 某企业“应收账款”总账科目月末借方余额为 500 万元，其中：“应收甲公司账款”明细科目借方余额为 450 万元，“应收乙公司账款”明细科目借方余额为 50 万元；“预收账款”总账科目月末贷方余额为 300 万元，其中：“预收 A 公司账款”明细科目贷方余额为 500 万元，“预收 B 公司账款”明细科目借方余额为 200 万元。“应收票据”总账科目月末借方余额为 100 万元。与应收票据及应收账款有关的“坏账准备”明细科目贷方余额为 10 万元，与其他应收款有关的“坏账准备”明细科目贷方余额为 5 万元。该企业月末资产负债表中“应收票据及应收账款”项目的金额为（　　）万元。

A. 600　　B. 800

C. 790　　D. 785

6. 承第 5 题，该企业月末资产负债表中“预收款项”项目的金额为（　　）万元。

A. 300　　B. 500　　C. 200　　D. 490

7. 某企业“应付账款”科目月末贷方余额为40 000元，其中：“应付甲公司账款”明细科目贷方余额为25 000元，“应付乙公司账款”明细科目贷方余额为25 000元，“应付丙公司账款”明细科目借方余额为10 000元；“预付账款”科目月末贷方余额为20 000元，其中：“预付A公司账款”明细科目贷方余额为40 000元，“预付B公司账款”明细科目借方余额为20 000元。“应付票据”总账科目月末贷方余额为10 000元。该企业月末资产负债表中“应付票据及应付账款”项目的金额为（　　）元。

A. 50 000　　B. 60 000　　C. 100 000　　D. 80 000

8. 承第7题，该企业月末资产负债表中“预付款项”项目的金额为（　　）元。

A. 20 000　　B. 30 000　　C. −30 000　　D. −10 000

9. 某企业某年12月31日其他应收款的账面余额为100万元，应收利息的账面余额为60万元，应收股利的账面余额为30万元。该企业该年12月31日资产负债表中“其他应收款”项目的金额为（　　）万元。

A. 100　　B. 90　　C. 180　　D. 190

10. 某企业期末“工程物资”科目的余额为200万元，“发出商品”科目的余额为50万元，“原材料”科目的余额为60万元，“材料成本差异”科目的贷方余额为5万元。假定不考虑其他因素，该企业资产负债表中“存货”项目的金额为（　　）万元。

A. 105　　B. 115　　C. 205　　D. 305

11. 某企业某年12月31日“固定资产”账户余额为2 000万元，“累计折旧”账户余额为800万元，“固定资产减值准备”账户余额为100万元，“在建工程”账户余额为200万元。该企业该年12月31日资产负债表中“固定资产”项目的金额为（　　）万元。

A. 1 300　　B. 2 000　　C. 1 100　　D. 2 200

12. 某企业某年12月31日“无形资产”账户余额为500万元，“累计摊销”账户余额为200万元，“无形资产减值准备”账户余额为100万元。该企业该年12月31日资产负债表中“无形资产”项目的金额为（　　）万元。

A. 500　　B. 300　　C. 400　　D. 200

13. 某企业2×16年5月1日从银行借入期限为2年（2×18年4月30日到期）的借款1 000万元，年利率为6%，到期一次还本付息，如果企业只有该笔银行借款，则2×17年12月31日在资产负债表中应列示为（　　）。

A. 长期借款1 060万元

B. 短期借款1 100万元

C. 一年内到期的非流动负债1 060万元

D. 一年内到期的非流动负债1 100万元

14. 中期资产负债表中的“未分配利润”项目应（　　）。

A. 根据“本年利润”科目的余额填列

B. 根据“利润分配”科目的余额填列

C. 根据“利润分配——未分配利润”科目的发生额填列

D. 根据“本年利润”科目和“利润分配”科目的余额计算填列

15. 企业期末“本年利润”账户的贷方余额为100万元，期初“利润分配”和“应付股利”账户贷方余额分别为18万元和12万元，当期提取盈余公积10万元，向股东分配股利 40 万元，则期末资产负债表中“未分配利润”项目金额应为（　　）万元。

A. 80　　B. 56　　C. 78　　D. 68

16. 企业在按完工百分比法核算收入和费用时，如果“劳务成本”科目在期末出现余额，应并入资产负债表中（　　）项目反映。

A. “存货”　　B. “生产成本”

C. “主营业务收入”　　D. “应收票据及应收账款”

二、多项选择题

1. 下列各项，可以通过资产负债表反映的有（　　）。

A. 某一时点的财务状况　　B. 某一时点的偿债能力

C. 某一期间的经营成果　　D. 某一期间的获利能力

E. 某一时间的资产、负债和所有者权益情况

2. 资产负债表的数据来源，可以通过以下（　　）方式获得。

A. 直接根据总账科目的余额获得

B. 根据明细科目的余额分析获得

C. 根据几个总账科目的余额合计获得

D. 根据总账科目和明细科目的余额分析获得

E. 根据有关科目余额减去其备抵科目余额后的净额获得

3. 下列资产负债表项目中，根据总账科目余额直接填列的有（　　）。

A. “短期借款”　　B. “实收资本”

C. “应收票据及应收账款”　　D. “其他应收款”

E. “应交税费”

4. 资产负债表中需要根据若干明细科目的期末余额计算填列的项目有（　　）。

A. “存货”　　B. “应收票据及应收账款”

C. “应付票据及应付账款”　　D. “预收款项”

E. “预付款项”

5. 资产负债表中的“货币资金”项目应根据（　　）科目余额合并填列。

A. “库存现金”　　B. “现金等价物”

C. “银行存款”　　D. “其他货币资金”

E. “应收票据及应收账款”

6. 企业资产负债表中“存货”项目的期末数应包括（　　）。

A. 库存产成品及正在加工中的在产品　　B. 委托代销商品

C. 分期收款发出商品　　D. 在途材料

E. 周转材料

7. 资产负债表中的“应收票据及应收账款”项目应根据（　　）计算填列。

A. “应收账款”所属明细账借方余额合计

B. “预收账款”所属明细账借方余额合计

C. 按应收账款余额一定比例计提的“坏账准备”科目的贷方余额

D. “应收票据”总账科目借方余额

E. “应收账款”所属明细账贷方余额合计

8. 下列各项，会使资产负债表中负债项目金额增加的有（　　）。

A. 计提坏账准备

B. 计提存货跌价准备

C. 计提一次还本付息应付债券的利息

D. 计提长期借款利息

E. 计提本月的应交税费

9. 下列各项中，属于流动负债的有（　　）。

A. 预收账款

B. 其他应付款

C. 预付账款

D. 一年内到期的非流动借款

E. 应付债券

10. 资产负债表中的“一年内到期的非流动负债”项目应当根据（　　）科目贷方余额分析填列。

A. “长期借款”

B. “长期应付款”

C. “应付债券”

D. “应付票据及应付账款”

E. “预收账款”

三、判断题

1. 资产负债表中确认的资产都是企业拥有的。（　　）

2. “应付票据及应付账款”项目应根据“应付票据”总账科目期末贷方余额，以及“应付账款”和“预付账款”科目所属各明细科目的期末贷方余额合计数填列；如“应付账款”科目所属明细科目期末有借方余额，应在资产负债表“预付款项”项目内填列。（　　）

3. “预收账款”科目所属有关明细科目如有借方余额，应在资产负债表“应收票据及应收账款”项目内反映。（　　）

4. 受托代销商品款应作为存货的抵减项目在资产负债表中列示。（　　）

5. 如果“固定资产清理”科目出现贷方余额，应在资产负债表“固定资产”项目中冲减。（　　）

6. “长期股权投资”项目应根据“长期股权投资”科目的期末余额，减去“长期股权投资减值准备”科目的期末余额后的金额填列。（　　）

7. “开发支出”项目应当根据“研发支出”科目中所属的“费用化支出”明细科目期末余额填列。（　　）

8. 企业编制财务报表时如果没有需要可以不编制报表附注。（　　）

9. 财务报表提供的信息不是仅供外部的投资人和债权人使用。（　　）

10. “长期借款”项目应该根据“长期借款”总账科目余额填列。（　　）

11. 企业对于发出的商品，不符合收入确认条件的，应按其实际成本编制会计分录：借记“发出商品”科目，贷记“库存商品”科目。（　　）

12. 期末未分配利润＝期初未分配利润＋当期净利润－当期利润分配。（　　）

四、计算题

1. 甲公司 2×17 年 12 月 31 日的有关资料如下（单位：元）：

（1）科目余额表如表 3-10 所示。

表 3-10　　科目余额表

科目名称	借方余额	科目名称	贷方余额
库存现金	1 000	坏账准备	5 000
银行存款	958 700	累计折旧	690 000
应收票据	160 000	累计摊销	13 000
应收账款	587 000	短期借款	100 000
预付账款	120 000	应付账款	525 800
原材料	874 440	预收账款	150 000
周转材料	20 000	应付职工薪酬	30 000
库存商品	5 075 860	应交税费	7 000
生产成本	224 000	长期借款	1 280 000
发出商品	320 000	股本	10 000 000
材料成本差异	4 000	资本公积	200 000
固定资产	4 645 000	盈余公积	370 000
在建工程	205 800	未分配利润	450 000
无形资产	625 000		
合计	13 820 800	合计	13 820 800

（2）债权债务明细科目余额表如表 3-11 所示。

表 3-11　　债权债务明细科目余额表

明细科目名称	借方余额	贷方余额	明细科目名称	借方余额	贷方余额
应收账款——A 公司	600 000		应付账款——E 公司		540 000
——B 公司		13 000	——F 公司	14 200	
预付账款——C 公司	130 000		预收账款——G 公司		155 000
——D 公司		10 000	——H 公司	5 000	

（3）长期借款共两笔，均为到期一次性还本付息。金额及期限如下：从工商银行借入 520 000 元（本利和），期限为从 2×16 年 6 月 1 日至 2×18 年 5 月 31 日。从建设银行借入 760 000 元（本利和），期限为从 2×17 年 8 月 1 日至 2×19 年 7 月 31 日。

要求：编制甲公司 2×17 年 12 月 31 日的资产负债表。

2. 泰瑞达公司是一家服务性公司，其 2×17 年 12 月 31 日的试算平衡表如表 3-12 所示。

表 3-12　　泰瑞达公司试算平衡表

2×17 年 12 月 31 日　　单位：元

科目名称	借方余额	贷方余额
库存现金	81 000	
银行存款	3 100 000	
应收账款	5 700 000	
固定资产	4 000 000	
累计折旧		1 200 000
应付账款		4 200 000
预收账款		1 000 000
实收资本		5 000 000
本年利润（1—11 月累计）		1 100 000
主营业务收入		5 800 000
主营业务成本	4 000 000	
管理费用	900 000	
销售费用	200 000	
税金及附加	319 000	
合计	18 300 000	18 300 000

但还有以下需调整内容：

（1）管理用固定资产还需计提折旧 80 000 元。

（2）未付职工工资 400 000 元，其中 250 000 元应记入“主营业务成本”科目，150 000 元需记入“管理费用”科目。

（3）1 000 000 元的预收服务费已在本年实现，与该收入相关的成本和流转税均已记录。

（4）预计所得税费用为 300 000 元。

（5）将损益类科目转入“本年利润”科目。

（6）按本年净利润的 10%提取法定盈余公积，计划向投资者分配利润 500 000 元。

要求：（1）编制上述六笔未调整事项的调整分录，并且编制调整后的试算平衡表。

（2）编制该公司 2×17 年度的资产负债表。

第四章
利润表的编制

学习目标

学完本章，你应能做到：

- 了解利润表的格式及作用。
- 熟悉利润表的内容。
- 掌握利润表的编制原理。
- 能够熟练编制利润表。

第一节　利润表概述

利润表是反映企业在一定会计期间（某年、某半年、某季、某月）的经营成果的会计报表。通过利润表，可以反映企业一定会计期间的收入实现情况，如实现的营业收入有多少，实现的投资收益有多少，实现的营业外收入有多少等；可以反映一定会计期间的费用耗费情况，如耗费的营业成本有多少，税费及附加有多少，销售费用、管理费用、财务费用各有多少，营业外支出有多少等；可以反映企业生产经营活动的成果，即净利润的实现情况，据以判断资本保值、增值情况。利润表也是企业必须按期编制的一张主要财务报表。

一、利润表的格式及内容

（一）利润表的格式

常见的利润表的格式有单步式和多步式两种。

1. 单步式利润表

单步式利润表，是将所有的收入及所有的费用和支出分别汇总，两者相减得出本期净利润。这种格式比较简单，便于编制，但是缺少利润构成情况的详细资料，不能直观判断企业营业收益和非营业收益对实现利润的影响，也不能直观判别主要经营业务与次要经营业务收益对实现利润的影响；同时，也不利于企业不同期间利润表与行业间利润表的纵向和横向的比较、分析。

2. 多步式利润表

多步式利润表，是通过对当期的收入、费用、支出项目按性质加以归类，按利润形成的主要环节列示一些中间性利润指标，分步计算当期净损益。多步式利润表的优点在于，便于对企业生产经营情况进行分析，有利于不同企业之间进行比较，更重要的是，利用多步式利润表有利于预测企业今后的获利能力。

我国采用的是多步式利润表，按年报送的利润表按“本期金额”和“上期金额”列示，按月报送的利润表按“本月数”和“本年累计数”列示。

（二）利润表的内容

利润表主要反映以下几个方面的内容：

（1）营业收入。由主营业务收入和其他业务收入组成。

（2）营业利润。营业收入减去营业成本（主营业务成本、其他业务成本）、税金及附加、销售费用、管理费用、财务费用、资产减值损失、信用减值损失，加上其他收益、投资收益（减损失）、净敞口套期收益（减损失）、公允价值变动收益（减损失）、资产处置收益（减损失），即营业利润。用公式表示如下：

营业利润＝营业收入－营业成本－税金及附加－销售费用－管理费用
－财务费用－资产减值损失－信用减值损失＋其他收益
＋投资收益（减损失）＋净敞口套期收益（减损失）
＋公允价值变动收益（减损失）＋资产处置收益（减损失）

（3）利润总额。营业利润加上营业外收入，减去营业外支出，即利润总额。用公式表示如下：

利润总额＝营业利润＋营业外收入－营业外支出

（4）净利润。利润总额减去所得税费用，即净利润。按照经营可持续性具体分为“持续经营净利润”和“终止经营净利润”两项。

（5）其他综合收益的税后净额。具体分为“不能重分类进损益的其他综合收益项目”和“将重分类进损益的其他综合收益项目”，并以扣除相关所得税影响后的净额列报。

（6）综合收益总额。净利润加上其他综合收益的税后净额，即综合收益总额。净利润是已实现收益，表明企业现在赚了多少钱；其他综合收益是一种潜在收益，表明企业未来会赚多少钱。

（7）每股收益。每股收益包括基本每股收益和稀释每股收益两项指标。普通股或潜在普通股已公开交易的企业，以及正处于公开发行普通股或潜在普通股过程中的企业，应当在利润表中列示每股收益信息。

利润表具体格式如表4－1所示。

表 4-1　　利润表

编制单位：诚光股份有限公司　　2×17 年　　单位：万元

项目	本期金额	上期金额（略）
一、营业收入	12 660	
减：营业成本	7 830	
税金及附加	24	
销售费用	250	
管理费用	1 735	
研发费用		
财务费用	50	
其中：利息费用	350	
利息收入	300	
资产减值损失	452	
信用减值损失		
加：其他收益		
投资收益（损失以“—”号填列）	340	
其中：对联营企业和合营企业的投资收益		
净敞口套期收益（损失以“—”号填列）		
公允价值变动收益（损失以“—”号填列）	—20	
资产处置收益（损失以“—”号填列）	40	
二、营业利润（亏损以“—”号填列）	2 679	
加：营业外收入	20	
减：营业外支出	21	
三、利润总额（亏损总额以“—”号填列）	2 678	
减：所得税费用	650	
四、净利润（净亏损以“—”号填列）	2 028	
（一）持续经营净利润（净亏损以“—”号填列）	2 028	
（二）终止经营净利润（净亏损以“—”号填列）		
五、其他综合收益的税后净额		
（一）不能重分类进损益的其他综合收益		
1. 重新计量设定受益计划变动额		
2. 权益法不能转损益的其他综合收益		
3. 其他权益工具投资公允价值变动		
4. 企业自身信用风险公允价值变动		
……		
（二）将重分类进损益的其他综合收益		
1. 权益法下可转损益的其他综合收益		
2. 其他债权投资公允价值变动		
3. 金融资产重分类计入其他综合收益的金额		
4. 其他债权投资信用减值准备		
5. 现金流量套期储备		
6. 外币财务报表折算差额		
……		
六、综合收益总额	2 028	
七、每股收益		
（一）基本每股收益	0.405 6	
（二）稀释每股收益		

二、利润表的作用

利润表的作用具体表现在以下几个方面。

（一）反映企业生产经营的成果

利润表通过把企业在某一特定期间内的收入、成本和费用情况加以配比，可以全面反映企业生产经营的收益情况，表明企业的投入产出比例关系，确定企业是盈利还是亏损。

（二）考核企业计划完成情况

企业的利润是各项生产经营活动的收益与耗费的集中表现，企业的各项生产经营活动无不发生收益和费用，无不通过收益与费用的比较表现出来，利润是反映企业生产经营情况的综合性指标。利润表通过反映企业生产经营成果的情况，能够为全面考核企业生产经营计划的完成情况提供依据。

（三）分析和预测企业未来获利能力

利润表所提供的企业营业利润、投资收益和营业外收支等企业损益的详细情况，是进行财务分析的重要资料。通过分析前后期的营业利润的增减变化、投资收益的增减变化和营业外收支的变动情况，可以分析和测定企业损益的发展变化趋势，预测企业未来的获利能力。

第二节　利润表的编制原理与实务

一、利润表的编制原理

在我国，按年报送的利润表按“本期金额”和“上期金额”列示，按月报送的利润表按“本月数”和“本年累计数”列示。本节将主要介绍年度利润表的编制方法。

（一）利润表“上期金额”的填列原理

利润表“上期金额”栏填列的是上年度各项收入、费用的全年实际发生额，该数字直接将上年度利润表“本期金额”栏内所列数字过入即可。如果上年度利润表的项目名称和内容与本年度利润表不相一致，应对上年度报表项目的名称和数字按本年度的规定进行调整，填入本年度报表的“上期金额”栏。

（二）利润表“本期金额”的填列原理

“本期金额”的编制依据是各相关损益类科目的本期发生额，具体填列方法可分为以下五种：

第一，直接根据损益类科目期末转入“本年利润”科目的金额填列。例如，“税金及附加”“销售费用”“管理费用”“财务费用”“资产减值损失”“信用减值损失”“其他收益”“投资收益”“净敞口套期损益”“公允价值变动损益”“资产处置损益”“营业外收入”“营业外支出”“所得税费用”等项目，即可直接根据相应科目期末转入“本年利润”科目的金额填列。

第二，根据有关损益类科目期末转入“本年利润”科目的金额计算填列。例如，“营业收入”项目需要根据“主营业务收入”与“其他业务收入”科目期末转入“本年利润”科目的合计金额填列；“营业成本”项目需要根据“主营业务成本”与“其他业务成本”科目期末转入“本年利润”科目的合计金额填列。

第三，根据有关明细科目的发生额分析填列。如“其中：利息费用、利息收入”应根据“财务费用”科目的相关明细科目的发生额分析填列。“其中：对联营企业和合营企业的投资收益”应根据“投资收益”科目所属的相关明细科目的发生额分析填列。“其他综合收益的税后净额”项目及其各组成部分，应根据“其他综合收益”科目及其所属明细科目的本期发生额分析填列。

第四，根据表内项目计算填列。例如，“营业利润”“利润总额”“净利润”“综合收益总额”等项目，就需要根据表内项目计算填列。

第五，根据有关资料计算填列。例如，“基本每股收益”“稀释每股收益”等项目，就需要根据当期净利润和发行在外的普通股加权平均数等计算填列。

具体来说，利润表各项目的列报内容和填列方法如下。

1.“营业收入”项目

“营业收入”项目反映企业在销售商品、提供劳务过程中实现的主营业务收入金额和除主营业务外所实现的其他业务收入的金额。本项目根据“主营业务收入”和“其他业务收入”科目期末转入“本年利润”科目的合计金额填列。

2.“营业成本”项目

“营业成本”项目反映企业因销售产品和提供劳务等主营业务而发生的主营业务成本和出售材料成本、出租固定资产折旧、出租无形资产摊销等其他业务成本。本项目根据“主营业务成本”和“其他业务成本”科目期末转入“本年利润”科目的合计金额填列。

3.“税金及附加”项目

“税金及附加”项目反映企业经营活动发生的消费税、城市维护建设税、资源税、教育费附加及房产税、土地使用税、车船使用税、印花税等相关税费。可以简单理解为：除企业所得税外，凡在利润表中体现的税费，均在“税金及附加”科目中反映。本项目根据“税金及附加”科目期末转入“本年利润”科目的金额填列。

4.“销售费用”项目

“销售费用”项目反映企业在销售商品、材料和提供劳务过程中发生的各种费用，包括保险费、包装费、展览费和广告费、商品维修费、预计产品质量保证损失、运输费、装卸费及为销售本企业产品而专设的销售机构（含销售网点、销售机构网点）的职工薪酬、业务费、折旧费等经营费用。本项目根据“销售费用”科目期末转入“本年利润”科目的金额填列。

5.“管理费用”项目

“管理费用”项目反映企业为组织和管理企业生产经营所发生的各种费用，包括企业在筹建期间发生的开办费、董事会和行政管理部门在企业的经营管理中发生的或由企业统一负担的公司经费（包括行政管理部门职工的工资及福利费、物料消耗、低值易耗品摊销、办公费和差旅费等）、工会经费、待业保险费、劳动保险费、董事会会费（包括董事会成员津贴、会议费和差旅费）、聘请中介机构费、咨询费（含顾问费）、诉讼费、业务招待费、技术转让费、矿产资源补偿费、研究费用、排污费等。本项目根据“管理费用”科目期末转入“本年利润”科目的金额填列。

6.“研发费用”项目

“研发费用”项目反映企业进行研究与开发过程中发生的费用化支出。该项目根据“管理费用”科目下的“研发费用”明细科目的发生额分析填列。

7.“财务费用”项目

“财务费用”项目反映企业为筹集生产经营所需资金而发生的筹资费用，包括利息收入（减利息支出）、汇兑损益及相关的手续费、企业发生的现金折扣及收到的现金折扣等。本项目根据“财务费用”科目期末转入“本年利润”科目的金额填列。“其中：利息费用”反映企业为筹集生产经营所需资金等而发生的应予以费用化的利息支出；“利息收入”反映企业确认的利息收入。两个项目均根据“财务费用”科目的相关明细科目的发生额分析填列。

8.“资产减值损失”项目

“资产减值损失”项目反映企业计提的各项减值准备所形成的损失，包括计提的坏账准备、存货跌价准备、债权投资减值准备、长期股权投资减值准备、投资性房地产减值准备、固定资产减值准备、工程物资减值准备、在建工程减值准备、生产性生物资产减值准备、油气资产减值准备、无形资产减值准备、商誉减值准备等。本项目根据“资产减值损失”科目期末转入“本年利润”科目的金额填列。

9.“信用减值损失”项目

“信用减值损失”项目反映企业计提的各项金融工具减值准备所形成的预期信用损失。本项目根据“信用减值损失”科目期末转入“本年利润”科目的金额填列。

10.“其他收益”项目

“其他收益”项目反映与企业日常活动相关的政府补助。本项目根据“其他收益”科目期末转入“本年利润”科目的金额填列。

11.“投资收益”项目

“投资收益”项目反映企业以各种方式对外投资所取得的收益或发生的损失。本项目根据“投资收益”科目期末转入“本年利润”科目的金额填列，如为净损失，则以“—”号填列。

12.“净敞口套期收益”项目

“净敞口套期收益”项目反映净敞口套期下被套期项目累计公允价值变动转入当期损益的金额或现金流量套期储备转入当期损益的金额。本项目根据“净敞口套期损益”科目期末转入“本年利润”科目的金额填列，如为套期损失，以“—”号填列。

13.“公允价值变动收益”项目

“公允价值变动收益”项目反映企业以公允价值计量且其变动计入当期损益的金融资产、以公允价值计量且其变动计入当期损益的金融负债及采用公允模式计量的投资性房地产、衍生工具、套期保值业务等公允价值变动形成的应计入当期损益的利得或损失。本项目根据“公允价值变动损益”科目期末转入“本年利润”科目的金额填列，如为净损失，则以“－”号填列。

14.“资产处置收益”项目

“资产处置收益”项目反映企业处置持有待售的非流动资产、固定资产、在建工程、生产性生物资产及无形资产而产生的处置利得或损失。债务重组中因处置非流动资产产生的利得或损失和非货币性资产交换产生的利得或损失也包括在本项目内。本项目根据“资产处置损益”科目期末转入“本年利润”科目的金额填列，如为处置损失，则以“－”号填列。

15.“营业外收入”项目

“营业外收入”项目反映企业发生的各项营业外收入，包括债务重组利得、与企业日常活动无关的政府补助、盘盈利得、捐赠利得等。本项目根据“营业外收入”科目期末转入“本年利润”科目的金额填列。

16.“营业外支出”项目

“营业外支出”项目反映企业发生的各项营业外支出，包括债务重组损失、公益性捐赠支出、非常损失、盘亏损失、非流动资产毁损报废损失等。本项目根据“营业外支出”科目期末转入“本年利润”科目的金额填列。

17.“所得税费用”项目

“所得税费用”项目反映企业确认的、应从当期的利润总额中扣除的所得税费用。本项目根据“所得税费用”科目期末转入“本年利润”科目的金额填列。

18.“净利润”项目

“净利润”项目反映企业当期所实现的税后利润金额或发生的亏损金额。按照经营可持续性具体分为“持续经营净利润”和“终止经营净利润”两项，分别反映净利润中与持续经营相关的净利润和与终止经营相关的净利润。本项目根据利润总额减去所得税费用的金额计算求得，如为净亏损，以“－”号填列。

19.“其他综合收益的税后净额”项目

“其他综合收益的税后净额”反映企业当期发生的未在当期损益中确认，由非权益性交易形成的直接计入所有者权益的各项利得或损失扣除所得税影响后的净额。需要区分“不能重分类进损益的其他综合收益”和“将重分类进损益的其他综合收益”两类列报。本项目根据“其他综合收益”科目及其所属明细科目的本期发生额分析填列。

20.“综合收益总额”项目

“综合收益总额”项目反映企业当期的净利润与当期其他综合收益扣除所得税影响后的净额的合计数。本项目根据“净利润”和“其他综合收益的税后净额”的合计金额填列。

21.“每股收益”项目

“每股收益”项目反映普通股股东每持有一股所得享有的企业利润或需承担的企业亏损。每股收益是衡量上市公司盈利的重要指标，该比值越大，说明每股股票的获利能力越强，对股东越有利。关于每股收益的计算详见本章第三节。

二、利润表的编制实务

【例 4－1】诚光股份有限公司 2×17 年年末结账前有关损益类科目的本年累计发生额如表 4－2 所示。

表 4－2　　损益类科目 2×17 年累计发生额　　单位：万元

科目名称	借方发生额	贷方发生额	科目名称	借方发生额	贷方发生额
主营业务收入	800	13 000	资产减值损失	500	48
其他业务收入		460	公允价值变动损益	80	60
主营业务成本	8 100	650	投资收益	110	450
其他业务成本	380		资产处置损益		40
税金及附加	24		营业外收入		20
销售费用	250		营业外支出	21	
管理费用	1750	15	所得税费用	650	
财务费用	350	300			

其他资料：本期无研发费用。该公司当年发行在外普通股的加权平均数为 5 000 万股，无稀释性普通股。

要求：根据上述资料，编制损益类科目转入“本年利润”的会计分录，并编制诚光股份有限公司 2×17 年年度利润表。

编制步骤：

（1）结转收入类科目：

借：主营业务收入	12 200	
其他业务收入	460	
投资收益	340	
资产处置损益	40	
营业外收入	20	
贷：本年利润	13 060	

（2）结转费用类科目：

借：本年利润	11 032	
贷：主营业务成本		7 450
其他业务成本		380
税金及附加		24
销售费用		250
管理费用		1 735
财务费用		50
资产减值损失		452
公允价值变动损益		20

营业外支出	21
所得税费用	650

（3）编制的利润表如表4-1所示。

说明：上述结转分录，实务中是在每月底编制，此处为方便教学，采用在年底一次结转方式。另提醒读者，为方便期末报表编制，平时记账时，应尽量避免收入类科目出现借方发生额，如有借方发生额，用红字在贷方登记；也应尽量避免费用类科目出现贷方发生额，如有贷方发生额，则用红字在借方登记。

第三节　每股收益

每股收益是指普通股股东每持有一股所能享有的企业利润或需承担的企业亏损，一般用企业当期净利润与发行在外的普通股股数的比值计算得出。每股收益通常被用来反映企业的经营成果，衡量普通股的获利水平及投资风险，是投资人、债权人等信息使用者据以评价企业获利能力，预测企业成长潜力，进而做出相关经济决策的一项重要的财务指标。每股收益包括基本每股收益和稀释每股收益。

一、基本每股收益

基本每股收益只考虑当期实际发行在外的普通股股份，按照当期归属于普通股股东的净利润除以当期发行在外普通股的加权平均数计算确定，计算公式如下：

$$\text{基本每股收益}=\text{当期归属于普通股股东的净利润}\div\text{当期发行在外普通股的加权平均数}$$

（一）分子的确定

在计算时，分子"当期归属于普通股股东的净利润"应为当期扣除优先股股利后的净利润。以合并财务报表为基础计算的每股收益，分子应当是归属于母公司普通股股东的当期合并净利润，即扣除少数股东损益后的余额。发生亏损的企业，每股收益以负数表示。

（二）分母的确定

计算基本每股收益时，分母为"当期发行在外普通股的加权平均数"，是将期初发行在外的普通股股数，加上或减去当期新发行或回购的普通股股数乘以时间权数进行调整后的股数。时间权数是特定股份发行在外的天数占当期总天数的比例。计算公式如下：

$$\text{当期发行在外普通股的加权平均数}=\text{期初发行在外普通股股数}\times\frac{12}{12}\text{（或}\frac{365}{365}\text{）}+\text{当期新发行普通股股数}\times\text{已发行时间}\div\text{报告期时间}-\text{当期回购普通股股数}\times\text{已回购时间}\div\text{报告期时间}$$

已发行时间、报告期时间和已回购时间一般按照天数计算。在不影响计算结果合理性的前提下，也可以采用简化的计算方法，如按月数计算。

作业 4-1

某公司 2×17 年的合并利润表摘录如下：

单位：万元

当期净利润	519 043.80
其中：归属于母公司所有者的净利润	518 857.93
少数股东损益	185.87

该公司 2×17 年期初发行在外的普通股为 300 000 万股；4 月 1 日新发行普通股 162 000 万股；12 月 1 日回购普通股 75 000 万股，以备将来奖励职工之用。

要求：计算该公司 2×17 年的基本每股收益。

【参考答案】

当期发行在外普通股的加权平均数为：300 000×12÷12＋162 000×9÷12－75 000×1÷12＝415 250（万股），或：300 000×3÷12＋462 000×8÷12＋387 000×1÷12＝415 250（万股）。

该公司 2×17 年基本每股收益为：518 857.93÷415 250＝1.249 5（元/股）。

二、稀释每股收益

稀释每股收益是以基本每股收益为基础，假设企业所有发行在外的稀释性潜在普通股均已转换为普通股，从而分别调整归属于普通股股东的当期净利润以及发行在外普通股的加权平均数而得的每股收益。稀释每股收益告诉投资人当所有稀释性潜在普通股转换为普通股时每股收益的最低值，也就是投资人预期的最低每股收益，该指标的列示目的在于更稳健地反映每股收益。

（一）稀释性潜在普通股

在会计期末，企业会有一些已发行的并非普通股的潜在普通股，它们可能会在将来转换成普通股。

1. 潜在普通股

潜在普通股是指赋予其持有者在报告期或以后期间享有取得普通股权利的一种金融工具或其他合同。

潜在普通股的例子有：

（1）可转换成普通股的债务性或权益性工具（如可转换公司债券、可转换优先股）。

（2）认股权证和股票期权。

（3）允许雇员取得普通股作为其一部分酬劳的雇员计划和其他股份购买计划。

（4）一旦履行合同协议中的特定条件（如并购企业或其他资产）时将发行的股份。

目前，我国企业发行的潜在普通股主要有可转换公司债券、认股权证和股票期权等。

2. 稀释性潜在普通股

稀释性潜在普通股，是指假设当期转换为普通股会减少每股收益（或增加每股亏损）

的潜在普通股。只有当潜在普通股转换成普通股会减少每股持续正常经营净收益时，潜在普通股才能被视为具有稀释性。计算稀释每股收益时只考虑稀释性潜在普通股的影响，而不考虑不具有稀释性的潜在普通股。

(二) 分子的调整

计算稀释每股收益时，应当根据下列事项对归属于普通股股东的当期净利润进行调整：当期已确认为费用的稀释性潜在普通股的利息；稀释性潜在普通股转换时将产生的收益或费用。应注意的是，调整时应当考虑相关的所得税影响。

(三) 分母的调整

计算稀释每股收益时，当期发行在外普通股的加权平均数应当为计算基本每股收益时的普通股加权平均数，加上全部具有稀释性的潜在普通股转换成普通股时将发行的普通股加权平均数之和。

具有稀释性的潜在普通股应视为已在当期期初或潜在普通股发行日（如比期初晚）转换成普通股。

计算稀释每股收益时，企业应假定已行使了具有稀释性的潜在普通股的转换，发行股份的假定收入应以公允价值来计量。发行的普通股股数和按公允价值应发行的普通股股数之间的差额，视为无对价的普通股发行处理。

对于稀释性认股权证、股票期权，计算稀释每股收益时，一般无须调整作为分子的净利润金额，只需调整分母。

作业4-2

某上市公司2×17年归属于普通股股东的净利润为40 000万元，期初发行在外普通股股数为35 000万股，年内普通股股数未发生变化。2×17年1月1日，公司按面值发行50 000万元的三年期可转换公司债券，债券每张面值为100元，票面固定年利率为3%，利息自发行之日起每年支付一次，即每年12月31日为付息日。该批可转换公司债券自发行结束12个月以后即可转换为公司股票，即转换期为发行12个月后至债券到期日止的期间。转股价格为每股10元，即每100元债券可转换为10股面值为1元的普通股。债券利息不符合资本化条件，直接计入当期损益，所得税税率为25%。

要求：计算2×17年该公司基本每股收益和稀释每股收益。

【参考答案】

基本每股收益＝40 000÷35 000＝1.142 9（元/股）

假设转换所增加的净利润＝50 000×3%×(1－25%)×12/12＝1 125（万元）

假设转换所增加的普通股的加权平均数＝50 000÷10×12/12＝5 000（万股）

增量股的每股收益＝1 125÷5 000＝0.225（元）

增量股的每股收益小于原每股收益，该可转换公司债券具有稀释作用。

稀释每股收益＝(40 000＋1 125)÷(35 000＋5 000)＝1.028 1（元/股）

本章小结

利润表是动态报表，因此，利润表应根据有关损益类账户的发生额分析填列。

多步式结构的利润表能够提供诸如“营业利润”和“利润总额”等很重要的中间项目，要真正领会它们的计算过程。

利润表所有项目的变化都会影响最后一个项目“净利润”金额，从而对所有者权益变动表的有关利润分配项目产生影响。利润分配项目的变化，也会影响资产负债表的最后一个项目“未分配利润”的金额。这一点是理解利润表与资产负债表及所有者权益变动表有关项目之间关系的关键。

每股收益是普通股股东每持有一股所能享有的企业利润或需承担的企业亏损，一般用企业当期净利润与发行在外的普通股股数的比值计算得出。它是分析每股价值的一个基础性指标，是综合反映公司获利能力的重要指标。每股收益包括基本每股收益和稀释每股收益。

课后思考题

1. 利润表的作用有哪些？通过利润表人们可以了解企业的哪些信息？

2. 与原利润表相比，现行准则下的利润表具有哪些特点？

3. 如何编制利润表？

课后练习题

一、单项选择题

1. 编制多步式利润表的第一步，应（　　）。

A. 以营业收入为基础，计算营业利润

B. 以营业收入为基础，计算利润总额

C. 以营业利润为基础，计算利润总额

D. 以利润总额为基础，计算净利润

2. 下列各项中，不影响营业利润的项目是（　　）。

A. 已销商品收入　　B. 原材料销售收入

C. 非流动资产毁损报废损失　　D. 股票投资所得收益

3. 某企业2×17年11月主营业务收入为100万元，主营业务成本为80万元，管理费用为5万元，资产减值损失为2万元，投资收益为10万元。假定不考虑其他因素，该企业当月的营业利润为（　　）万元。

A. 13　　B. 15　　C. 18　　D. 23

4. 大明企业2×17年发生的营业收入为2 000万元，营业成本为1 200万元，销售费用为40万元，管理费用为100万元，财务费用为20万元，投资收益为80万元，资产减值损失为140万元（损失），公允价值变动损益为160万元（收益），资产处置收益为10

万元，其他收益为 25 万元，营业外收入为 50 万元，营业外支出为 30 万元。该企业 2×17 年的营业利润为（　　）万元。

A. 640　　B. 775　　C. 795　　D. 815

5. 利润分配表中期初未分配利润和期末未分配利润应分别与（　　）中相应项目的期初、期末数额一致。

A. 资产负债表　　B. 利润表

C. 现金流量表　　D. 本年利润

6. 下列有关基本每股收益的表述中，不正确的是（　　）。

A. 计算基本每股收益时，分母为当期发行在外普通股的加权平均数

B. 计算基本每股收益时，分子为归属于普通股和优先股股东的当期净利润

C. 基本每股收益仅考虑当期实际发行在外的普通股股份，按照归属于普通股股东的当期净利润除以当期实际发行在外普通股的加权平均数计算确定

D. 基本每股收益仅考虑当期实际发行在外的普通股股份

7. 甲公司 2×17 年实现的归属于普通股股东的净利润为 5 600 万元。该公司 2×17 年 1 月 1 日发行在外的普通股为 10 000 万股，6 月 30 日定向增发 1 200 万股普通股，9 月 30 日自公开市场回购 240 万股拟用于高层管理人员股权激励。该公司 2×17 年基本每股收益为（　　）元。

A. 0.50　　B. 0.51　　C. 0.53　　D. 0.56

8. 乙公司 2×17 年 1 月 1 日发行票面利率为 4%的可转换公司债券，面值为 1 600 万元，规定每 100 元债券可转换为 1 元面值的普通股 90 股。2×17 年乙公司利润总额为 12 000 万元，净利润为 9 000 万元，2×17 年发行在外普通股为 8 000 万股，公司适用的所得税税率为 25%。乙公司 2×17 年稀释每股收益为（　　）元。

A. 1.5　　B. 1.125　　C. 0.96　　D. 1.28

二、多项选择题

1. 下列各项中，可以记入利润表“税金及附加”项目的有（　　）。

A. 增值税　　B. 城市维护建设税及教育费附加

C. 企业所得税　　D. 印花税

E. 房产税

2. 下列各项中，影响工业企业营业利润的有（　　）。

A. 计提的工会经费　　B. 发生的业务招待费

C. 与日常活动相关的政府补助　　D. 处置投资取得的净收益

E. 处置固定资产收益

3. 影响每股收益计算的事项有（　　）。

A. 派发股票股利　　B. 资本公积转增资本

C. 发行可转换公司债券　　D. 回购企业的股票

E. 派发现金股利

4. 关于稀释性潜在普通股，下列说法正确的有（　　）。

A. 企业存在稀释性潜在普通股的，应当分别调整归属于普通股股东的当期净利润和

发行在外普通股的加权平均数

B. 稀释性潜在普通股，是指假设当期转换为普通股会减少每股收益的潜在普通股

C. 稀释性潜在普通股，是指假设当期转换为普通股会增加每股收益的潜在普通股

D. 稀释性潜在普通股，是指假设当期会减少本期净利润的潜在普通股

E. 计算稀释每股收益时，只考虑稀释性潜在普通股的影响，而不考虑不具有稀释性的潜在普通股

5. 企业计算稀释每股收益时，应当考虑的稀释性潜在普通股包括（　　）。

A. 股票期权　　B. 认股权证

C. 可转换公司债券　　D. 不可转换公司债券

E. 可转换优先股

三、判断题

1. 利润表是指反映企业在一定会计期间的经营成果的报表。（　　）

2. 增值税应在利润表的“税金及附加”项目中反映。（　　）

3. 利润表中的净利润数额与资产负债表中的“未分配利润”项目的期末数应相等。（　　）

4. 企业发放股票股利将使同期每股收益下降。（　　）

四、计算题

1. 甲公司2×17年度“主营业务收入”科目的贷方发生额为5 000万元，借方发生额为100万元（系当年10月发生的购买方退货）；“其他业务收入”科目的贷方发生额为300万元；“主营业务成本”科目的借方发生额为4 000万元，2×17年10月10日，收到购买方退货，其成本为60万元；“其他业务成本”科目借方发生额为200万元。

要求：根据上述资料，计算利润表中的“营业收入”和“营业成本”项目金额。

2. 某企业2×17年3月末结账前的科目余额表如表4-3所示。

表4-3　　3月末科目余额表　　单位：元

科目名称	借方发生额合计	科目名称	贷方发生额合计
主营业务成本	36 000 000	主营业务收入	58 000 000
其他业务成本	3 000 000	其他业务收入	5 000 000
税金及附加	3 200 000	投资收益	3 500 000
销售费用	6 500 000	其他收益	300 000
管理费用	8 500 000	资产处置损益	60 000
财务费用	900 000	营业外收入	40 000
资产减值损失	54 000		
营业外支出	500 000		

2×17年1—2月“本年利润”科目中各转入数据的累计数如表4-4所示。

表4-4　　1—2月“本年利润”科目各转入数据累计数　　单位：元

科目名称	借方发生额合计	科目名称	贷方发生额合计
主营业务成本	66 000 000	主营业务收入	136 200 000
其他业务成本	2 400 000	其他业务收入	4 710 000

续前表

科目名称	借方发生额合计	科目名称	贷方发生额合计
税金及附加	1 530 000	其他收益	300 000
销售费用	9 000 000	资产处置损益	38 000
管理费用	49 200 000	营业外收入	10 000
财务费用	480 000		
资产减值损失	9 600		
公允价值变动损益	2 400 000		
营业外支出	150 000		
所得税费用	2 522 100		

该企业适用的所得税税率为25%，假设不存在会计与税法的差异。

要求：编制该企业2×17年3月的利润表。

3. A公司2×17年12月31日的科目余额（实账户）及2×17年的科目发生额（虚账户）如表4-5所示。

表4-5　　A公司2×17年科目余额及发生额　　单位：万元

科目名称	借方余额或发生额	贷方余额或发生额	科目名称	借方余额或发生额	贷方余额或发生额
库存现金	120		资本公积		20 000
银行存款	9 130		盈余公积（2×17.1.1）		5 500
应收账款	28 595		未分配利润（2×17.1.1）		24 000
原材料	6 750		主营业务收入		300 000
库存商品	8 000		主营业务成本	198 500	
长期股权投资	9 000		税金及附加	500	
固定资产	224 500		销售费用	13 200	
累计折旧		101 500	管理费用	72 010	
应付账款		27 150	财务费用	960	
应交税费		3 170	投资收益		445
长期借款		32 500	所得税费用	3 000	
股本（每股面值1元）		60 000	合计	574 265	574 265

其他资料：假设2×17年年末按净利润的10%提取法定盈余公积金，按净利润的5%提取任意盈余公积金，同时将当年净利润的30%分配给股东。

要求：根据上述数据编制A公司的利润表和资产负债表。

4. 甲公司2×17年年初发行在外的普通股为10 000万股，3月1日新发行4 500万股，12月1日回购1 500万股，以备将来奖励职工，当年甲公司实现净利润5 000万元。

要求：计算甲公司2×17年的基本每股收益。

第五章

现金流量表的编制

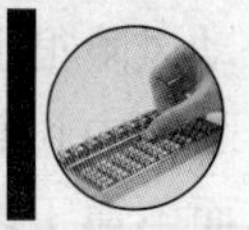

学习目标

学完本章，你应能做到：

- 熟悉现金流量表的结构及作用。
- 掌握企业现金流量的分类。
- 熟悉现金流量表的编制范围。
- 掌握现金流量表主表各项目的填列方法。
- 了解工作底稿法和T形账户法。
- 能够采用简易方法熟练编制现金流量表。
- 掌握现金流量表补充资料的填列方法。

第一节　现金流量表概述

现金流量表，是指反映企业在一定会计期间（某年、某半年、某季、某月）现金和现金等价物流入和流出的报表。从编制原则上看，现金流量表按照收付实现制原则编制，将权责发生制下的盈余信息调整为收付实现制下的现金流量信息。通过现金流量表，可以提供企业某一会计期间内现金流入和流出的信息，便于信息使用者了解和评价企业获取现金和现金等价物的能力，据以预测企业未来的现金流量，也便于信息使用者了解企业净利润的质量。一般企业应在中期期末、年末编制现金流量表，及时反映企业的现金流量状况，满足各方面对现金信息的需求，但是小企业可以根据需要选择是否编制现金流量表。

一、相关术语

（一）现金

现金，是指企业库存现金、可以随时用于支付的存款以及其他货币资金等。不能随时用于支付的存款不属于现金。

（二）现金等价物

现金等价物，是指企业持有的期限短、流动性强、易于转换为已知金额现金、价值变动风险很小的投资。期限短，一般是指从购买日起三个月内到期。现金等价物通常包括三个月内到期的债券投资。权益性投资变现的金额通常不确定，其价值变动的风险较大，因而不属于现金等价物。

企业应当根据具体情况确定现金等价物的范围，一经确定不得随意变更。

本章提及现金时，除非同时提及现金及现金等价物，否则均包括现金及现金等价物。

（三）现金流量

现金流量，是指现金和现金等价物的流入量和流出量。现金流量净额是指一定会计期间内企业现金流入量与现金流出量的差额。现金流入大于现金流出，表示现金净流入；现金流入小于现金流出，表示现金净流出。

二、现金流量表的结构

企业的运营包括三个方面，即经营活动、投资活动和筹资活动。因此，现金流量表在结构上将企业一定期间产生的现金流量分为三类：经营活动产生的现金流量、投资活动产生的现金流量和筹资活动产生的现金流量。

（一）现金流量表主表格式

现金流量表的主表采用直接法（即列示现金收入和支出的主要类别）列示了经营活动、投资活动和筹资活动的所有现金流入和流出。具体格式如表 5－1 所示。

表 5－1　　现金流量表（主表）

编制单位：　　年　　单位：元

项目	行次	本期金额	上期金额
一、经营活动产生的现金流量：			
销售商品、提供劳务收到的现金	1		
收到的税费返还	3		
收到其他与经营活动有关的现金	8		
经营活动现金流入小计	9		
购买商品、接受劳务支付的现金	10		
支付给职工以及为职工支付的现金	12		
支付的各项税费	13		
支付其他与经营活动有关的现金	18		

续前表

项目	行次	本期金额	上期金额
经营活动现金流出小计	20		
经营活动产生的现金流量净额	21		
二、投资活动产生的现金流量：			
收回投资收到的现金	22		
取得投资收益收到的现金	23		
处置固定资产、无形资产和其他长期资产收回的现金净额	25		
处置子公司及其他营业单位收到的现金净额	26		
收到其他与投资活动有关的现金	28		
投资活动现金流入小计	29		
购建固定资产、无形资产和其他长期资产支付的现金	30		
投资支付的现金	31		
取得子公司及其他营业单位支付的现金净额	32		
支付其他与投资活动有关的现金	35		
投资活动现金流出小计	36		
投资活动产生的现金流量净额	37		
三、筹资活动产生的现金流量：			
吸收投资收到的现金	38		
取得借款收到的现金	40		
收到其他与筹资活动有关的现金	43		
筹资活动现金流入小计	44		
偿还债务支付的现金	45		
分配股利、利润或偿付利息支付的现金	46		
支付其他与筹资活动有关的现金	52		
筹资活动现金流出小计	53		
筹资活动产生的现金流量净额	54		
四、汇率变动对现金及现金等价物的影响	55		
五、现金及现金等价物净增加额	56		
加：期初现金及现金等价物余额	57		
六、期末现金及现金等价物余额	58		

（二）现金流量表补充资料

现金流量表补充资料披露了企业采用间接法将净利润调节为经营活动现金流量、不涉及现金收支的重大投资和筹资活动以及现金及现金等价物净变动情况三方面信息。具体格式如表 5－2 所示。

表 5－2　　现金流量表补充资料

补充资料	本期金额	上期金额
1. 将净利润调节为经营活动现金流量：		
净利润		
加：资产减值准备		
固定资产折旧、油气资产折耗、生产性生物资产折旧		
无形资产摊销		
长期待摊费用摊销		
处置固定资产、无形资产和其他长期资产的损失（收益以“—”号填列）		
固定资产报废损失（收益以“—”号填列）		
公允价值变动损失（收益以“—”号填列）		
财务费用（收益以“—”号填列）		
投资损失（收益以“—”号填列）		
递延所得税资产减少（增加以“—”号填列）		
递延所得税负债增加（减少以“—”号填列）		
存货的减少（增加以“—”号填列）		
经营性应收项目的减少（增加以“—”号填列）		
经营性应付项目的增加（减少以“—”号填列）		
其他		
经营活动产生的现金流量净额		
2. 不涉及现金收支的重大投资和筹资活动：		
债务转为资本		
一年内到期的可转换公司债券		
融资租入固定资产		
3. 现金及现金等价物净变动情况：		
现金的期末余额		
减：现金的期初余额		
加：现金等价物的期末余额		
减：现金等价物的期初余额		
现金及现金等价物净增加额		

三、现金流量的分类

一定期间的现金流量来源于经营活动、投资活动和筹资活动三个方面。

（一）经营活动

经营活动是指企业投资活动和筹资活动以外的所有交易和事项。经营活动的范围很广，就工商企业来说，经营活动主要包括销售商品、提供劳务、购买商品、接受劳务、广告宣传、推销产品、缴纳税款及经营性租赁等事项。

经营活动产生的现金流入项目主要有销售商品、提供劳务收到的现金，收到的税费返还，收到其他与经营活动有关的现金；经营活动产生的现金流出项目主要有购买商品、接受劳务支付的现金，支付给职工以及为职工支付的现金，支付的各项税费，支付其他与经营活动有关的现金。

各类企业由于行业特点不同，对经营活动的认定存在一定差异。在编制现金流量表时，根据企业的实际情况，对现金流量进行合理的归类。

（二）投资活动

投资活动是指企业固定资产、在建工程、无形资产、其他长期资产等持有期限在一年或一个营业周期以上的资产的购建，不包括在现金等价物范围内的债券投资及其处置活动。

投资活动产生的现金流入项目主要有收回投资收到的现金，取得投资收益收到的现金，处置固定资产、无形资产和其他长期资产收回的现金净额，收到其他与投资活动有关的现金等。投资活动产生的现金流出项目主要有：购建固定资产、无形资产和其他长期资产支付的现金，投资支付的现金，支付其他与投资活动有关的现金等。此外，购买和处置子公司及其他营业单位也属于投资活动，在表中单列项目反映。

（三）筹资活动

筹资活动是指导致企业资本及债务规模和构成发生变化的活动，主要包括吸收投资、发行股票、分配利润、发行债券、向金融企业借入款项及偿还债务等。

筹资活动产生的现金流入项目主要有吸收投资收到的现金，取得借款收到的现金，收到其他与筹资活动有关的现金。筹资活动产生的现金流出项目主要有偿还债务支付的现金，分配股利、利润或偿付利息支付的现金，支付其他与筹资活动有关的现金。

一般来说，经营活动、投资活动和筹资活动现金流与资产负债表有着如下关系，见图5－1。

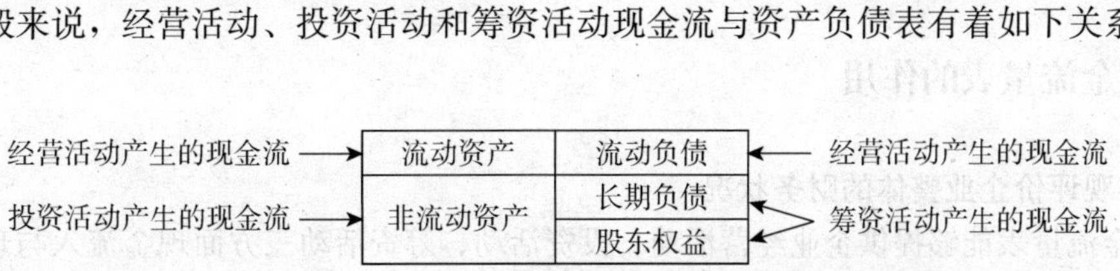

图5－1　经营活动、投资活动和筹资活动现金流与资产负债表的关系

作业5-1

判断下列现金流量属于何种活动产生的现金流量？属于现金流入还是现金流出？并请初步判断每一笔现金流入流出应归入现金流量表的哪一行次。

（1）销售商品收到现金30万元。

（2）购买材料支付现金10万元。

（3）支付工资5万元。

（4）缴纳税款1万元。

（5）发行股票收到现金1 000万元。

（6）从银行借款，收到现金100万元。

（7）偿还借款80万元。

（8）购买固定资产支付10万元。

（9）出售固定资产收到2万元。

（10）向其他企业投资200万元。

（11）收到利息、股利。

（12）支付股利、利息。

【参考答案】

答案如表5-3所示。

表5-3

序号	何种活动的现金流	现金流入还是现金流出	具体行次（初步判断）
（1）	经营活动	现金流入	1
（2）	经营活动	现金流出	10
（3）	经营活动	现金流出	12
（4）	经营活动	现金流出	13
（5）	筹资活动	现金流入	38
（6）	筹资活动	现金流入	40
（7）	筹资活动	现金流出	45
（8）	投资活动	现金流出	30
（9）	投资活动	现金流入	25
（10）	投资活动	现金流出	31
（11）	投资活动	现金流入	23
（12）	筹资活动	现金流出	46

四、现金流量表的作用

（一）客观评价企业整体的财务状况

现金流量表能够提供企业经营活动、投资活动、筹资活动三方面现金流入与现金流出的信息。如果现金流量表中经营活动、投资活动、筹资活动三部分的结构合理，现金流入和现金流出无重大异常波动，一般说明企业的财务状况良好。通过现金流量表，也可大致判断企业的资金周转是否顺畅，从而对企业整体的财务状况做出客观评价。

（二）真实反映企业的偿债能力、支付能力和再投资能力

现金流量表是以现金及现金等价物为基础编制的，它提供关于现金的新信息，避免以营运资金为基础编制报表的弊端，更真实地反映企业的偿债能力、支付能力和再投资能力。

（三）评价企业盈利质量

通常，较高的净利润会导致现金余额的增加；反之，较低的净利润可能会导致现金余额的减少。但是，有时即使净利润很高，现金流也可能并不充裕，假如公司持续获利但同时现金情况变坏，公司盈利的质量便成疑问。

（四）预测企业未来的发展情况

通过现金流量表，不但可以了解企业当前的财务状况，还可以预测未来的发展情况。企业最常见的失败原因、症结也可在现金流量表中得到反映。例如，从投资活动流出的现金、筹资活动流入的现金和筹资活动流出的现金（主要是利息支出）中，可以分析企业是否过度扩大经营规模；通过比较当期净利润与当期净现金流量，可以看出非现金流动资产吸收利润的情况，以评价企业产生净现金流量能力的高低。

五、现金流量表与利润表的区别

利润表是以权责发生制为基础编制的。它反映支出和收入的配比，而不管现金的流动情况。利润表的主要目的是显示一家公司盈利表现的好坏，也是将来盈利（可能是长期现金流量）的指引，因此利润表是要看中线的。

现金流量表是以收付实现制为基础编制的，主要是看短线的。它记录了公司在过去一年内现金的来源及去处，其差额便是一年内现金或现金等价物的增减。现金流量被分成不同情况的流动，如经营活动、筹资活动及投资活动，并重点集中于公司短期的清偿债务能力及稳定性上。

第二节　现金流量表主表编制原理与实务

一、现金流量表的编制范围

一般来说，能够引起企业现金流量净额发生变化的交易或事项，均应纳入当年的现金流量表编制范围。企业日常经营业务是影响现金净流量的重要因素，但并不是所有的交易或事项都影响现金净流量。企业的经济业务按照其与现金流量的关系可分为以下三种情况。

(一) 现金各项目之间的增减变动（包括现金与现金等价物之间的增减变动）

现金各项目之间的增减变动，在增加现金流入量的同时增加了现金流出量，不会影响现金净流量的增减变动。如从银行提取现金、将现金存入银行、用现金购买 2 个月到期的债券等，均属于现金各项目之间内部资金转换，不会引起企业当期现金净流量的变化。

(二) 非现金各项目之间的增减变动

非现金各项目之间的增减变动不涉及现金的收支，不会影响现金净流量的增减变动。如用固定资产清偿债务、用原材料对外投资、提取固定资产折旧等会计事项，均属于非现金各项目之间的增减变动，不涉及现金的收支，不会引起当期现金净流量的增减变动。

(三) 现金各项目与非现金各项目之间的增减变动

现金各项目与非现金各项目之间的增减变动，只会引起现金流入量或现金流出量的单方面变化，从而引起现金净流量的增加或减少。例如，用现金支付购买的原材料款项，非现金项目原材料增加，企业现金流出量增加，企业的现金净流量减少；又如，收回长期债券投资，企业的非现金项目债权投资减少，而现金流入量增加，企业的现金净流量增加。凡是现金各项目与非现金各项目之间的增减变动，都会引起现金净流量的增减变动。

引起现金净流量发生变化的经济业务，均应列入现金流量表的编制范围。不影响现金净流量变化的经济业务，不应列入现金流量表。因此，现金各项目与非现金各项目之间增减变动的交易或事项列入现金流量表的编制范围，现金各项目内部的增减变动及非现金各项目之间的增减变动，因其不影响企业的现金净流量，不在现金流量表中反映。但属于重要的投资和筹资活动，需要在现金流量表的补充资料中单独反映，如债务转为资本、融资租入固定资产等类似情况。

作业 5－2

判断下列经济业务是否属于现金流量表编制范围：

(1) 购入原材料一批，价款 10 万元，增值税 1.6 万元，已用支票支付。

(2) 销售产品一批，价款 50 万元，增值税 8 万元，产品已发出，企业已办理托收手续。

(3) 转让一项交易性金额资产，系股票投资，该投资的账面成本为 20 万元，转让收入 23 万元，已存入银行。

(4) 收到银行通知，用银行存款支付到期的商业承兑汇票款 14 万元。

(5) 从银行借入五年期借款 150 万元，借款已存入银行，计划用于购建固定资产。

(6) 购入设备一台，价款 100 万元，增值税 16 万元，款项已支付，设备已交付使用。

(7) 计算应付的短期借款利息 1 万元。

(8) 在建工程领用材料 10 万元。

(9) 提取现金 30 万元以备发放工资。

(10) 支付工资30万元。

【参考答案】

(1)、(3)、(4)、(5)、(6)、(10) 应列入现金流量表编制范围，(2)、(7)、(8)、(9) 不应列入。

二、现金流量表主表各项目填列方法

(一) 经营活动产生的现金流量

在我国，采用直接法填列经营活动产生的现金流量，同时用间接法在补充资料中反映。有关经营活动现金流量的信息，可以通过企业的会计记录取得，也可以通过对资产负债表和利润表的分析取得。具体各项目反映的内容及填列方法如下。

1. “销售商品、提供劳务收到的现金”项目

“销售商品、提供劳务收到的现金”项目反映企业销售商品、提供劳务实际收到的现金（含销售收入和增值税销项税额），包括本期销售商品、提供劳务收到的现金，以及前期销售商品、前期提供劳务本期收到的现金和本期预收的账款，减去本期销售退回支付的现金。企业销售材料和代购代销业务收到的现金，也在本项目反映。本项目可以根据“库存现金”“银行存款”“应收票据”“应收账款”“预收账款”“主营业务收入”“其他业务收入”等科目的记录分析填列。

作业5-3

甲企业本期有关资料如下：

(1) 利润表中“营业收入”项目的金额为300万元。

(2)“应交税费——应交增值税（销项税额）”的贷方发生额为48万元。

(3) 资产负债表中，“应收票据及应收账款”的期初余额为131万元，期末余额为82万元；当期期末未计提坏账准备；“预收款项”的期初余额为40万元，期末余额为80万元。

(4) 企业当期收回的应收账款中，以商品抵偿债务的金额为10万元。

要求：根据上述资料，计算本期现金流量表中“销售商品、提供劳务收到的现金”应填列的金额。

【参考答案】

计算销售商品、提供劳务收到的现金的公式为：

销售商品、提供劳务收到的现金 = 利润表中“营业收入”项目的金额 + 应交增值税（销项税额）的发生额 − 应收票据及应收账款本期净增加额（加本期净减少额） + 预收款项本期净增加额（减本期净减少额） ± 特殊调整项目

该公式的实质是将权责发生制下的收入等项目的金额调整为收付实现制下的“销售商

品、提供劳务收到的现金”项目的金额。

公式分析：

（1）由于正常销售业务的贷方科目是“主营业务收入”（或“其他业务收入”）和“应交税费——应交增值税（销项税额），”所以填列该项目首先看营业收入和销项税额的发生额。

（2）由于销售有现销、赊销和预收款销售三种方式，所以填列该项目时还应结合资产负债表中“应收票据及应收账款”和“预收款项”项目的增减变动进行分析。

（3）由于应收账款、应收票据、预收账款以及收入、销项税额的发生不一定与销售商品、提供劳务相关，所以需要做一些特殊调整。调整原则是：

首先，“应收账款”“应收票据”“预收账款”科目（不含三个科目内部转账业务）贷方对应的不是现金类科目的业务，即应收款减少、预收款增加，但未收到现金的业务，作为减项处理，如：

第一类，客户以非现金资产抵偿债务，如以原材料或固定资产抵偿债务，或者应收应付对冲。会计分录如下：

借：固定资产/原材料/应付账款

　　贷：应收账款

第二类，应收票据贴现产生的贴现息。会计分录如下：

借：财务费用

　　贷：应收票据

第三类，计提坏账准备。会计分录一般为：

借：资产减值损失

　　贷：坏账准备（坏账准备是应收款项的备抵账户）

以上三类业务均会导致应收款项减少，而公式中应收款项的减少已视为销售商品、提供劳务的现金流入作增加处理，但是这些业务实际上并没有现金流入，所以应减去。

其次，“应收账款”“应收票据”“预收账款”科目（不含三个科目内部转账业务）借方对应的贷方科目不是销售商品、提供劳务产生的收入和增值税销项税额类科目，则作为加项处理。此种情况实务中的例子较少。

最后，如果收入或销项税额的发生与销售商品、提供劳务无关，要作为减项处理，如企业将产品用于职工福利、对外投资、分配股利等视同销售行为，均确认了销项税额，某些业务甚至同时确认了收入，但实际上，这些收入或销项税额均与销售商品、提供劳务无关，而我们在公式中已将全部收入和销项税额包括进去，这显然不对，应扣除。

所以，本题中：

销售商品、提供劳务收到的现金＝300＋48＋(131－82)＋(80－40)－10

＝427（万元）

2.“收到的税费返还”项目

“收到的税费返还”项目反映企业收到返还的各项税费，包括收到返还的增值税、消费税、所得税、教育费附加等。本项目可以根据“库存现金”“银行存款”“税金及附加”“营业外收入”“其他应收款”等科目的记录分析填列。

3. “收到其他与经营活动有关的现金”项目

“收到其他与经营活动有关的现金”项目反映企业除了上述各项目外，收到的与经营活动有关的现金，如罚款收入、流动资产损失中由个人赔偿的现金收入、收到的经营租赁的租金、收到的押金、收到退还的其他应收款等。其他现金流入，如价值较大，应单列项目反映。本项目可以根据“库存现金”“银行存款”“营业外收入”“其他应收款”“其他应付款”等科目的记录分析填列。

4. “购买商品、接受劳务支付的现金”项目

“购买商品、接受劳务支付的现金”项目反映企业购买材料、商品、接受劳务而支付的现金（含支付的货款和增值税进项税额），包括本期购买材料等支付的现金，以及本期支付前期购买材料等的应付款项以及本期预付款项，减去本期发生的购货退回收到的现金。企业代购代销业务支付的现金，也在本项目反映。用于在建工程的工程用材料的价税不在本项目反映（在投资活动的“购建固定资产、无形资产和其他长期资产支付的现金”项目中反映）。本项目可以根据“库存现金”“银行存款”“应付票据”“应付账款”“预付款项”“主营业务成本”“其他业务成本”等科目的记录分析填列。

作业5－4

甲企业本期有关资料如下：

(1) 利润表中“营业成本”项目的金额为240万元。

(2)“应交税费——应交增值税（进项税额）”的借方发生额为20万元。

(3) 资产负债表中，“存货”的期初余额为45万元，期末余额为50万元，均是与经营活动相关的存货；“应付票据及应付账款”的期初余额为34万元，期末余额为39万元。

(4) 本期以固定资产偿还应付账款1万元。

(5) 生产成本中，直接工资项目含有本期发生的生产工人工资费用50万元。

(6) 制造费用中，本期计提折旧、摊销相关费用共计20万元。

(7) 本期自建工程领用本企业产品15万元。

要求：根据上述资料，计算本期现金流量表中“购买商品、接受劳务支付的现金”应填列的金额。

【参考答案】

计算购买商品、接受劳务支付的现金的公式为：

购买商品、接受劳务支付的现金＝利润表中“营业成本”项目的金额＋应交增值税(进项税额)的发生额＋存货本期净增加额(减本期净减少额)－应付票据及应付账款本期净增加额(加本期净减少额)＋预付款项本期净增加额(减本期净减少额)±特殊调整项目

该公式的实质是将权责发生制下的成本等项目的金额转换为收付实现制下的“购买商品、接受劳务支付的现金”项目的金额。

公式分析：

(1) 由于正常采购业务的借方科目是存货类和“应交税费——应交增值税（进项税

额)”科目，所以填列该项目首先看存货和进项税额的发生额。

(2) 购入的存货如未被领用或销售，以存货形式存在；如被领用或销售，会最终转入营业成本，所以填列该项目时还应结合营业成本分析。但须注意，营业成本包含的内容很多，需考虑营业成本中的非存货成本，营业成本中的非存货成本应扣除。

(3) 购入存货包括赊购、现购和预付款方式购买，所以填列该项目还应结合资产负债表中“应付票据及应付账款”和“预付款项”项目的增减变动进行分析。

(4) 由于营业成本不仅仅包括存货成本，应付账款、应付票据、预付款项以及存货、进行税额的发生不一定与购买商品、接受劳务相关，所以需要做一些特殊调整。调整原则是：

首先，营业成本中包含的非存货成本，如工资费用、制造费用（不包括消耗的物料），需作为减项处理。

其次，应付账款、应付票据、预付款项和存货类科目（不含四个科目内部转账业务）借方对应的贷方科目不是购买商品、接受劳务产生的现金类科目，即应付款减少、预付款增加及存货增加，但未支付现金的业务，作为减项处理，如：

第一类，企业以非现金资产或非存货资产抵偿债务，如以固定资产抵偿债务，或将债权转股权。分录一般为：

借：应付账款

　　贷：固定资产/股本

第二类，非购入存货导致的存货和进项税额增加，如客户以存货抵偿债务，投资人以存货投资等。分录一般为：

借：存货

　　应交税费——应交增值税（进项税额）

　　贷：股本/应收账款

以上两类业务会导致应付款项的减少、预付款项的增加或者存货的增加，而公式中应付款项的减少、预付款项的增加或者存货的增加已视为购买商品、提供劳务的现金流出作增加处理，但是这些业务实际上并没有现金流出，所以应减去。

最后，应付账款、应付票据、预付款项和存货类科目（不含四个科目内部转账业务）贷方对应的借方科目不是销售成本和增值税进项税额类科目，则作为加项处理，如非生产领用存货、存货损失等。

所以，本题中：

购买商品、接受劳务支付的现金 ＝240＋20＋(50－45)－(39－34)－1－50－20＋15

＝204（万元）

5.“支付给职工以及为职工支付的现金”项目

“支付给职工以及为职工支付的现金”项目反映本期企业以现金方式实际支付给职工的工资和为职工支付的其他费用。包括支付给职工的工资、奖金以及各种补贴等，以及为职工支付的其他费用，如为职工支付的养老、失业等社会保险基金、补充养老保险和企业为职工支付的商业保险金、住房公积金、支付给职工的住房困难补助等。此处的职工是指与企业订立劳动合同的所有人员，含全职、兼职和临时职工，也包括虽未与企业订立劳动合同但由企业正式任命的人员，如劳务派遣人员。企业代扣代缴的职工个人所得税也在本项目反映。本项目不包括支付给离退休人员的各项费用（在“支付其他与经营活动有关的现金”项目中反映）和支付给在建工程人员的工资（在投资活动的“购建固定资产、无形资产和其他长期资产支付的现金”项目中反映）等。本项目可以根据“库存现金”“银行存款”“应付职工薪酬”等科目的记录分析填列。

作业5－5

甲企业本期实际支付工资及相关款项如下：

(1) 企业本期实际支付工资及各种奖金、津贴共80万元，其中，在建工程人员工资10万元。

(2) 支付离退休人员工资20万元。

(3) 为所有职工支付“五险一金”39.6万元，其中为在建工程人员支付4.4万元。

(4) 支付除在建工程人员以外的职工困难补助2万元。

要求：根据上述资料，计算本期现金流量表中“支付给职工以及为职工支付的现金”“支付其他与经营活动有关的现金”“购建固定资产、无形资产和其他长期资产支付的现金”各项目中应填列的金额。

【参考答案】

支付给职工以及为职工支付的现金＝(80－10)＋(39.6－4.4)＋2＝107.2（万元）

支付其他与经营活动有关的现金＝20（万元）

购建固定资产、无形资产和其他长期资产支付的现金＝10＋4.4＝14.4（万元）

6.“支付的各项税费”项目

“支付的各项税费”项目反映企业规定于当期实际支付的各项税费，包括本期发生并支付的税费，以及本期支付以前各期发生的税费和预缴的税费，如支付的增值税、城市维护建设税、教育费附加、所得税、矿产资源补偿费、印花税、土地增值税、车船税以及预缴的各种税费等。但资本化的税费不在此处反映，如应计入房产原值的契税和耕地占用税。本期退回的税费在“收到的税费返还”项目中反映。本项目可以根据“库存现金”“银行存款”“应交税费”等科目的记录分析填列。

7.“支付其他与经营活动有关的现金”项目

“支付其他与经营活动有关的现金”项目反映企业除上述各项目外，支付的其他与经营活动有关的现金，如罚款支出、支付的差旅费和业务招待费、支付的保险费等。其他与经营活动有关的现金流出，如价值较大，应单列项目反映。本项目可以根据“管理费用”“营业外支出”“其他应付款”“库存现金”“银行存款”等科目的记录分析填列。

(二) 投资活动产生的现金流量

1.“收回投资收到的现金”项目

“收回投资收到的现金”项目反映企业出售、转让或到期收回除现金等价物以外的对其他企业的权益工具、债务工具和合营中的权益等投资收到的现金。收回债务工具实现的投资收益（在“取得投资收益收到的现金”项目中反映）、处置子公司及其他营业单位收到的现金净额（在“处置子公司及其他营业单位收到的现金净额”项目中反映）不包括在本项目内。本项目可以根据“交易性金融资产”“债权投资”“其他债权投资”“其他权益工具投资”“长期股权投资”“投资性房地产”“库存现金”“银行存款”等科目的记录分析填列。

2.“取得投资收益收到的现金”项目

“取得投资收益收到的现金”项目反映企业除现金等价物以外的对其他企业的权益工具、债务工具和合营中的权益投资分回的现金股利和利息等。股票股利不在本项目中反映。本项目可以根据“应收股利”“应收利息”“投资收益”“库存现金”“银行存款”等科目的记录分析填列。

3.“处置固定资产、无形资产和其他长期资产收回的现金净额”项目

“处置固定资产、无形资产和其他长期资产收回的现金净额”项目反映企业处置固定资产、无形资产和其他长期资产所取得的现金（包括因资产毁损而收到的保险赔偿收入），减去为出售这些资产而支付的有关费用后的净额。如为负数，则应作为投资活动现金流出项目反映，列入“支付其他与投资活动有关的现金”项目。本项目可以根据“固定资产清理”“库存现金”“银行存款”等科目的记录分析填列。

4.“处置子公司及其他营业单位收到的现金净额”项目

“处置子公司及其他营业单位收到的现金净额”项目反映企业处置子公司或其他营业单位取得的现金，减去相关处置费用、子公司及其他营业单位持有的现金和现金等价物后的净额。本项目可以根据“长期股权投资”“银行存款”“库存现金”等科目的记录分析填列。

5.“收到其他与投资活动有关的现金”项目

“收到其他与投资活动有关的现金”项目反映企业除了上述各项外，收到的其他与投资活动有关的现金。其他与投资活动有关的现金流入，如价值较大，应单列项目反映。本项目可以根据有关科目的记录分析填列。

6.“购建固定资产、无形资产和其他长期资产支付的现金”项目

“购建固定资产、无形资产和其他长期资产支付的现金”项目反映企业为购买、建造固定资产，取得无形资产和其他长期资产支付的现金（含增值税及资本化的税费），不包括为购建固定资产而发生的借款利息资本化的部分（在“分配股利、利润或偿付利息支付的现金”项目中反映），以及融资租入固定资产支付的租赁费（在“支付其他与筹资活动有关的现金”项目中反映）。本项目可以根据“固定资产”“在建工程”“工程物资”“无形资产”“库存现金”“银行存款”等科目的记录分析填列。

7.“投资支付的现金”项目

“投资支付的现金”项目反映企业取得除现金等价物以外的对其他企业的权益工具、债务工具和合营中的权益投资所支付的现金以及支付的佣金、手续费等附加费用，但取得子公司及其他营业单位支付的现金净额（在“取得子公司及其他营业单位支付的现金净额”项目中反映）除外。企业在购买股票和债券时，实际支付的价款中包含的已宣告而尚未领取的现金股利或已到付息期但尚未领取的债券利息，应在投资活动的“支付其他与投

资活动有关的现金”项目中反映；收回的购买股票和债券时已宣告而尚未领取的现金股利或已到付息期但尚未领取的债券利息，在“收到其他与投资活动有关的现金”项目中反映。本项目可以根据“交易性金融资产”“债权投资”“其他债权投资”“其他权益工具投资”“长期股权投资”“投资性房地产”“库存现金”“银行存款”等科目的记录分析填列。

8.“取得子公司及其他营业单位支付的现金净额”项目

“取得子公司及其他营业单位支付的现金净额”项目反映企业购买子公司及其他营业单位购买出价中以现金支付的部分，减去子公司及其他营业单位持有的现金及现金等价物的净额。本项目可以根据“长期股权投资”“库存现金”“银行存款”等科目的记录分析填列。

9.“支付其他与投资活动有关的现金”项目

“支付其他与投资活动有关的现金”项目反映企业除了上述各项目以外，支付的其他与投资活动有关的现金流出。其他现金流出，如价值较大，应单列项目反映。本项目可以根据“应收股利”“应收利息”“银行存款”“库存现金”等科目的记录分析填列。

（三）筹资活动产生的现金流量

1.“吸收投资收到的现金”项目

“吸收投资收到的现金”项目反映企业以发行股票、债券等方式筹集资金实际收到的款项，减去直接支付给金融企业的佣金、手续费、宣传费、咨询费、印刷费等发行费用后的净额。以发行股票、债券方式筹集资金而由企业直接支付的审计、咨询等费用，在“支付其他与筹资活动有关的现金”项目中反映，须从本项目内减去。本项目可以根据“实收资本（或股本）”“资本公积”“应付债券”“库存现金”“银行存款”等科目的记录分析填列。

2.“取得借款收到的现金”项目

“取得借款收到的现金”项目反映企业举借各种短期、长期借款收到的现金。本项目可以根据“短期借款”“长期借款”“交易性金融负债”“库存现金”“银行存款”等科目的记录分析填列。

3.“收到其他与筹资活动有关的现金”项目

“收到其他与筹资活动有关的现金”项目反映企业除上述各项目外，收到的其他与筹资活动有关的现金。其他与筹资活动有关的现金流入，如价值较大，应单列项目反映。本项目可以根据“银行存款”“库存现金”“营业外收入”等科目的记录分析填列。

4.“偿还债务支付的现金”项目

“偿还债务支付的现金”项目反映企业以现金偿还债务的本金，包括偿还金融企业的借款本金、偿还企业到期的债券本金等。企业偿还的借款利息、债券利息，在“分配股利、利润或偿付利息支付的现金”项目中反映，不包括在本项目中。本项目可以根据“库存现金”“银行存款”“短期借款”“长期借款”“应付债券”等科目的记录分析填列。

5.“分配股利、利润或偿付利息支付的现金”项目

“分配股利、利润或偿付利息支付的现金”项目反映企业当期实际支付的现金股利，

支付给其他投资单位的利润以及用现金支付的借款利息、债券利息等。不同用途的借款，其利息的开支渠道不一样，但不论会计核算上是记入“在建工程”还是“财务费用”等科目，因借款支付的利息均在本项目反映。本项目可以根据“应付股利”“应付利息”“利润分配”“财务费用”“在建工程”“研发支出”“库存现金”“银行存款”等科目的记录分析填列。

6.“支付其他与筹资活动有关的现金”项目

“支付其他与筹资活动有关的现金”项目反映企业除了上述各项外，支付的其他与筹资活动有关的现金，如捐赠现金支出、融资租入固定资产支付的租赁费等。其他与筹资活动有关的现金流出，如价值较大，应单列项目反映。本项目可以根据“营业外支出”“长期应付款”“银行存款”“库存现金”等科目的记录分析填列。

（四）汇率变动对现金及现金等价物的影响

企业外币现金流量及境外子公司的现金流量折算成记账本位币时，所采用的是现金流量发生日的汇率或按照系统合理的方法确定的、与现金流量发生日及其汇率近似的汇率。现金流量表“现金及现金等价物净增加额”项目中外币现金净增加额是按资产负债表日的即期汇率折算。这两者的差额即汇率变动对现金的影响。无论该项目金额是为正或是为负，都不发生现金流动，仅仅是外币折算的问题。

在编制现金流量表时，对当期发生的外币业务，也可以不必逐笔计算汇率变动对现金的影响，可以通过现金流量表补充资料中的“现金及现金等价物净增加额”数额与现金流量表中“经营活动产生的现金流量净额”“投资活动产生的现金流量净额”“筹资活动产生的现金流量净额”三项之和比较，其差额即“汇率变动对现金的影响额”。

三、现金流量表主表的编制方法

现金流量表的编制不同于资产负债表和利润表，企业的账户体系一般是按照资产负债表和利润表项目设立，填表时可根据账户的期末余额或发生额直接填列，或经过分析后计算填列，相对来说比较简单。但现金流量表项目一般无法从账户中直接得到相关数据，必须借助一定的方法进行计算后填列。在编制现金流量表时，企业可以采用工作底稿法，也可以采用T形账户法，还可以采用简易方法。

（一）工作底稿法

采用工作底稿法编制现金流量表，就是以工作底稿为手段，以利润表和资产负债表数据为基础，对每一项目进行分析并编制调整分录，从而编制出现金流量表。

在直接法下，工作底稿纵向分为三段：第一段是资产负债表项目，其中又分为借方项目和贷方项目两部分；第二段是利润表项目；第三段是现金流量表项目。

工作底稿横向分为五栏：第一栏是项目栏，填列资产负债表、利润表和现金流量表各项目名称；第二栏是期初数，该栏目用于列示资产负债表项目的期初数，利润表和现金流量表无须填列此栏；第三栏是调整分录借方栏，用于登记调整分录的借方金额；第四栏为调整分录贷方栏，用于登记调整分录的贷方金额；第五栏是期末数，在该栏中，资产负债表项目根据期末数填列，利润表项目根据本期发生额填列，现金流量表项目根据调整分录计算填列，同时该部分也是编制正式现金流量表的素材。

采用工作底稿法编制现金流量表的程序是：

第一步，将资产负债表的期初数和期末数过入工作底稿的期初数栏和期末数栏，将利润表的本期金额过入工作底稿的期末数栏。

第二步，对当期业务进行分析并编制调整分录。编制调整分录时，要以利润表项目为基础，从“营业收入”开始，结合资产负债表项目逐一进行分析。调整分录大体有这样几类：第一类涉及利润表中的收入、成本和费用项目以及资产负债表中的资产、负债及所有者权益项目，通过调整，将权责发生制下的收入、费用转换为现金基础下的收入、费用；第二类涉及资产负债表和现金流量表中的投资、筹资项目，反映投资和筹资活动的现金流量；第三类涉及利润表和现金流量表中的投资和筹资项目，目的是将利润表中有关投资和筹资方面的收入和费用列入现金流量表投资、筹资现金流量中去。此外，还有一些调整分录并不涉及现金收支，只是为了核对资产负债表项目的期末、期初变动。

在调整分录中，有关现金和现金等价物的事项，并不直接借记或贷记现金，而是分别记入“经营活动产生的现金流量”“投资活动产生的现金流量”“筹资活动产生的现金流量”有关项目，借方表示现金流入，贷方表示现金流出。

第三步，将调整分录过入工作底稿中的调整分录借方栏和贷方栏。

第四步，核对调整分录，借贷合计应当相等，资产负债表项目期初数加减调整分录中的借贷金额以后，应当等于期末数。利润表栏目中，收入类的贷方调整数与费用类、成本类的借方调整数，应与期末数栏中的期末发生额相符。

第五步，根据工作底稿中的现金流量表项目的期末数，编制正式的现金流量表。

(二) T形账户法

采用T形账户法编制现金流量表，就是以T形账户为手段，以利润表和资产负债表数据为基础，对每一项目进行分析并编制调整分录，从而编制出现金流量表。

采用T形账户法编制现金流量表的程序如下：

第一步，为所有的非现金项目（包括资产负债表项目和利润表项目）分别开设T形账户，并将各自的期末、期初变动数按原借贷方向过入各账户中。

第二步，开设一个大的“现金及现金等价物”T形账户，每边分为经营活动、投资活动和筹资活动三个部分，借方登记现金流入，贷方登记现金流出；借方余额表示现金流量净增加额，贷方余额表示现金流量净减少额。与其他账户一样，过入期初、期末变动数。

第三步，以利润表项目为基础，结合资产负债表的变动及有关账户的详细资料，分析每一个非现金项目的增减变动，并据此编制调整分录。

第四步，将调整分录过入各T形账户，并进行核对。待全部调整分录过账完毕，各账户的借贷金额应保持平衡，即各账户过入的借贷方发生额之差与最初过入的期末、期初变动数相一致。

第五步，根据大的“现金及现金等价物”T形账户的记录，编制正式的现金流量表。

工作底稿法和T形账户法都是现金流量表准则所提倡采用的方法。实际上，T形账户法和工作底稿法只是形式上的区别，其实质是相同的，都以资产负债表和利润表为基础，对每一项目的增减变动进行分析并且编制调整分录，在这些调整分录的基础上编制现金流量表。无论是采用工作底稿法还是T形账户法编制现金流量表，都需要编制一系列的调整分录，不仅技术难度大，而且十分烦琐，给会计实务工作增加了很大的难度。实务中还有几种简单易行的方法可用。

（三）简易方法

1. 分析填列法

分析填列法是直接根据资产负债表、利润表和有关会计科目明细账的记录，分析计算出现金流量表各项目的金额，并据以编制现金流量表的一种方法。

【例5-1】下面列示的是甲股份有限公司2×17年12月31日的资产负债表（见表5-4）和2×17年的利润表（见表5-5）。

表5-4 **资产负债表（简表）**

编制单位：甲股份有限公司　　2×17年12月31日　　单位：万元

资产	期末余额	年初余额	负债和股东权益	期末余额	年初余额
流动资产：			流动负债：		
货币资金	7 954.35	14 063.00	短期借款	500.00	3 000.00
交易性金融资产		150.00	应付票据及应付账款	11 274.25	11 538.00
应收票据及应收账款	6 642.00	5 451.00	应付职工薪酬	1 800.00	1 100.00
预付款项	1 000.00	800.00	应交税费	1 067.00	366.00
其他应收款	950.90	1 050.00	其他应付款	1 015.14	510.00
存货	24 847.00	26 000.00	一年内到期的非流动负债		3 000.00
流动资产合计	41 394.25	47 514.00	流动负债合计	15 656.39	19 514.00
非流动资产：			非流动负债：		
长期股权投资	2 500.00	2 500.00	长期借款	9 600.00	4 000.00
固定资产	29 290.00	19 000.00	非流动负债合计	9 600.00	4 000.00
无形资产	5 400.00	6 000.00	负债合计	25 256.39	23 514.00
递延所得税资产	99.00		股东权益：		
非流动资产合计	37 289.00	27 500.00	股本	40 000.00	40 000.00
			资本公积	10 000.00	10 000.00
			盈余公积	1 366.30	1 000.00
			未分配利润	2 060.56	500.00
			股东权益合计	53 426.86	51 500.00
资产总计	78 683.25	75 014.00	负债和股东权益总计	78 683.25	75 014.00

表 5-5　　利润表（简表）

编制单位：甲股份有限公司　　2×17 年　　单位：万元

项目	本期金额
一、营业收入	12 500
减：营业成本	7 500
税金及附加	200
销售费用	20
管理费用	1 571
财务费用	415
资产减值损失	309
加：投资收益（损失以“－”号填列）	315
资产处置收益（损失以“－”号填列）	500
二、营业利润（亏损以“－”号填列）	3 300
加：营业外收入	0
减：营业外支出	0
三、利润总额（亏损总额以“－”号填列）	3 300
减：所得税费用	858
四、净利润（净亏损以“－”号填列）	2 442

其他相关资料：

(1) 2×17 年度利润表有关项目的明细资料如下：

1）管理费用的组成：职工薪酬 171 万元，无形资产摊销 600 万元，折旧费 200 万元，支付其他费用 600 万元。

2）财务费用的组成：计提借款利息 95 万元，支付应收票据（银行承兑汇票）贴现利息 290 万元，银行手续费扣除日常账户余额利息收入后为 30 万元。

3）资产减值损失的组成：计提坏账准备 9 万元，计提固定资产减值准备 300 万元。上年年末坏账准备余额为 9 万元。

4）投资收益的组成：收到股息收入 300 万元，与本金一起收回的交易性股票投资收益 5 万元，自公允价值变动损益结转投资收益 10 万元。

5）资产处置收益的组成：处置固定资产净收益 500 万元（其所处置固定资产的原价为 4 000 万元，累计折旧为 1 500 万元，收到处置收入 3 000 万元）。假定不考虑与固定资产处置有关的税费。

6）所得税费用的组成：当期所得税费用 957 万元，递延所得税收益 99 万元。

除上述项目外，利润表中的销售费用 20 万元至期末已经支付。

(2) 2×17 年的资产负债表有关项目的明细资料如下：

1）本期收回交易性股票投资本金 150 万元，公允价值变动 10 万元，同时实现投资收益 5 万元。

2）存货中生产成本、制造费用的组成：职工薪酬 3 249 万元，折旧费 800 万元。

3）应交税费的组成：本期增值税进项税额 424.66 万元，增值税销项税额 2 075 万元，已交增值税 1 550.34 万元，期末未交增值税为 100 万元；未交城市维护建设税及教育费附加合计 10 万元；应交所得税期末余额为 957 万元。应交税费期初余额全部为应交所得税。

4）其他应付款中应付利息期初为 10 万元，期末为零，且应付利息均为短期借款利息，其中本期计提利息 95 万元，支付利息 105 万元。

5）本期新增的固定资产全部系现金购买，除上述处置固定资产和固定资产折旧、减值外，无其他原因导致固定资产减少。

6）本期用现金偿还短期借款 2 500 万元，偿还一年内到期的长期借款 3 000 万元；借入长期借款 5 600 万元。

根据以上资料，采用分析填列的方法，编制甲股份有限公司 2×17 年年度现金流量表主表。

分析过程：

（1）甲股份有限公司 2×17 年年度现金流量表各项目金额，分析确定如下：

1）销售商品、提供劳务收到的现金

＝利润表中“营业收入”项目的金额＋应交增值税(销项税额)的发生额－应收票据及应收账款本期净增加额(加本期净减少额)＋预收款项本期净增加额(减本期净减少额)±特殊调整项目

＝12 500＋2 075－(5 982－2 991)＋(2 460－660)－9－290

＝13 085（万元）

2）收到其他与经营活动有关的现金＝其他应收款本期净减少额

＝1 050－950.9

＝99.1（万元）

3）购买商品、接受劳务支付的现金

＝利润表中“营业成本”项目的金额＋应交增值税(进项税额)的发生额＋存货本期净增加额(减本期净减少额)－应付票据及应付账款本期净增加额(加本期净减少额)＋预付款项本期净增加额(减本期净减少额)±特殊调整项目

＝7 500＋424.66－(26 000－24 847)－(10 274.25－9 538)＋(2 000－1 000)＋(1 000－800)－3 249－800

＝3 186.41（万元）

4）支付给职工以及为职工支付的现金

＝生产成本、制造费用、管理费用中职工薪酬－应付职工薪酬本期净增加额(加本期净减少额)

＝3 249＋171－(1 800－1 100)

＝2 720（万元）

5）支付的各项税费

＝当期所得税费用＋税金及附加＋(本期增值税销项税额－本期增值税进项税额)－应交税费本期净增加额(加本期净减少额)

＝957(或858＋99)＋200＋(2 075－424.66)－(1 067－366)

＝2 106.34（万元）

或　　　＝366＋1 550.34＋（200－10）

＝2 106.34（万元）

6）支付其他与经营活动有关的现金

＝其他管理费用＋销售费用＋银行手续费＋其他应付款本期净减少额(减本期净增加额)

＝600＋20＋30

＝650（万元）

7）收回投资收到的现金

＝交易性金融资产贷方发生额＋与交易性金融资产一起收回的投资收益

＝150＋10＋5

＝165（万元）

8）取得投资收益收到的现金＝收到的股息收入＝300（万元）

9）处置固定资产、无形资产和其他长期资产收回的现金净额＝3 000（万元）

10）购建固定资产、无形资产及其他长期资产支付的现金

＝购建固定资产支付的现金＋购建无形资产支付的现金＋购建其他长期资产支付的现金

＝[(固定资产净值期末金额－固定资产净值期初金额)＋本期出售、报废及盘亏等所减少的固定资产净值＋本期计提的折旧＋本期计提的固定资产减值准备]＋[(无形资产净值期末金额－无形资产净值期初金额)＋本期出售无形资产净值＋本期摊销的无形资产＋本期计提的无形资产减值准备]＋本期购建其他长期资产支付的现金

＝[(29 290－19 000)＋2 500＋(200＋800)＋300]＋[(5 400－6 000)＋600]＋0

＝14 090（万元）

11）取得借款收到的现金＝5 600（万元）

12）偿还债务支付的现金＝2 500＋3 000＝5 500（万元）

13）分配股利、利润或偿付利息支付的现金＝105（万元）

编制完的现金流量表（主表）如表 5－6 所示。

表 5－6　　　　现金流量表（主表）

编制单位：甲股份有限公司　　　　2×17 年　　　　单位：万元

项目	行次	本期金额	上期金额（略）
一、经营活动产生的现金流量：			
销售商品、提供劳务收到的现金	1	13 085	
收到的税费返还	3	0	
收到其他与经营活动有关的现金	8	99.10	
经营活动现金流入小计	9	13 184.10	
购买商品、接受劳务支付的现金	10	3 186.41	
支付给职工以及为职工支付的现金	12	2 720	
支付的各项税费	13	2 106.34	

续前表

项目	行次	本期金额	上期金额（略）
支付其他与经营活动有关的现金	18	650	
经营活动现金流出小计	20	8 662.75	
经营活动产生的现金流量净额	21	4 521.35	
二、投资活动产生的现金流量：		0	
收回投资收到的现金	22	165	
取得投资收益收到的现金	23	300	
处置固定资产、无形资产和其他长期资产收回的现金净额	25	3 000	
处置子公司及其他营业单位收到的现金净额	26	0	
收到其他与投资活动有关的现金	28	0	
投资活动现金流入小计	29	3 465	
购建固定资产、无形资产和其他长期资产支付的现金	30	14 090	
投资支付的现金	31	0	
取得子公司及其他营业单位支付的现金净额	32	0	
支付其他与投资活动有关的现金	35	0	
投资活动现金流出小计	36	14 090	
投资活动产生的现金流量净额	37	－10 625	
三、筹资活动产生的现金流量：		0	
吸收投资收到的现金	38	0	
取得借款收到的现金	40	5 600	
收到其他与筹资活动有关的现金	43	0	
筹资活动现金流入小计	44	5 600	
偿还债务支付的现金	45	5 500	
分配股利、利润或偿付利息支付的现金	46	105	
支付其他与筹资活动有关的现金	52	0	
筹资活动现金流出小计	53	5 605	
筹资活动产生的现金流量净额	54	－5	
四、汇率变动对现金及现金等价物的影响	55	0	
五、现金及现金等价物净增加额	56	－6 108.65	
加：期初现金及现金等价物余额	57	14 063	
六、期末现金及现金等价物余额	58	7 954.35	

2. 现金类日记账法

涉及现金及现金等价物的会计账簿主要有“库存现金”“银行存款”“其他货币资金”，这几个账簿可以统称为现金类日记账。

以现金类日记账为基础编制现金流量表的具体步骤如下：

第一步，设置“现金日记账”“银行存款日记账”“其他货币资金明细账”“现金等价物明细账”。因为企业的日常核算就要设置库存现金、银行存款、其他货币资金账簿，因此，一般只需增设“现金等价物明细账”即可。

第二步，在现金类日记账的摘要栏旁增加“现金流量表行次”一列，简称“行次”，以备积累编制现金流量表的基本资料。“行次”的数字以本书现金流量表中列示的行次为准，实际代表的是该行现金流量表的项目名称。

第三步，企业发生影响现金流量的业务，在登记现金类日记账借贷方的同时，确认该业务应计入现金流量表的项目，将该项目所对应行次的序号记入该账户的“行次”一列。例如，企业从银行借入 3 年期借款 400 000 元，已存入银行。在登记银行存款日记账借方 400 000 元的同时，在“行次”内加注序号“40”，表明该项现金流入应列入筹资活动中的“取得借款收到的现金”项目。当然，如果认为登账的同时还要确认现金流量表项目比较麻烦，也可以在月末一次确认，此时，关键是平时登账时一定要写清楚业务摘要及对方科目，以便对号入座。

第四步，若某项业务涉及现金或现金等价物，但不影响企业的现金净流量，在登记现金类日记账的同时，在“行次”内打“×”，表示该项业务不应列入现金流量表。例如，从银行提取现金 190 000 元，以备发放工资。在银行存款日记账的贷方登记 190 000 元，同时在“行次”内打“×”，在现金日记账的借方登记 190 000 元，同时在“行次”内打“×”。

第五步，期末，将现金类日记账中“行次”内相同行次所对应的数字汇总，将其合计金额列入现金流量表的对应项目，即可完成该期间现金流量表主表的编制。

【例 5-2】乙公司 2×18 年 6 月发生的经济业务对应的现金日记账、银行存款日记账、其他货币资金明细账分别如表 5-7、表 5-8、表 5-9 所示。现金等价物无变化。请采用现金类日记账法编制乙公司 2×18 年 6 月的现金流量表。

表 5-7　　现金日记账

2×18 年		凭证号	摘要	行次	对方科目	借方金额	贷方金额	余额
月	日							
			期初余额					3 000
6	15	银付 7	提取现金	×	银行存款	190 000		
	15	现付 1	支付在建工程人员工资	30	应付职工薪酬		50 000	
			支付其他人员工资	12	应付职工薪酬		140 000	3 000
	19	现付 2	支付办公费	18	管理费用		800	2 200
	26	现付 3	职工张宇预借差旅费	18	其他应收款		1 000	1 200
	30	现收 1	张宇退回多余的差旅费	8	其他应收款	100		1 300
			本月发生额及余额			190 100	191 800	1 300

表 5-8　　银行存款日记账

2×18年		凭证号	摘要	行次	对方科目	借方金额	贷方金额	余额
月	日							
			期初余额					3 589 560
6	1	银付1	归还借款本金	45	短期借款		200 000	
			归还借款利息	46	应付利息		2 000	3 387 560
	5	银付2	设备清理费用	25	固定资产清理		3 000	
		银收1	设备残值收入	25	固定资产清理	4 000		3 388 560
	8	银收2	投资款转入银行	×	其他货币资金	270 000		3 658 560
	9	银付3	支付商业汇票款	10	应付票据		150 000	
		银付4	购入固定资产	30	固定资产		100 000	
			支付增值税进项税额	30	应交税费		16 000	3 392 560
	11	银收3	收到商业汇票款	1	应收票据	185 000		3 577 560
	12	银收4	借入长期借款	40	长期借款	400 000		
		银付5	支付广告宣传费	18	销售费用		10 000	
		银付6	支付办公费	18	管理费用		3 000	3 964 560
	15	银收5	收到货款	1	应收账款	125 500		
		银付7	提现	×	库存现金		190 000	
		银付8	购入低值易耗品	10	周转材料		600	3 899 460
	18	银收6	银行汇票余款入账	×	其他货币资金	21 300		
		银付9	预付商品款	10	预付账款		30 000	
		银付10	支付材料价款	10	原材料		150 000	
			支付增值税进项税额	10	应交税费		24 000	3 716 760
	22	银付11	职工报销医药费	12	应付职工薪酬		5 000	3 711 760
	23	银收7	现销	1	主营业务收入	410 000		
			收取增值税销项税额	1	应交税费	65 600		
		银收8	出售设备价款	25	固定资产清理	160 000		4 347 360
	26	银付12	购入股权投资	31	长期股权投资		800 000	
			已宣告未领取股利	35	应收股利		16 000	3 531 360
	30	银付13	支付通信费	18	管理费用		3 600	
		银付14	缴纳增值税	13	应交税费		8 000	

续前表

2×18年		凭证号	摘要	行次	对方科目	借方金额	贷方金额	余额
月	日							
			缴纳城建税及教育费附加	13	应交税费		800	3 518 960
		银收9	收到现金股利	23	投资收益	10 000		3 528 960
			本月发生额及余额			1 651 400	1 712 000	3 528 960

表5-9 其他货币资金明细表

2×18年		凭证号	摘要	行次	对方科目	借方金额	贷方金额	余额
月	日							
			期初余额					350 000
6	5	转10	出售股票投资	22	交易性金融资产	250 000		
				22	投资收益	20 000		620 000
	8	银收2	投资款转入银行	×	银行存款		270 000	350 000
	16	转27	支付材料价款	10	材料采购		110 000	
			支付增值税进项税额	10	应交税费		17 600	222 400
	18	银收6	银行汇票余款入账	×	其他货币资金		21 300	201 100
			本月发生额及余额			270 000	418 900	201 000

将现金类日记账中行次相同的数字汇总，填入“行次”所对应的现金流量表项目，编制完成的现金流量表如表5-10所示。

表5-10 现金流量表（主表）

编制单位：乙公司　　2×18年6月　　单位：元

项目	行次	本期金额	上期金额（略）
一、经营活动产生的现金流量：			
销售商品、提供劳务收到的现金	1	786 100	
收到的税费返还	3		
收到其他与经营活动有关的现金	8	100	
经营活动现金流入小计	9	786 200	
购买商品、接受劳务支付的现金	10	482 200	

续前表

项目	行次	本期金额	上期金额（略）
支付给职工以及为职工支付的现金	12	145 000	
支付的各项税费	13	8 800	
支付其他与经营活动有关的现金	18	18 400	
经营活动现金流出小计	20	654 400	
经营活动产生的现金流量净额	21	131 800	
二、投资活动产生的现金流量：			
收回投资收到的现金	22	270 000	
取得投资收益收到的现金	23	10 000	
处置固定资产、无形资产和其他长期资产收回的现金净额	25	161 000	
处置子公司及其他营业单位收到的现金净额	26		
收到其他与投资活动有关的现金	28		
投资活动现金流入小计	29	441 000	
购建固定资产、无形资产和其他长期资产支付的现金	30	166 000	
投资支付的现金	31	800 000	
取得子公司及其他营业单位支付的现金净额	32		
支付其他与投资活动有关的现金	35	16 000	
投资活动现金流出小计	36	982 000	
投资活动产生的现金流量净额	37	－541 000	
三、筹资活动产生的现金流量：			
吸收投资收到的现金	38		
取得借款收到的现金	40	400 000	
收到其他与筹资活动有关的现金	43		
筹资活动现金流入小计	44	400 000	
偿还债务支付的现金	45	200 000	
分配股利、利润或偿付利息支付的现金	46	2 000	
支付其他与筹资活动有关的现金	52		
筹资活动现金流出小计	53	202 000	
筹资活动产生的现金流量净额	54	198 000	
四、汇率变动对现金及现金等价物的影响	55		
五、现金及现金等价物净增加额	56	－211 200	

续前表

项目	行次	本期金额	上期金额（略）
加：期初现金及现金等价物余额	57	3 942 560	
六、期末现金及现金等价物余额	58	3 731 360	

需要说明的问题：

(1) 一借一贷的会计记录，分别属于现金流量表的两个不同项目，要分别注明对应科目的名称、金额及所属的现金流量表行次。例如，现金日记账中现付 1、银行存款日记账中的银付 1。

(2) 对业务量较大，按月汇总有困难的企业，可采用按旬或半月小计各项目的金额并于月底汇总的办法，减轻期末编制现金流量表的工作量。

目前市场上很多财务软件，在填制记账凭证涉及现金流量项目时，会要求录入人员将现金流量信息正确地记录到现金流量表的具体项目中去，月末即可自动生成现金流量表，其原理与该方法相似。

3. 现金流量台账法

由于现金流量表是按经营活动、投资活动、筹资活动三大类反映现金的流入和流出的数量，因此，可以直接根据现金流量的这三大类设置台账，根据收款凭证、付款凭证及与现金流量表有关的转账凭证，分类登记现金流量台账，作为编制现金流量表的基础。

设置现金流量台账编制现金流量表的具体步骤如下：

第一步，开设“经营活动现金流量”“投资活动现金流量”“筹资活动现金流量”三大类台账，每类台账中按现金流入各项目、现金流出各项目、现金流量净额设置分析栏。

第二步，对于涉及现金及现金等价物收支、引起现金净流量发生变化的经济业务，不仅按照会计核算程序登记“现金日记账”“银行存款日记账”“其他货币资金明细账”等账簿，同时，还应登记“经营活动现金流量”“投资活动现金流量”“筹资活动现金流量”三大类台账，分别列入现金流量表的对应项目。

第三步，每期终了，计算台账中各项目的合计数，计算现金流入小计、现金流出小计、现金流量净额。编制年度现金流量表时，将各月份的数字加总即可。

【例 5－3】沿用例 5－2 的资料，采用现金流量台账法编制现金流量表。

(1) 根据企业的收款凭证、付款凭证及涉及其他货币资金或现金等价物的转账凭证，登记各现金流量台账。“经营活动现金流量”台账见表 5－11，“投资活动现金流量”台账见表 5－12，“筹资活动现金流量”台账见表 5－13。

(2) 将各项目的合计数填入现金流量表的对应项目，编制完成的现金流量表见表 5－10。

企业设置现金流量台账时，也可按现金流入量、现金流出量分别设置台账，还可根据需要增设相应的借方、贷方、余额栏。

采用上述第 2 种、第 3 种简易方法编制现金流量表的优点包括：一是以企业的记账凭证为基础，简易方便，无须编制调整分录；二是基本上不依靠资产负债表和利润表的资料，工作量分散在平时，保证企业会计报表的及时报出；三是比较直观，便于理解，准确程度高。这两种方法的缺点在于会加大会计的日常工作量。

表 5-11 经营活动现金流量台账

2×18 年		凭证号	摘要	现金流入量				现金流出量					现金流量净额
月	日			销售商品、提供劳务收到的现金	收到的税费返还	收到其他与经营活动有关的现金	现金流入小计	购买商品、接受劳务支付的现金	支付给职工以及为职工支付的现金	支付的各项税费	支付其他与经营活动有关的现金	现金流出小计	
6	9	银付 3	支付商业汇票款					150 000					
	11	银收 3	收到商业汇票款	185 000									
	12	银付 5	支付广告宣传费								10 000		
		银付 6	支付办公费								3 000		
	15	银收 5	收到货款	125 500									
		银付 8	购入低值易耗品					600					
		现付 1	支付其他人员工资						140 000				
	16	转 27	支付材料价款					110 000					
			支付增值税进项税额					17 600					
	18	银付 9	预付商品款					30 000					
		银付 10	支付材料价款					150 000					
			支付增值税进项税额					24 000					
	19	现付 2	支付办公费								800		
	22	银付 11	职工报销医药费						5 000				
	23	银收 7	现销	410 000									
			收取增值税销项税额	65 600									
	26	现付 3	职工张宇预借差旅费								1 000		
	30	银付 13	支付通信费								3 600		
		现收 1	张宇退回多余的差旅费			100							
		银付 14	缴纳增值税							8 000			
			缴纳城建税及教育费附加							800			
			合计	786 100		100	786 200	482 200	145 000	8 800	18 400	654 400	−131 800

表 5-12

投资活动现金流量台账

2×18年		凭证号	摘要	现金流入量						现金流出量					现金流量净额
月	日			收回投资收到的现金	取得投资收益收到的现金	处置固定资产、无形资产和其他长期资产收回的现金净额	处置子公司及其他营业单位收到的现金净额	收到其他与投资活动有关的现金	现金流入小计	购建固定资产、无形资产和其他长期资产支付的现金	投资支付的现金	取得子公司及其他营业单位支付的现金净额	支付其他与投资活动有关的现金	现金流出小计	
6	5	银付 2	设备清理费用			−3 000									
		银收 1	设备残值收入			4 000									
		转 10	出售股票投资	250 000											
				20 000											
	9	银付 4	购入固定资产							100 000					
										16 000					
	15	现付 1	支付在建工程人员工资							50 000					
	23	银收 8	出售设备价款			160 000									
	26	银付 12	购入股权投资								800 000				
			已宣告未领取股利										16 000		
	30	银收 9	收到现金股利		10 000										
			合计	270 000	10 000	161 000			441 000	166 000	800 000		16 000	982 000	−541 000

表 5 - 13

筹资活动现金流量台账

2×18 年		凭证号	摘要	现金流入量				现金流出量				现金流量净额
月	日			吸收投资收到的现金	取得借款收到的现金	收到其他与筹资活动有关的现金	现金流入小计	偿还债务支付的现金	分配股利、利润或偿付利息支付的现金	支付其他与筹资活动有关的现金	现金流出小计	
6	1	银付 1	归还借款本金					200 000				
			归还借款利息						2 000			
	12	银收 4	借入长期借款		400 000							
			合计		400 000		400 000	200 000	2 000		202 000	198 000

第三节 现金流量表补充资料填列原理与实务

一、现金流量表补充资料的内容

除现金流量表主表反映的信息外，企业还应在补充资料中披露将净利润调节为经营活动现金流量、不涉及现金收支的重大投资和筹资活动、现金及现金等价物净变动情况等信息。

（一）将净利润调节为经营活动现金流量

现金流量表采用直接法反映经营活动产生的现金流量，同时，企业还应采用间接法反映经营活动产生的现金流量，以对现金流量表中采用直接法反映的经营活动产生的现金流量进行核对和补充说明。

（二）不涉及现金收支的重大投资和筹资活动

不涉及现金收支的重大投资和筹资活动，反映企业一定期间内影响资产或负债但不形成该期现金收支的所有投资和筹资活动的信息。这些投资和筹资活动虽然不涉及现金收支，但对以后各期的现金流量有重大影响，例如，企业融资租入设备，将形成的负债计入“长期应付款”账户，当期并不支付设备款及租金，但以后各期必须为此支付现金，从而在一定期间内形成了一项固定的现金支出。

企业应当在附注中披露不涉及当期现金收支、但影响企业财务状况或在未来可能影响企业现金流量的重大投资和筹资活动，主要包括：债务转为资本，反映企业本期转为资本的债务金额；一年内到期的可转换公司债券，反映企业一年内到期的可转换公司债券的本息；融资租入固定资产，反映企业本期融资租入的固定资产。

（三）现金和现金等价物的构成

企业应当在附注中披露与现金和现金等价物有关的下列信息：现金和现金等价物的构成及在资产负债表中的相应金额；企业持有但不能由母公司或集团内其他子公司使用的大额现金和现金等价物金额。企业持有现金和现金等价物余额但不能被集团使用的情形多种多样，例如，国外经营的子公司，由于受当地外汇管制或其他立法的限制，其持有的现金和现金等价物，不能由母公司或其他子公司正常使用。

本节将主要介绍如何采用间接法填列经营活动现金流量。需注意的是，此处的经营活动现金流量指的是经营活动产生的现金流量净额，本章下同。

二、间接法编制经营活动现金流量

间接法是指以本期净利润为起点，通过调整不涉及现金的收入、费用、营业外收支以及经营性应收应付等项目的增减变动，调整不属于经营活动的现金收支项目，据此计算并列报经营活动产生的现金流量的方法。

企业的净利润是以权责发生制为基础确认的，包括了企业的经营活动、投资活动、筹资活动而取得的以全部净收益，但并不考虑收益是否已经收到或费用是否实际支出；而经营活动产生的现金流量是以收付实现制为基础确认的，只反映企业经营活动中以现金形式收到或支出的项目。所以，企业的净利润与经营活动产生的现金流量的口径是不一致的，需要对净利润进行调整。

（一）编制原理

需要调整的项目分为四大类：实际没有支付现金的费用；实际没有收到现金的收益；不属于经营活动的损益；经营性应收应付项目的增减变动。

间接法编制经营活动产生的现金流量的基本原理如图 5－2 所示。

净利润（权责发生制）

调整：不影响现金流量的损益

净利润（收付实现制）

调整：投资和筹资活动产生的损益

经营活动的净利润

调整：不影响净利润但影响现金流量的经营性应收应付项目

经营活动产生的现金流量

图 5－2　间接法编制经营活动产生的现金流量基本原理

1．实际没有支付现金的费用

实际没有支付现金的费用一般会减少当期净利润，但是并没有发生现金流出，所以在调整时应将其加回到净利润中。例如，计提折旧的分录为：

借：管理费用/制造费用

　　贷：累计折旧

企业计提折旧时，不管是计入管理费用还是制造费用，均会减少净利润，但是没有发生现金流出，所以应在调节净利润时加回。

与此类似的还有无形资产摊销、计提资产减值准备、长期待摊费用摊销、递延所得税资产减少以及递延所得税负债增加。

2．实际没有收到现金的收益

实际没有收到现金的收益一般会增加当期净利润，但是并没有发生现金流入，所以在调整时应将其从净利润中减去。属于这一类的情况较少，主要有递延所得税资产增加以及递延所得税负债减少。

3．不属于经营活动的损益

不属于经营活动的损益已计入净利润，但不是由经营活动产生的，而是由投资活动或筹资活动产生的，因此对于这一类的收益应减去，而对于费用则应加回。

例如，某企业以 5 万元出售一台账面价值为 4.8 万元的设备，此次出售会导致现金流入 5 万元，同时产生 0.2 万元的出售净收益。5 万元的现金流入将计入到投资活动产生的现金流入中，而 0.2 万元计入净利润，如果不作冲减的调整，会使这笔业务产生 5.2 万元的现金流入（实际的现金流入只有 5 万元），导致错误，所以在调整的时候必须将 0.2 万元的出售净收益从净利润中减去，如果是损失则应加回。当然还有一种更简单的理解方法，由于0.2万元的出售净收益是来自投资活动，而又影响净利润的项目，我们现在是要将净利润调整为经营活动产生的现金流量，所以应减去。

与此类似的还有处置无形资产和长期资产产生的损益、固定资产报废损益、公允价值变动损益、投资损益、财务费用（或收益）（仅指属于投资和筹资活动的财务费用，不包括经营活动的财务费用）。

4. 经营性应收应付项目的增减变动

大多数流动资产和流动负债都是从经营活动中产生的。例如，应收账款是从销售中产生的，存货和营业成本有关，等等。流动账户的变现是现金流量表中净利润的调整项。原因如下：

（1）非现金流动资产的增加会减少现金。资产的增加需要现金购买。假如企业发生一笔采购业务，存货是增加的，现金减少，所以在调整时应减去存货的增加。同样的道理也适用于应收款项。

（2）非现金流动资产的减少会增加现金。假如企业的应收账款减少了4 000元，这是因为收到了现金，导致应收账款的减少，在调整时应加上经营性应收款项的减少。同样的道理也适用于存货。

（3）流动负债的减少会减少现金。对流动负债的偿付既减少了现金，又减少了债务，所以我们从净利润中减去经营性应付款项的减少。相反，如果经营性应付款项增加了，则应加上。

（二）补充资料各项目填列方法

1. “净利润”项目

“净利润”项目根据利润表中的“净利润”项目填列。

2. “资产减值准备”项目

企业可以计提的资产减值准备有多项，包括坏账准备、存货跌价准备、长期股权投资减值准备、投资性房地产减值准备、固定资产减值准备等。计提资产减值准备的会计核算基本是借记损益类科目“资产减值损失”，贷记相关的资产减值准备科目。企业计提的资产减值准备，均已列入利润表，减少了当期净利润，但实际上并没有发生现金流出。因此，为了将权责发生制下的净利润调节为收付实现制下的经营活动现金流量，当期计提的减值准备金额应加回到净利润中。本项目可直接根据利润表中的“资产减值损失”项目填列。

3. “固定资产折旧、油气资产折耗、生产性生物资产折旧”项目

“固定资产折旧、油气资产折耗、生产性生物资产折旧”项目反映企业本期累计提取的各项折旧数。企业计提折旧时，有的记入“管理费用”科目，并作为期间费用列入当期利润表；有的记入“制造费用”科目，并通过销售成本列入了利润表。两者都减少了净利润，但计提折旧时并没有发生现金流出，所以应在调节净利润时加回。本项目可根据“累计折旧”“累计折耗”等科目的贷方发生额分析填列，也可根据“管理费用”“制造费用”等借方明细分析填列。

4. “无形资产摊销”项目

“无形资产摊销”项目反映企业本期累计摊入成本费用的无形资产的金额。无形资产

摊销时，借记“管理费用”“其他业务成本”等科目，贷记“累计摊销”科目。因为无形资产摊销减少了当期净利润，但并没有发生现金流出，所以在调整时应将本年摊销额加回到净利润中。本项目可根据“累计摊销”科目的贷方发生额填列，也可根据“管理费用”“其他业务成本”科目的借方明细分析填列。

5.“长期待摊费用摊销”项目

“长期待摊费用摊销”项目反映企业本期累计摊入成本费用的长期待摊费用。长期待摊费用待摊时，记入了“管理费用”“制造费用”“销售费用”等科目，减少了净利润，但并没有发生现金流出，因此在调整时应将本年长期待摊费用的摊销额加回到净利润中。本项目根据“长期待摊费用”科目的贷方发生额分析填列。

6.“处置固定资产、无形资产和其他长期资产的损失”项目

处置固定资产、无形资产和其他长期资产产生的损益不属于经营活动，而属于投资活动，但已包含在企业的净利润中，所以在将净利润调节为经营活动现金流量时，应加以调整。如果处置固定资产、无形资产和其他长期资产产生收益，应从净利润中扣除；如果处置固定资产、无形资产和其他长期资产产生损失，应在调整净利润时加回。本项目可根据“营业外收入”“营业外支出”所属明细科目的记录分析填列。

为填列本项目和“固定资产报废损失”项目，企业平时应在“营业外收入”和“营业外支出”科目下设置相应的明细账或设置多栏式账页进行明细核算，以便在编制现金流量表时有据可查。

7.“固定资产报废损失”项目

企业发生的固定资产报废损益属于投资活动产生的损益，不属于经营活动产生的损益，所以在将净利润调节为经营活动现金流量时，须予以调整。如果发生固定资产报废损失，应在调节净利润时加回；如果发生固定资产盘盈和报废清理收益，则应在调节净利润时减去。本项目可根据“营业外收入”“营业外支出”所属明细科目的固定资产盘亏或报废损失减去固定资产盘盈收益后的差额填列。

8.“公允价值变动损失”项目

“公允价值变动损失”项目反映企业持有的以公允价值计量且其变动计入当期损益的金融资产、以公允价值计量且其变动计入当期损益的金融负债、采用公允价值模式计量的投资性房地产等公允价值变动形成的净损益，该项目属于投资活动产生的损益，应调整。如果发生净损失，应加回；如为净收益，应减去。本项目根据当期利润表中的“公允价值变动收益”项目填列。

9.“财务费用”项目

企业发生的财务费用可以分别归属于经营活动、投资活动和筹资活动。例如，商业汇票贴现的贴现息属于经营活动产生的财务费用；购买固定资产产生的汇兑损益属于投资活动产生的财务费用；计入损益的借款利息属于筹资活动产生的财务费用。本项目反映企业发生的与投资活动及筹资活动有关的财务费用，不包括由于经营活动产生的财务费用。因此，在将净利润调整为经营活动现金流量时，应把属于投资活动和筹资活动部分的财务费用从净利润中剔除。本项目可根据“财务费用”明细账借方发生额分析填列。如为收益，以“—”号填列。

为了填列本项目，企业可以对财务费用按“经营活动”“投资活动”“筹资活动”分设

明细核算，每一笔财务费用发生时，将其归入“经营活动”“投资活动”或“筹资活动”相应明细账中。

10.“投资损失”项目

投资损益是因投资活动所引起的，不属于经营活动，在将净利润调整为经营活动现金流量时，应在净利润中调整这部分损益。本期若为投资收益，调整时从净利润中扣除；若为投资损失，应在净利润的基础上加回。本项目根据当期利润表中的“投资收益”项目填列。

11.“递延所得税资产减少”项目

“递延所得税资产减少”项目反映采用债务法进行所得税会计核算的企业所发生的可抵扣暂时性差异产生的递延所得税资产的增加或减少。“递延所得税资产”的减少记在该科目的贷方，借记“所得税费用”科目，表明增加了当期的所得税费用，减少了当期净利润，但并未引起当期现金的流出，因此在将净利润调节为经营活动现金流量时，将递延所得税资产的减少数加回到当期净利润中。反之，若当期的递延所得税资产增加，表明增加了现金流出，但未减少当期的净利润，因此在将净利润调节为经营活动现金流量时，应减去递延所得税资产的增加数。本项目根据当期资产负债表中“递延所得税资产”项目的本期余额与上期余额的差额填列，减少差额以正号填列，增加差额以负号填列。

12.“递延所得税负债增加”项目

“递延所得税负债增加”项目反映采用债务法进行所得税会计核算的企业所发生的应纳税暂时性差异产生的递延所得税负债的增加或减少。若当期的递延所得税负债增加，借记“所得税费用”科目，贷记“递延所得税负债”科目，表明增加了当期的所得税费用，减少了当期净利润，但并未引起现金的流出，因此在将净利润调节为经营活动现金流量时，应将递延所得税负债的增加数加回到当期净利润中。反之，递延所得税负债减少，表明增加了现金流出，但未减少当期的净利润，因此在将净利润调节为经营活动现金流量时，应减去递延所得税负债的减少数。本项目根据当期资产负债表中“递延所得税负债”项目的本期余额与上期余额的差额填列，增加差额以正号填列，减少差额以负号填列。

13.“存货的减少”项目

存货的增减变动多数属于经营活动。在不存在赊销的情况下，若某一期间期末存货比期初存货增加，说明当期购入的存货除耗用外，还留有余额，即除了当期销售成本包含的存货发生现金支出外，还为增加存货发生了现金支出，故应在将净利润调节为经营活动现金流量时，减去本期存货的增加额。反之，若某一时期期末存货比期初存货减少了，说明本期生产过程耗用的存货有一部分是期初的存货，耗用这部分存货本期并没有发生现金支出，故在将净利润调节为经营活动现金流量时，应在净利润中加上存货的减少数。在存在赊购的情况下，还应通过调整应付款项的增减变动来反映赊购对现金流量的影响。本项目根据资产负债表的“存货”项目的期初数和期末数的差额分析填列。需要注意的是，涉及投资活动及筹资活动引起存货的增减，应先调整“存货”项目的余额，消除投资活动及筹资活动对存货余额的影响，再计算期初余额与期末余额的差额。同时，存货余额中不能扣除存货跌价准备，因为存货跌价准备的调整金额已在第一项“资产减值准备”中调整完毕，不能重复调整。

14.“经营性应收项目的减少”项目

经营性应收项目主要是指应收账款、应收票据、预付款项和其他应收款中与经营活动有关的部分及应收的增值税销项税额。若某一期间经营性应收项目的期末余额大于期初余额，说明本期销售收入中有一部分收入没有收到现金，但在利润表中已将销售收入全数列入净利润，因此在将净利润调节为经营活动现金流量时，应将经营性应收项目的增加额从净利润中减去。反之，若某一期间经营性应收项目期末余额小于期初余额，说明本期收到的现金大于利润表中所确认的销售收入，在将净利润调节为经营活动现金流量时，应将经营性应收项目的减少额加回。本项目根据资产负债表中的“应收票据及应收账款”“其他应收款”“预付款项”的期末数与期初数的差额分析填列。需要注意的是，各科目的余额均不扣除坏账准备，因为坏账准备的调整金额已在第一项“资产减值准备”中调整完毕，不能重复调整。

15.“经营性应付项目的增加”项目

经营性应付项目主要是指应付账款、应付票据、预收账款、应付职工薪酬（应扣除在建工程人员未付的工资及未付的福利费）、应交税费（应扣除在建工程等投资活动负担的应付未付的税金）、其他应付款等项目中与经营活动有关的部分及应付的增值税进项税额。若某一期间经营性应付项目的期末余额大于期初余额，说明本期购入的存货中有一部分没有支付现金，但在利润表中已将销售成本全数列入。因此，在将净利润调节为经营活动现金流量时，应将经营性应付项目的增加数加回到净利润中；反之，若某一期间经营性应付项目的期末余额小于期初余额，说明本期支付给供货单位的现金大于利润表中所确认的销售成本，在将净利润调节为经营活动现金流量时，应将经营性应付项目的减少额在净利润中减去。本项目根据资产负债表中的“应付票据及应付账款”“预收账款”“应付职工薪酬”“应交税费”“其他应付款”等科目中与经营活动有关部分的期末数与期初数的差额分析填列。

（三）间接法编制经营活动产生的现金流量实务

【例 5-4】沿用例 5-1 的资料，填列现金流量表的补充资料。

将净利润调节为经营活动现金流量各项目计算分析如下：

（1）资产减值准备＝9＋300＝309（万元）。

（2）固定资产折旧＝200＋800＝1 000（万元）。

（3）无形资产摊销＝600（万元）。

（4）处置固定资产、无形资产和其他长期资产的损失＝－500（万元）。

（5）财务费用＝95（万元）。

（6）投资收益＝315（万元）。

（7）递延所得税资产增加＝99－0＝99（万元）。

（8）存货的减少＝26 000－24 847＝1 153（万元）。

（9）经营性应收项目的增加＝(5 982＋18＋660＋1 000＋950.90)－(2 991＋9＋2 460＋800＋1 050)

＝1 300.90（万元）

（10）经营性应付项目的增加＝(1 000＋10 274.25＋1 800＋1 067)－(2 000＋9 538

+1 100+366)

=1 137.25（万元）。

根据上述数据，编制现金流量表的补充资料，见表 5-14。

表 5-14　现金流量表补充资料　单位：万元

补充资料	本期金额	上期金额（略）
1. 将净利润调节为经营活动现金流量：		
净利润	2 442	
加：资产减值准备	309	
固定资产折旧、油气资产折耗、生产性生物资产折旧	1 000	
无形资产摊销	600	
长期待摊费用摊销	0	
处置固定资产、无形资产和其他长期资产的损失（收益以“—”号填列）	−500	
固定资产报废损失（收益以“—”号填列）	0	
公允价值变动损失（收益以“—”号填列）	0	
财务费用（收益以“—”号填列）	95	
投资损失（收益以“—”号填列）	−315	
递延所得税资产减少（增加以“—”号填列）	−99	
递延所得税负债增加（减少以“—”号填列）	0	
存货的减少（增加以“—”号填列）	1 153	
经营性应收项目的减少（增加以“—”号填列）	−1 300.90	
经营性应付项目的增加（减少以“—”号填列）	1 137.25	
其他	0	
经营活动产生的现金流量净额	4 521.35	
2. 不涉及现金收支的重大投资和筹资活动：		
债务转为资本	0	
一年内到期的可转换公司债券	0	
融资租入固定资产	0	
3. 现金及现金等价物净变动情况：		
现金的期末余额	7 954.35	
减：现金的期初余额	14 063	
加：现金等价物的期末余额	0	
减：现金等价物的期初余额	0	
现金及现金等价物净增加额	−6 108.65	

本章小结

现金流量表里所说的“现金”是广义的现金，理解现金等价物是关键。如果企业没有不能随时支取的定期存款，没有现金等价物，则现金流量表中的现金就是指资产负债表中的货币资金。

如果说资产负债表根据有关实账户余额资料填列，利润表根据有关虚账户发生额资料填列，现金流量表则根据资产负债表、利润表及有关账户记录资料分析填列。如果说资产负债表、利润表提供的是符合权责发生制原则的财务会计信息，编制现金流量表的过程本身则是将权责发生制下的会计资料转换为按收付实现制表示的现金流量，提供的是按收付实现制原则确立的现金增减变动的信息。

经营活动产生的现金流量的报告方法有直接法和间接法两种，不能说现金流量表的编制方法有直接法和间接法两种。经营活动是产生净利润的主要活动，换句话说，净利润主要来自经营活动。所以，无论是直接法还是间接法，在计算确定经营活动产生的现金净流量时，都需要在利润表项目的基础上进行调整。

采用直接法编制现金流量表的经营活动产生的现金流量时，各项目，尤其是“销售商品、提供劳务收到的现金”“购买商品、接受劳务支付的现金”等项目，可以采用多种方法计算：一种方法是直接根据有关经济事项的发生额分析填列；另一种方法是根据利润表的“营业收入”“营业成本”等项目，结合资产负债表有关项目的余额变动以及有关账户记录资料，分析整理出现金流量表项目数据，实际上，这一过程就是把权责发生制下的利润表信息转换成收付实现制下的现金流量表信息。

采用间接法编制现金流量表的经营活动产生的现金流量时，必须理解以下几点：首先，与净利润有关的活动并不一定都与现金流量有关；其次，与净利润有关的现金流量并不一定都是经营活动产生的现金流量；最后，与经营活动有关的现金流量也并不一定都与净利润有关。这是理解间接法的关键，是理解调整各项目的出发点。

课后思考题

1. 讨论一份现金流量表的价值以及它是否能取代利润表。

2. 是否企业所有的经济业务都应列入现金流量表？如果不是，哪些经济业务应在现金流量表中反映？

3. 简述编制现金流量表的简易方法。哪一种方法你更能接受？这种方法有什么缺点？

4. 如何采用间接法编制经营活动产生的现金流量？

课后练习题

一、单项选择题

1. 下列事项中，会引起现金流量净额变动的是（　　）。

A. 将现金存入银行

B. 用银行存款购买 1 个月到期的债券

C. 用固定资产抵偿债务

D. 用银行存款清偿 20 万元的债务

2. 下列各项中，属于经营活动产生的现金流量的是（　　）。

A. 销售商品收到的现金　　B. 发行债券收到的现金

C. 发生筹资费用支付的现金　　D. 分得股利收到的现金

3. 支付的在建工程人员的工资属于（　　）产生的现金流量。

A. 筹资活动　　B. 经营活动　　C. 汇率变动　　D. 投资活动

4. 在编制现金流量表时，因企业资金短缺，变卖旧汽车收到现金业务属于（　　）。

A. 经营活动　　B. 投资活动

C. 投资收益　　D. 资产处置收益

5. 某公司出售一台不需用设备，收到价款 30 万元，该设备原价 40 万元，已提折旧 15 万元，出售过程中支付该项设备拆卸费用 0.2 万元、运输费用 0.08 万元，设备已由购入单位运走。根据该资料，填入现金流量表“处置固定资产、无形资产和其他长期资产收回的现金净额”项目的金额应为（　　）万元。

A. 30　　B. 25　　C. 29　　D. 29.72

6. 企业期初未交所得税 28 万元，本期发生的所得税费用为 310 万元，递延所得税负债增加 20 万元，期末未交所得税 12 万元，则本期支付的所得税税款为（　　）万元。

A. 310　　B. 284　　C. 290　　D. 306

7. 甲公司某年度发生的管理费用为 6 600 万元，其中：以现金支付退休职工统筹退休金 1 050 万元和管理人员工资 3 300 万元，存货盘盈收益 75 万元，管理用无形资产摊销 1 260 万元，其余均以现金支付。假定不考虑其他因素，甲公司本年度现金流量表中“支付其他与经营活动有关的现金”项目的金额为（　　）万元。

A. 315　　B. 1 065　　C. 2 115　　D. 2 025

8. 下列关于经营活动产生的现金流量的编制方法，正确的有（　　）。

A. 只采用直接法

B. 只采用间接法

C. 正表采用直接法，补充资料采用间接法

D. 正表采用间接法，补充资料采用直接法

9. 在采用间接法编制经营活动产生的现金流量时，下列项目调整的原因是基于影响净利润，但是不属于经营活动的是（　　）。

A. 资产减值准备　　B. 固定资产折旧

C. 投资收益　　D. 无形资产摊销

二、多项选择题

1. 现金流量表以广义的现金作为编制基础，具体包括（　　）。

A. 库存现金

B. 其他货币资金

C. 购买后 3 个月内到期的债券投资

D. 随时用于支付的银行存款

E. 被冻结的银行存款

2. 不产生现金流量的业务有（　　）。

A. 核销坏账　B. 收回以前年度已核销的坏账

C. 存货的盘亏　D. 固定资产盘盈

E. 计提借款利息

3. 现金流量可以分为（　　）。

A. 借款活动产生的现金流量　B. 投资活动产生的现金流量

C. 筹资活动产生的现金流量　D. 经营活动产生的现金流量

E. 发行股票产生的现金流量

4. 下列交易和事项中，不影响当期经营活动产生的现金流量的有（　　）。

A. 用产成品偿还短期借款　B. 支付管理人员工资

C. 收到被投资单位利润　D. 支付各项税费

E. 支付在建工程人员工资

5. 下列各项中，属于现金流量表中投资活动产生的现金流量的有（　　）。

A. 外购无形资产支付的现金

B. 转让固定资产所有权收到的现金

C. 购买 3 个月内到期的国库券支付的现金

D. 收到分派的现金股利

E. 对某公司进行直接投资

6. 下列各项属于经营活动产生的现金流量的有（　　）。

A. 销售商品收到的现金　B. 购买固定资产支付的现金

C. 吸收投资收到的现金　D. 偿还应付账款支付的现金

E. 支付的各项税费

7. 下列各项中，属于筹资活动产生的现金流量的有（　　）。

A. 支付的现金股利　B. 取得短期借款

C. 增发股票收到的现金　D. 偿还公司债券支付的现金

E. 收到借款利息

8. 既影响现金又影响净利润的经济业务有（　　）。

A. 出售无形资产收到现金　B. 收回应收账款

C. 赊销商品　D. 按月支付短期借款利息

E. 购买固定资产

三、判断题

1. 现金等价物的主要特点是流动性强，并可随时转换成现金，通常是指购买在 6 个月或更短时间内即到期或即可转换为现金的投资。（　　）

2. 现金流量表中的经营活动，是指企业投资活动和筹资活动以外的交易和事项。销售商品或提供劳务、处置固定资产、分配利润等产生的现金流量均包括在经营活动产生的现金流量之中。（　　）

3. 企业取得债券利息收入所收到的现金属于经营活动流入的现金。(　　)

4. 分配股利或利润所支付的现金属于筹资活动流出的现金。(　　)

5. 企业在编制现金流量表时，对企业为职工支付的住房公积金、为职工缴纳的商业保险金、社会保障基金等，应按照职工的工作性质和服务对象分别在经营活动和投资活动产生的现金流量有关项目中反映。(　　)

6. 财务费用是指企业筹集生产经营所需资金而发生的费用，因此所产生的现金流量在现金流量表中均应列作筹资活动产生的现金流量。(　　)

四、计算题

1. 某企业 2×17 年度有关资料如下：

(1) 应收票据及应收账款项目：年初数 1 040 万元，年末数 1 320 万元。

(2) 预收款项项目：年初数 80 万元，年末数 90 万元。

(3) 营业收入 6 000 万元。

(4) 应交税费——应交增值税（销项税额）960 万元。

(5) 其他有关资料如下：本期计提坏账准备 6.5 万元（该企业采用备抵法核算坏账损失），本期发生的坏账收回 2 万元，应收票据贴现使“财务费用”科目产生借方发生额 3 万元，将本企业价值 100 万元的产品对外投资产生增值税销项税额 16 万元，收到客户用 11.6 万元商品（货款 10 万元，增值税 1.6 万元）抵偿前欠账款 12 万元。

要求：根据上述资料，计算销售商品、提供劳务收到的现金。

2. 某企业 2×17 年度有关资料如下：

(1) 应付票据及应付账款项目：年初数 840 万元，年末数 920 万元。

(2) 预付款项项目：年初数 80 万元，年末数 90 万元。

(3) 营业成本 4 000 万元；存货项目的年初数为 100 万元，年末数为 85 万元。

(4) 应交税费——应交增值税（进项税额）320 万元。

(5) 其他有关资料如下：用固定资产偿还应付账款 8 万元，生产成本中直接工资项目含有本期发生的生产工人工资费用 100 万元，本期制造费用发生额为 60 万元（其中消耗的物料为 5 万元），工程项目领用本企业产品 9 万元。

要求：根据上述资料，计算购买商品、接受劳务支付的现金。

3. A 公司 2×17 年度资产负债表和利润表如表 5-15 和表 5-16 所示。

表 5-15　　资产负债表（简表）

编制单位：A 公司　　2×17 年 12 月 31 日　　单位：万元

资产	期末余额	年初余额	负债和股东权益	期末余额	年初余额
流动资产：			流动负债：		
货币资金	5 550	7 350	应付票据及应付账款	9 300	16 950
交易性金融资产	1 800	2 000	流动负债合计	9 300	16 950
应收票据及应收账款	3 900	5 400	非流动负债：		
存货	16 500	8 000	应付债券	22 500	8 000
流动资产合计	27 750	22 750	非流动负债合计	22 500	8 000

续前表

资产	期末余额	年初余额	负债和股东权益	期末余额	年初余额
非流动资产：			负债合计	31 800	24 950
固定资产	47 550	23 500	股东权益：		
长期待摊费用	900	700	股本	24 000	19 000
非流动资产合计	48 450	24 200	未分配利润	20 400	3 000
			股东权益合计	44 400	22 000
资产总计	76 200	46 950	负债和股东权益总计	76 200	46 950

表 5-16　　利润表（简表）

编制单位：A 公司　　2×17 年　　单位：万元

项目	本期金额	上期金额（略）
一、营业收入	73 800	
减：营业成本	36 000	
管理费用	6 100	
财务费用	1 000	
加：投资收益（损失以“—”号填列）	300	
资产处置收益（损失以“—”号填列）	300	
二、营业利润（亏损以“—”号填列）	31 300	
减：营业外支出	1 000	
三、利润总额（亏损总额以“—”号填列）	30 300	
减：所得税费用	10 200	
四、净利润（净亏损以“—”号填列）	20 100	

其他相关资料：

(1) 本年度支付了 2 700 万元现金股利。

(2) 营业成本 36 000 万元，包括工资费用 16 500 万元；管理费用 6 100 万元中，包括折旧费 2 150 万元，长期待摊费用摊销 300 万元，支付其他管理费用 3 650 万元。

(3) 本年出售固定资产一台，原价 6 000 万元，已提折旧 500 万元，处置价格 5 800 万元，已收到现金。其他导致固定资产变动的均系外购固定资产所致，货款均已支付。

(4) 本年度购入股票投资，计入“交易性金融资产”，支付价款 1 800 万元。

(5) 本年度出售交易性金融资产收到现金 2 300 万元，成本为 2 000 万元。

(6) 本年度偿付应付公司债券 7 000 万元；新发行债券 21 500 万元，已收到现金。

(7) 本年度发生火灾造成存货损失 1 000 万元，已计入营业外支出。

(8) 本年度发行新股 5 000 万元，已收到现金。

(9) 本年度预付保险费 500 万元。

(10) 财务费用 1 000 万元系支付的债券利息。

(11) 期末存货均为外购原材料。

为简便起见，假设不考虑流转税，假定 A 公司没有现金等价物，应收账款全部为应收销货款，应付账款全部为应付购货款。

要求：(1) 根据上述资料编制 A 公司的现金流量表的主表和补充资料。

(2) 请核对你所编制的报表是否正确，如何检查？列出检查公式。

4. A 公司 2×17 年 4 月发生的经济业务对应的现金日记账、银行存款日记账、其他货币资金明细账分别如表 5-17、表 5-18、表 5-19 所示。现金等价物无变化。请采用现金类日记账法编制 A 公司 2×17 年 4 月的现金流量表。

表 5-17　现金日记账

2×17 年		凭证号	摘要	行次	对方科目	借方金额	贷方金额	余额
月	日							
4	1		期初余额					13 000
	2	现付 1	将多余现金送存银行		银行存款		3 000	
		现付 2	支付通信费		管理费用		800	9 200
	4	现付 3	职工张宇预借差旅费		其他应收款		1 000	8 200
	5	现收 1	张宇退回多余的差旅费		其他应收款	100		8 300
	10	现付 4	支付材料采购费		材料采购		960	
		现付 5	职工王丽报销医药费		应付职工薪酬		560	6 780
	15	银付 7	提现以备支付工资		银行存款	100 000		
		现付 6	支付在建工程人员工资		应付职工薪酬		20 000	
			支付其他人员工资		应付职工薪酬		80 000	6 780
	20	现付 7	支付设备清理费用		固定资产清理		700	6 080
	23	现收 2	收到包装物押金		其他应付款	800		6 880
	25	现付 8	购买工具一套		周转材料		250	6 630
			本月发生额及余额			100 900	107 270	6 630

表 5-18　银行存款日记账

2×17 年		凭证号	摘要	行次	对方科目	借方金额	贷方金额	余额
月	日							
4	1		期初余额					2 568 900
	2	现付 1	将多余现金送存银行		库存现金	3 000		
		银收 1	收到前欠货款		应收账款	356 000		

续前表

2×17年		凭证号	摘要	行次	对方科目	借方金额	贷方金额	余额
月	日							
		银收2	收到投资人投入资本		实收资本	1 000 000		3 927 900
	4	银付1	向证券账户转入资金		其他货币资金		200 000	3 727 900
	8	银付2	购入需安装的设备		在建工程		800 000	
			支付增值税进项税额		应交税费		128 000	
		银付3	支付设备安装款		在建工程		50 000	2 749 900
	10	银收3	设备残值收入		固定资产清理	4 000		
		银付4	支付商业汇票款		应付票据		150 000	2 603 900
	12	银收4	收到结算账户利息收入		财务费用	350		2 604 250
	13	银付5	支付广告宣传费		销售费用		10 000	
		银付6	支付办公费		管理费用		3 000	
		银收5	预收货款		预收账款	120 000		2 711 250
	15	银付7	提现		库存现金		100 000	
		银付8	购入包装物		周转材料		2 500	
		银付9	支付前欠材料款		应付账款		490 000	2 118 750
	18	银付10	预付商品款		预付账款		90 000	
		银付11	支付材料价款		原材料		150 000	
			支付增值税进项税额		应交税费		24 000	1 854 750
	20	银收6	现销		主营业务收入	1 380 000		
			收取增值税销项税额		应交税费	234 600		3 469 350
	21	银收7	出售设备价款		固定资产清理	160 000		3 629 350
	23	银付12	购入股权投资		长期股权投资		800 000	
		银付13	支付银行手续费		财务费用		600	2 828 750
	30	银付14	缴纳增值税		应交税费		82 600	
			缴纳城建税及教育费附加		应交税费		8 260	
		银收8	收到现金股利		投资收益	60 000		
		银付15	向股东支付股利		应付股利		180 000	2 617 890
			本月发生额及余额			3 317 950	3 268 960	2 617 890

表 5-19　　**其他货币资金明细账**

2×17年		凭证号	摘要	行次	对方科目	借方金额	贷方金额	余额
月	日							
4	1		期初余额					185 000
	4	银付 1	银行资金转入证券账户		银行存款	200 000		385 000
	6	转 10	购买股票		交易性金融资产		250 000	
			已宣告未领取股利		应收股利		1 000	134 000
			本月发生额及余额			200 000	251 000	134 000

其他资料：A 公司 3 月 1 日购买了 B 公司发行的短期债券 200 000 元，将于 5 月 31 日到期。

要求：根据已知的日记账及明细账，采用现金类日记账法编制该公司 4 月的现金流量表主表。

第六章

所有者权益变动表的编制

学习目标

学完本章，你应能做到：

- 熟悉所有者权益变动表的内容及结构。
- 掌握所有者权益变动表的编制方法。
- 能够熟练编制所有者权益变动表。
- 熟悉资产负债表、利润表、现金流量表和所有者权益变动表之间的关系。

第一节　所有者权益变动表概述

一、所有者权益变动表的内容

所有者权益变动表是指反映构成所有者权益各组成部分当期增减变动情况的报表。所有者权益变动表应当全面反映一定时期所有者权益变动的情况，不仅包括所有者权益总量的增减变动，还包括所有者权益增减变动的重要结构性信息，有助于报表使用者准确理解所有者权益增减变动的根源。

在所有者权益变动表中，综合收益和与所有者（或股东）的资本交易导致的所有者权益的变动，应当分别列示。企业至少应当单独列示反映下列信息的项目：综合收益总额；会计政策变更和差错更正的累积影响金额；所有者投入资本和向所有者分配利润等；按照规定提取的盈余公积；所有者权益各组成部分的期初和期末余额及其调节情况。

二、所有者权益变动表的结构

为了清楚地表明构成所有者权益的各组成部分当期的增减变动情况，所有者权益变动表应当以矩阵的形式列示以下内容：一方面，导致所有者权益变动的交易或事项，改变了以往仅仅按照所有者权益的各组成部分反映所有者权益变动情况，而是从所有者权益变动的来源对一定时期所有者权益变动情况进行全面反映；另一方面，按照所有者权益各组成部分（包括实收资本、其他权益工具、资本公积、其他综合收益、盈余公积、未分配利润和库存股等）及其总额列示交易或事项对所有者权益的影响。此外，企业还需要提供比较所有者权益变动表，所有者权益变动表还就各项目再分为“本年金额”和“上年金额”两栏分别填列。所有者权益变动表的具体格式如表6-1所示。

第二节　所有者权益变动表的编制原理与实务

一、所有者权益变动表的编制原理

(一)“上年金额”栏的填列方法

所有者权益变动表“上年金额”栏内各项数字，根据上年度所有者权益变动表“本年金额”栏内所列数字填列。如果上年度所有者权益变动表规定的各个项目的名称和内容同本年度不相一致，应对上年度所有者权益变动表各项目的名称和数字按本年度的规定进行调整，填入所有者权益变动表“上年金额”栏内。

(二)“本年金额”栏的填列方法

所有者权益变动表“本年金额”栏内各项数字一般根据“实收资本（或股本）”“其他权益工具”“资本公积”“其他综合收益”“盈余公积”“利润分配”“库存股”“以前年度损益调整”各明细科目的本年年初余额、借方发生额、贷方发生额、年末余额分析填列。增加金额用正号填列，减少金额用负号填列。

具体来说，各项目的填列内容及方法如下。

1.“上年年末余额”项目

“上年年末余额”项目反映企业上年资产负债表中“实收资本（或股本）”“其他权益工具”“资本公积”“其他综合收益”“盈余公积”“未分配利润”的年末余额。

2.“会计政策变更”和“前期差错更正”项目

“会计政策变更”和“前期差错更正”项目分别反映企业采用追溯调整法处理的会计政策变更的累积影响金额和采用追溯重述法处理的会计差错更正的累积影响金额。

为了体现会计政策变更和前期差错更正的影响，企业应当在上期期末所有者权益余额的基础上进行调整得出本期期初所有者权益金额，本项目根据“盈余公积”“利润分配”“以前年度损益调整”等科目的发生额分析填列。

3.“本年增减变动金额”项目

“本年增减变动金额”项目分别反映如下内容：

(1)“综合收益总额”项目，反映企业当年的综合收益总额，应根据当年利润表中的“其他综合收益的税后净额”和“净利润”项目填列，并对应列在“其他综合收益”和“未分配利润”栏。

表 6-1

所有者权益变动表

2×17 年

编制单位：A 公司　　　　单位：元

项目	本年金额								上年金额（略）							
	实收资本（或股本）	其他权益工具	资本公积	减：库存股	其他综合收益	盈余公积	未分配利润	所有者权益合计	实收资本（或股本）	其他权益工具	资本公积	减：库存股	其他综合收益	盈余公积	未分配利润	所有者权益合计
一、上年年末余额	200 000 000		6 087 000		550 000	1 854 300	2 880 000	211 371 300								
加：会计政策变更																
前期差错更正																
其他																
二、本年年初余额	200 000 000		6 087 000		550 000	1 854 300	2 880 000	211 371 300								
三、本年增减变动金额（减少以“—”号填列）	20 000 000		1 000 000		1 500 000	3 060 000	13 260 000	38 820 000								
（一）综合收益总额					1 500 000		20 400 000	21 900 000								
（二）所有者投入和减少资本																
1. 所有者投入的普通股	20 000 000		1 000 000					21 000 000								
2. 其他权益工具持有者投入资本																
3. 股份支付计入所有者权益的金额																
4. 其他																
（三）利润分配																
1. 提取盈余公积						3 060 000	−3 060 000	0								
2. 对所有者（或股东）的分配							−4 080 000	−4 080 000								
3. 其他																
（四）所有者权益内部结转																
1. 资本公积转增资本（或股本）																
2. 盈余公积转增资本（或股本）																
3. 盈余公积弥补亏损																
4. 设定受益计划变动额结转留存收益																
5. 其他综合收益结转留存收益																
6. 其他																
四、本年年末余额	220 000 000		7 087 000		2 050 000	4 914 300	16 140 000	250 191 300								

（2）“所有者投入和减少资本”项目，反映企业当年所有者投入的资本和减少的资本。其中：“所有者投入的普通股”项目，反映企业接受投资者投入普通股形成的实收资本（或股本）和资本溢价或股本溢价，应根据“实收资本”“资本公积”等科目的发生额分析填列，并对应列在“实收资本（或股东）”和“资本公积”栏；“其他权益工具持有者投入资本”项目，反映企业发行的除普通股以外的归类为权益工具的金融工具的账面价值，如优先股和永续债等，应根据“其他权益工具”科目的发生额填列，并对应列在“其他权益工具”的“优先股”“永续债”或“其他”下；“股份支付计入所有者权益的金额”项目，反映企业处于等待期中的权益结算的股份支付当年计入资本公积的金额，应根据“资本公积”科目所属的“其他资本公积”二级科目的发生额分析填列，并对应列在“资本公积”栏。

（3）“利润分配”下各项目，反映企业当年按照规定提取的盈余公积金额和对所有者（或股东）分配的利润（或股利）金额。其中：“提取盈余公积”项目，反映企业按照规定提取的盈余公积，应根据“盈余公积”“利润分配”科目的发生额分析填列，并对应列在“盈余公积”栏，同时，以相同金额的负值列在“未分配利润”栏；“对所有者（或股东）的分配”项目，反映对所有者（或股东）分配的利润（或股利）金额，应根据“利润分配”科目的发生额分析填列，以分配金额的负值列在“未分配利润”栏。

（4）“所有者权益内部结转”下各项目，反映不影响当年所有者权益总额的所有者权益各组成部分之间当年的增减变化，包括资本公积转增资本（或股本）、盈余公积转增资本（或股本）、盈余公积弥补亏损等项目金额。“所有者权益内部结转”是所有者权益变动表的重要组成部分。其中：“资本公积转增资本（或股本）”项目，反映企业以资本公积转增资本或股本的金额，应根据“实收资本”“资本公积”等科目的发生额分析填列；“盈余公积转增资本（或股本）”项目，反映企业以盈余公积转增资本或股本的金额，应根据“实收资本”“盈余公积”等科目的发生额分析填列；“盈余公积弥补亏损”项目，反映企业以盈余公积弥补亏损的金额，应根据“盈余公积”“利润分配”等科目的发生额分析填列。

二、所有者权益变动表的编制实务

【例 6-1】 A 公司 2×17 年度与所有者权益有关的会计科目的期初余额如表 6-2 所示。

表 6-2　　**与所有者权益有关的会计科目期初余额**　　单位：元

会计科目	期初余额
股本	200 000 000
资本公积	6 087 000
其他综合收益	550 000
盈余公积	1 854 300
未分配利润	2 880 000

2×17 年度与所有者权益类科目相关的业务如下（此处不考虑“本年利润”科目的变动）：

（1）吸收股东投入 2 100 万元，其中 2 000 万元计入股本，100 万元计入资本公积。

（2）公司持有的一项划分为以公允价值计量且其变动计入其他综合收益的金融资产的债权投资公允价值增加 150 万元。由于该笔收益属于未实现的收益，按照税法规定不需要缴纳所得税，因此，当年利润表中的其他综合收益的税后净额也是150万元。

(3) 公司本年净利润为2 040万元，转入“利润分配——未分配利润”科目。本年综合收益总额为2 190万元。

(4) 提取法定盈余公积204万元、任意盈余公积102万元，同时向股东分配股利408万元。

(5) 结转“利润分配”科目。

要求：根据以上提供的资料填制所有者权益变动表。

分析过程：

根据上述资料编制分录（分录略），登记所有者权益类科目2×17年度的T形账户，如图6-1所示。

股本

	期初余额 20 000 000
	(1) 股东投入 2 000 000
	期末余额 22 000 000

资本公积

	期初余额 6 087 000
	(1) 股本溢价 1 000 000
	期末余额 7 087 000

其他综合收益

	期初余额 550 000
	(2) 其他债权投资公允价值增加 1 500 000
	期末余额 2 050 000

利润分配——未分配利润

	期初余额 2 880 000
(5) 转入提取盈余公积 3 060 000	(3) 本年净利润转入 20 400 000
转入应付股利 4 080 000	
	期末余额 16 140 000

盈余公积

	期初余额 1 854 300
	(4) 提取法定盈余公积 2 040 000
	提取任意盈余公积 1 020 000
	期末余额 4 914 300

利润分配——提取任意盈余公积

(4) 提取任意盈余公积 1 020 000	(5) 转入未分配利润 1 020 000
	期末余额 0

利润分配——提取法定盈余公积

(4) 提取法定盈余公积 2 040 000	(5) 转入未分配利润 2 040 000
	期末余额 0

利润分配——向股东支付股利

(4) 分配股利 408 000	(5) 转入未分配利润 4 080 000
	期末余额 0

图6-1 所有者权益类科目T形账户

根据上述T形账户提供的资料编制完成的报表见表6-1。

第三节 四张报表的关系

在前面的章节中我们分别学习了资产负债表、利润表、现金流量表和所有者权益变动表的内容及编制方法，但有一点需要明确：各种财务报表并不是孤立存在的，它们之间存在着一定的联系。在进行财务报表编制时，可以通过这种钩稽关系来检查报表编制是否正确。同样，在进行财务报表分析时，如果不考虑财务报表之间的联系，就可能造成分析的片面性，最终影响分析结果的准确性与说服力。

一、财务报表之间关系的整体描述

财务报表可以在某一时点或一段时间内联系在一起。资产负债表是存量报表，它报告的是在某一时点上的价值存量。利润表、现金流量表和所有者权益变动表是流量报表，它们度量的是流量，或者说是两个时点的存量变化。存量与流量之间的关系如图 6-2 所示。

期初存量 ——→ 流量 ——→ 期末存量

图 6-2　存量与流量关系

具体来说，资产负债表分别给出了期末和期初两个时点的资产、负债和所有者权益存量，而利润表说明了在营运中增加价值引起的所有者权益的变化（流量），现金流量表反映了一个会计期间内现金存量是如何变化的（流量），所有者权益变动表则说明了在两个时点的所有者权益存量是如何变化的（流量）。

二、不同财务报表之间的具体关系

（一）资产负债表与利润表的关系

资产负债表与利润表的关系主要体现在：如果企业实现盈利，企业首先需要按《公司法》的规定提取盈余公积，这样会导致资产负债表盈余公积期末余额增加，其次，如果企业进行利润分配，那么在实际发放股利之前，资产负债表应付股利期末余额会相应增加，最后，如果净利润还有剩余，则反映在资产负债表中的“未分配利润”项目中。因此，利润表的“净利润”项目分别与资产负债表中的“盈余公积”“应付股利”“未分配利润”项目具有一定的对应关系。即

资产负债表中的期末未分配利润＝资产负债表中的期初未分配利润＋当期净增加的未分配利润（即利润表中的当期净利润－当期提取的盈余公积金－当期向股东分配的股利）

（二）资产负债表与现金流量表的关系

在不考虑企业不能随时支取的定期存款及现金等价物的前提下，现金流量表中的现金及现金等价物净增加额（或减少额）等于资产负债表中的货币资金期末余额与期初余额两者之间的差额。

（三）资产负债表与所有者权益变动表的关系

资产负债表与所有者权益变动表的关系主要表现为：资产负债表所有者权益项目的期末余额与期初余额之间的差额，应该与所有者权益变动表中的所有者权益增减变动金额相一致。

（四）利润表与现金流量表的关系

在目前的企业管理中，经理们常常把利润表放在关注的首位，而忽视了现金流量表的

作用。因为企业经营的核心目标就在于利润，挣没挣钱，挣多少钱，看看利润表就一目了然了。其实，利润表对企业真实经营成果的反映是存在局限性的。利润表所反映的利润是由会计人员遵循权责发生制的会计原则，按照一定的会计程序与方法，将企业在一定时期所实现的营业收入及其他收入减去为实现这些收入所发生的成本与费用计算得来的。在这个计算过程中，针对不同的会计项目需要选择各种会计方法和会计估计，由于选择存在差异，常常会对利润产生不同的影响，而现金流量表可以弥补利润表的这种缺陷，揭示企业资金流入和流出的真正原因。

在编制现金流量表时，列报经营活动现金流量的方法有两种：一是直接法，二是间接法。利润表与现金流量表的钩稽关系主要体现在间接法中。间接法就是将利润表中的净利润调节成经营活动产生的现金流量，实际上就是将按权责发生制原则确定的净利润调整为现金净流入，并剔除投资活动和筹资活动对现金流量的影响。

（五）利润表与所有者权益变动表的关系

利润表与所有者权益变动表之间的关系主要表现为：利润表中的净利润、归属于母公司所有者的净利润、少数股东损益等项目金额，应与所有者权益变动表中的本年净利润、归属于母公司所有者的净利润、少数股东损益等项目金额一致。也就是说，净利润是所有者权益本年增减变动的原因之一。

综上所述，资产负债表、利润表、现金流量表和所有者权益变动表之间的关系如图6－3所示。

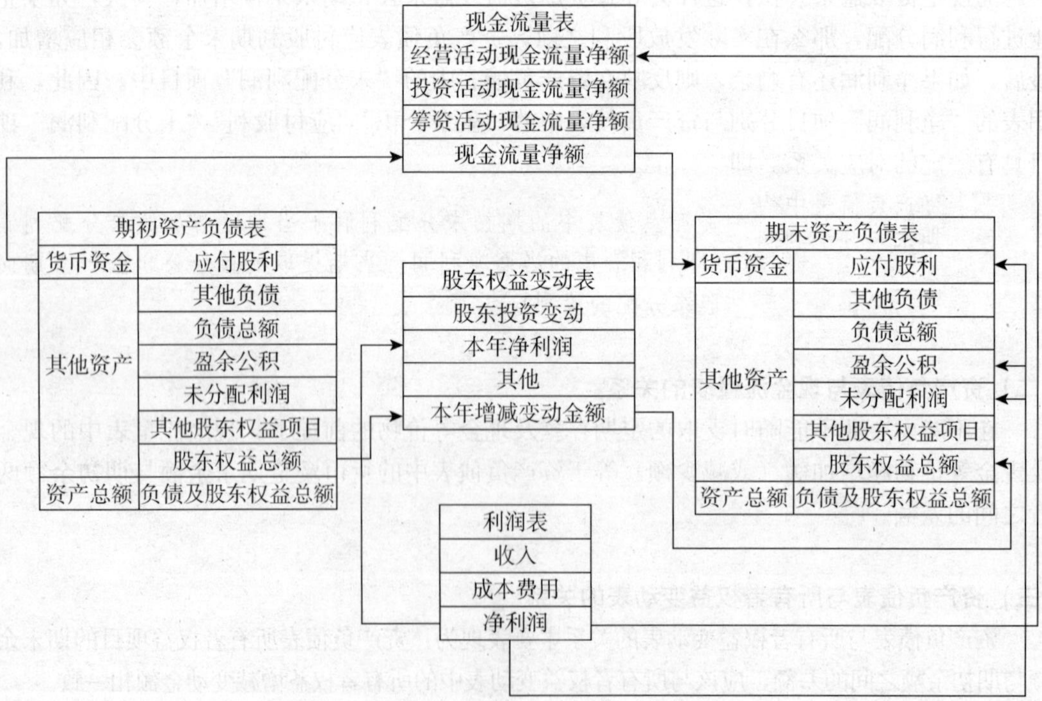

图6－3 主要财务报表之间的关系

资料来源：池国华．财务报表分析：第3版．北京：清华大学出版社，北京交通大学出版社，2017.

本章小结

所有者权益变动表是指反映构成所有者权益各组成部分当期增减变动情况的报表。通过所有者权益变动表，可以让报表使用者准确理解所有者权益增减变动的根源，也有助于报表使用者进一步理解资产负债表和利润表之间的联系。

资产负债表、利润表、现金流量表和所有者权益变动表并不是孤立存在的，它们之间存在着一定的联系。在进行财务报表编制时，可以通过这种钩稽关系来检查报表编制是否正确。同样，在进行财务报表分析时，如果不考虑财务报表之间的联系，就可能造成分析的片面性，最终影响分析结果的准确性与说服力。

课后思考题

1. 所有者权益变动表能反映哪些会计信息?
2. 所有者权益变动表的各项目如何填列?
3. 请思考资产负债表、利润表、现金流量表和所有者权益变动表之间的相互钩稽关系。

课后练习题

ABC 公司 2×17 年 12 月 31 日有关账户余额资料如表 6-3 所示。

表 6-3　　　　科目余额表　　　　单位：元

科目名称	借方金额	科目名称	贷方金额
库存现金	70 000	坏账准备	60 000
银行存款	1 222 000	累计折旧	600 000
应收票据	100 000	短期借款	400 000
应收账款	600 000	应付账款	690 000
其他应收款	68 000	应交税费	15 000
原材料	910 000	应付利息	45 000
库存商品	115 000	长期借款	1 800 000
生产成本	200 000	股本	3 900 000
长期股权投资	170 000	资本公积	100 000
固定资产	2 000 000	盈余公积	90 000
在建工程	1 000 000	利润分配（未分配利润）	185 000
工程物资	430 000		
无形资产	1 000 000		
合计	7 885 000	合计	7 885 000

2×18 年该公司发生的有关交易及事项如下：

（1）职工刘毅报销差旅费 8 000 元。

（2）销售产品，销售收入为 3 000 000 元，货款及增值税税款（增值税税率为 16%，以下同）已收妥并存入银行，销售成本为 1 800 000 元。

（3）购买原材料，价款和增值税税款共 2 320 000 元，材料已验收入库，其中支付款项 800 000 元，另 1 520 000 元暂欠。

（4）用银行存款偿还到期长期借款本金 1 600 000 元和已计利息 200 000 元（其中 150 000 元已计入有关固定资产成本）、短期借款本金 400 000 元和已计入应付利息的利息 40 000 元。

（5）购入一台设备，用银行存款支付设备价款 100 000 元及增值税税款 16 000 元，设备已交付，尚未安装。

（6）本期发出原材料 2 800 000 元，其中，生产产品领用 2 400 000 元，生产车间一般消耗 300 000 元，企业行政管理部门消耗 60 000 元，用于上述设备安装 40 000 元。

（7）本期计提固定资产折旧 80 000 元，其中，生产车间负担 70 000 元、行政管理部门负担 10 000 元。

（8）发放工资 955 000 元，工资费用分配如下：生产工人 500 000 元，车间管理人员 200 000 元，行政管理人员 250 000 元，在建工程人员 5 000 元。以银行存款发放。

（9）在建工程安装完毕投入使用，转入固定资产，总金额为 550 000 万元。

（10）用银行存款支付办公费用 92 800 元。

（11）用现金支付职工福利费 21 400 元（假设全部计入管理费用）。

（12）毁损一台设备，其账面原始价值为 60 000 元，累计折旧为 40 000 元，用现金支付清理费用 800 元，处置残料取得变价收入 13 000 元，存入银行。

（13）收到被投资方于本年已宣派的现金股利 20 000 元（本公司对长期股权投资采用成本法核算，被投资方适用的所得税税率为 25%）。

（14）摊销无形资产 20 000 元。

（15）收到投资人投入现金 880 000 元，其中 800 000 计入股本，80 000 元计入资本公积。

（16）收到应收账款 430 000 元；收到以前年度已核销的坏账 109 000 元；本年发生坏账 70 000 元。

（17）分配制造费用，计算并结转完工产品成本。本期没有期末在产品（期初在产品成本为 200 000 元）。

（18）赊销产品，销售收入为 1 000 000 元，增值税税款为 160 000 元，销售成本为 600 000 元。

（19）计算并结转应交城市维护建设税 21 280 元和应交教育费附加 9 120 元。

（20）上交本年应交增值税 304 000 元、城市维护建设税 21 280 元、教育费附加 9 120 元。

（21）用银行存款支付广告费等销售费用 40 020 元。

（22）用银行存款购买国债 250 000 元，将该债券分类为以摊余成本计量的金融资产。

（23）用银行存款 400 000 元偿还应付账款。

（24）按应收账款余额的 0.5%调整坏账准备。

（25）结转各损益类科目余额。

（26）计算确定所得税费用（所得税税率为 25%），不考虑纳税调整事项。

（27）将本年净利润结转至“利润分配——未分配利润”明细账户。

（28）按净利润的 10% 计提法定盈余公积。当年不向投资人分配利润。

（29）将“利润分配”有关明细账户的余额结转至“利润分配——未分配利润”明细账户。

要求：（1）根据上面提供的业务编制相关的会计分录。

（2）登记 T 形账户。

（3）编制试算平衡表。

（4）编制 2×18 年的资产负债表、利润表、所有者权益变动表以及现金流量表。

第七章 财务报表附注及说明

学习目标

学完本章，你应能做到：

- 熟悉财务报表附注的主要内容。
- 熟悉会计政策、会计估计变更以及前期差错更正对财务报表的影响。
- 了解财务报表重要报表项目的说明。
- 掌握或有事项的概念、特征、处理原则及对财务报表的影响。
- 掌握资产负债表日后事项的概念、特征、处理原则及对财务报表的影响。
- 掌握关联方关系的认定、关联方交易的类型及其对财务报表的影响。

财务报表附注是对资产负债表、利润表、现金流量表和所有者权益变动表等报表中列示项目的文字描述或明细资料，以及对未能在这些报表中列示项目的说明等。财务报表附注应当按照如下顺序披露有关内容：

第一，企业的基本情况。企业的基本情况包括：企业注册地、组织形式和总部地址；企业的业务性质和主要经营活动；母公司以及集团最终母公司的名称；财务报告的批准报出者和财务报告批准报出日。

第二，财务报表的编制基础及遵循《企业会计准则》的声明。企业应当明确说明编制的财务报表是否以持续经营为基础，应当声明编制的财务报表是否符合《企业会计准则》的要求，是否真实、公允地反映了企业的财务状况、经营成果和现金流量等有关信息。

第三，重要会计政策和会计估计。企业应当披露采用的重要会计政策和会计估计，不重要的会计政策和会计估计可以不披露。在披露重要会计政策和会计估计时，应当披露重要会计政策的确定依据和财务报表项目的计量基础，以及会计估计中所采用的关键假设和不确定因素。

第四，会计政策和会计估计变更以及差错更正的说明。企业应当按照《企业会计准则第28号——会计政策、会计估计变更和差错更正》及其应用指南的规定，披露会计政策和会计估计变更以及差错更正的有关情况。

第五，报表重要项目的说明。企业对报表重要项目的说明，应当按照资产负债表、利润表、现金流量表、所有者权益变动表及其项目列示的顺序，采用文字和数字描述相结合的方式进行披露。报表重要项目的明细金额合计，应当与报表项目金额相衔接。

第六，或有和承诺事项、资产负债表日后非调整事项、关联方关系及交易等需要说明的事项。

第七，有助于财务报表使用者评价企业管理资本的目标、政策和程序的信息。

附注是财务报表不可或缺的组成部分。报表使用者在了解企业的财务状况、经营成果和现金流量等时，应当全面阅读附注，附注与报表具有同等的重要性。在本章，我们将就附注中一些重要的内容进行详细讲解。

第一节 会计政策、会计估计变更及前期差错更正

一、会计政策及其变更

（一）会计政策

1. 会计政策的概念

会计政策，是指企业在会计确认、计量和报告中所采用的原则、基础和会计处理方法。其中，原则，是指按照《企业会计准则》规定的、适合于企业会计核算的具体会计原则；基础，是指为了将会计原则应用于交易或者事项而采用的基础，主要是计量基础（及计量属性），包括历史成本、重置成本、可变现净值、现值和公允价值等；会计处理方法，是指企业在会计核算中按照法律、行政法规或者国家统一的会计制度等规定采用或者选择的、适合于本企业的具体会计处理方法。

2. 会计政策的特点

会计政策具有以下特点：

（1）会计政策具有选择性。会计政策是在允许的会计原则、计量基础和会计处理方法中做出指定或具体选择。由于企业经济业务的复杂性和多样化，某些经济业务在符合会计原则和计量基础的要求下，可以有多种会计处理方法，即存在不止一种可供选择的会计政策。例如，确定发出存货的实际成本时可以在先进先出法、加权平均法或者个别计价法中进行选择。

（2）会计政策具有强制性。在我国，会计准则和会计制度属于行政法规，会计政策所包括的具体会计原则、计量基础和具体会计处理方法由会计准则或会计制度规定，具有一定的强制性。企业必须在法规所允许的范围内选择适合本企业实际情况的会计政策。即企业在发生某项经济业务时，必须从允许的会计原则、计量基础和会计处理方法中选择出符合本企业特点的会计政策。

3. 重要会计政策

在报表附注中企业应当披露重要的会计政策，不具有重要性的会计政策可以不予披露。判断会计政策是否重要，应当考虑与会计政策相关项目的性质和金额。企业应当披露的重要会计政策包括：

（1）发出存货成本的计量，是指企业确定发出存货成本所采用的会计处理方法。例

如，企业发出存货成本的计量是采用先进先出法，还是采用其他计量方法。

（2）长期股权投资的后续计量，是指企业取得长期股权投资后的会计处理方法。例如，企业对被投资单位的长期股权投资是采用成本法，还是采用权益法核算。

（3）投资性房地产的后续计量，是指企业在资产负债表日对投资性房地产进行后续计量所采用的会计处理方法。例如，企业对投资性房地产的后续计量是采用成本模式，还是采用公允价值模式。

（4）固定资产的初始计量，是指对取得的固定资产初始成本的计量。例如，企业取得的固定资产初始成本是以购买价款还是以购买价款的现值为基础进行计量。

（5）无形资产的确认，是指对无形项目的支出是否确认为无形资产。例如，企业内部研究开发项目开发阶段的支出是确认为无形资产，还是在发生时计入当期损益。

（6）非货币性资产交换的计量，是指非货币性资产交换事项中对换入资产成本的计量。例如，非货币性资产交换是以换出资产的公允价值作为确定换入资产成本的基础，还是以换出资产的账面价值作为确定换入资产成本的基础。

（7）收入的确认，是指收入确认所采用的会计原则。例如，企业确认收入时要同时满足已将商品所有权上的主要风险和报酬转移给购货方、收入的金额能够可靠地计量、相关经济利益很可能流入企业等条件。

（8）合同收入与合同费用的确认，是指确认建造合同的收入和费用所采用的会计处理方法。例如，企业确认建造合同的合同收入和合同费用采用完工百分比法。

（9）坏账损失的核算，即坏账损失的具体会计处理方法。例如，企业的坏账损失是采用直接转销法还是备抵法核算。

（10）借款费用的处理，是指借款费用的会计处理方法，即是资本化还是费用化。

（11）合并政策，是指编制合并财务报表所遵循的原则。例如，母公司与子公司的会计年度不一致的处理原则；合并范围的确定原则等。

（12）其他重要会计政策等。

（二）会计政策变更

1. 会计政策变更的概念及变更条件

会计政策变更，是指企业对相同的交易或者事项由原来采用的会计政策改用另一会计政策的行为。为保证会计信息的可比性，当财务报表使用者在比较企业一个以上期间的财务报表时，能够正确判断企业的财务状况、经营成果和现金流量的趋势，一般情况下，企业采用的会计政策，在每一会计期间和前后各期应当保持一致，不得随意变更。否则势必削弱会计信息的可比性。但是，在下述两种情形下，企业可以变更会计政策：

第一，法律、行政法规或者国家统一的会计制度等要求变更。这种情况是指，按照法律、行政法规以及国家统一的会计制度的规定，要求企业采用新的会计政策，则企业应当按照法律、行政法规以及国家统一的会计制度的规定改变原会计政策，按照新的会计政策执行。例如，《企业会计准则第 1 号——存货》对发出存货实际成本的计价排除了后进先出法，这就要求执行《企业会计准则》体系的企业按照新规定，将原来以后进先出法核算发出存货成本改为准则规定可以采用的会计政策。

第二，会计政策变更能够提供更可靠、更相关的会计信息。由于经济环境、客观情况的改变，使企业采用的会计政策所提供的会计信息已不能恰当地反映企业的财务状况、经营成果和现金流量等情况。在这种情况下，企业应改变原有会计政策，按变更后新的会计政策进行会计处理，以便对外提供更可靠、更相关的会计信息。例如，企业一直采用成本模式对投资性房地产进行后续计量，如果企业能够从房地产交易市场上持续地取得同类或类似房地产的市场价格及其他相关信息，从而能够对投资性房地产的公允价值做出合理的估计，此时，企业可以将投资性房地产的后续计量方法由成本模式变更为公允价值模式。

另注意，本期发生的交易或者事项与以前相比具有本质差别而采用新的会计政策，以及对初次发生的或不重要的交易或者事项采用新的会计政策，不属于会计政策变更。

2. 会计政策变更的会计处理

企业根据法律、行政法规或者国家统一的会计制度等要求变更会计政策的，应当按照国家相关会计规定执行。

（1）如果会计政策变更能够提供更可靠、更相关的会计信息，应当采用追溯调整法处理，按会计政策变更累积影响数调整列报前期最早期初留存收益，其他相关项目的期初余额和列报前期披露的其他比较数据也应当一并调整，但确定该项会计政策变更累积影响数不切实可行的除外。

追溯调整法，是指对某项交易或事项变更会计政策，视同该项交易或事项初次发生时即采用变更后的会计政策，并以此对财务报表相关项目进行调整的方法。

会计政策变更累积影响数，是指按照变更后的会计政策对以前各期追溯计算的列报前期最早期初留存收益应有金额与现有金额之间的差额。

（2）确定会计政策变更对列报前期影响数不切实可行的，应当从可追溯调整的最早期间期初开始应用变更后的会计政策。在当期期初确定会计政策变更对以前各期累积影响数不切实可行的，应当采用未来适用法处理。

未来适用法，是指将变更后的会计政策应用于变更日及以后发生的交易或者事项，或者在会计估计变更当期和未来期间确认会计估计变更影响数的方法。

3. 会计政策变更在财务报表附注中的披露

企业应当在附注中披露与会计政策变更有关的下列信息：

（1）会计政策变更的性质、内容和原因。

（2）当期和各个列报前期财务报表中受影响的项目名称和调整金额。

（3）无法进行追溯调整的，说明该事实和原因以及开始应用变更后的会计政策的时点、具体应用情况。

二、会计估计及其变更

（一）会计估计

1. 会计估计的概念

会计估计，是指企业对结果不确定的交易或者事项以最近可利用的信息为基础所做的判断。会计估计具有如下特点：

（1）会计估计的存在是由于经济活动中内在的不确定性因素的影响。在会计核算中，企业总是力求保持会计核算的准确性，但有些经济业务本身具有不确定性。例如，坏账、固定资产折旧年限、固定资产残余价值、无形资产摊销年限等，因而需要根据经验做出估计。可以说，在进行会计核算和相关信息披露的过程中，会计估计是不可避免的。

（2）进行会计估计时，往往以最近可利用的信息或资料为基础。企业在会计核算中，由于经营活动中内在的不确定性，不得不经常进行估计。一些估计的主要目的是确定资产或负债的账面价值，例如，坏账准备、担保责任引起的负债；另一些估计的主要目的是确定将在某一期间记录的收益或费用的金额，例如，某一期间的折旧、摊销的金额。企业在进行会计估计时，通常根据当时的情况和经验，以一定的信息或资料为基础进行。但是，随着时间的推移、环境的变化，进行会计估计的基础可能会发生变化。因此，进行会计估计所依据的信息或者资料不得不经常发生变化。由于最新的信息是最接近目标的信息，以其为基础所做的估计最接近实际，所以进行会计估计时，应以最近可利用的信息或资料为基础。

（3）进行会计估计并不会削弱会计确认和计量的可靠性。企业为了定期、及时地提供有用的会计信息，将延续不断的经营活动人为划分为一定的期间并在权责发生制的基础上对企业的财务状况和经营成果进行定期确认和计量。例如，在会计分期的情况下，许多企业的交易跨越若干会计年度，以至于需要在一定程度上做出决定：某一年度发生的开支，哪些可以合理地预期能够产生其他年度以收益形式表示的利益，从而全部或部分向后递延；哪些可以合理地预期在当期能够得到补偿，从而确认为费用。由于会计分期和货币计量的前提，在确认和计量过程中，不得不对许多尚在延续中、其结果尚未确定的交易或事项予以估计入账。

2. 重要的会计估计

在财务报表附注中，企业应当披露重要的会计估计，重要的会计估计主要包括：

（1）存货可变现净值的确定。

（2）采用公允价值模式下的投资性房地产公允价值的确定。

（3）固定资产的预计使用寿命与净残值；固定资产的折旧方法。

（4）使用寿命有限的无形资产的预计使用寿命与净残值。

（5）合同完工进度的确定。

（6）坏账损失的确定。

（7）金融资产公允价值的确定。

（8）非同一控制下企业合并成本的公允价值的确定。

（9）其他重要会计估计等。

（二）会计估计变更

1. 会计估计变更的概念及变更情形

会计估计变更，是指由于资产和负债的当前状况及预期经济利益和义务发生了变化，从而对资产或负债的账面价值或者资产的定期消耗金额进行调整。

会计估计变更的情形包括：

（1）赖以进行估计的基础发生了变化。企业进行会计估计，总是依赖于一定的基础。如果其所依赖的基础发生了变化，则会计估计也应相应发生变化。例如，企业的某项无形资产摊销年限原定为10年，以后发生的情况表明，该资产的受益年限已不足10年，企业应相应调减摊销年限。

（2）获得了新的信息，积累了更多的经验。企业进行会计估计是就现有资料对未来所做的判断，随着时间的推移，企业有可能获得新的信息、积累更多的经验，在这种情况下，企业可能不得不对会计估计进行修订，即发生会计估计变更。例如，企业根据当时能够得到的信息，对应收账款每年按其余额的5％计提坏账准备。现在掌握了新的信息，判定不能收回的应收账款比例已达15％，企业改按15％的比例计提坏账准备。

会计估计变更，并不意味着以前期间会计估计是错误的，只是由于情况发生变化，或者掌握了新的信息，积累了更多的经验，使得变更会计估计能够更好地反映企业的财务状况和经营成果。如果以前期间的会计估计是错误的，则属于会计差错，按会计差错更正的会计处理办法进行处理。

2. 会计估计变更的会计处理

企业对会计估计变更应当采用未来适用法处理。即在会计估计变更当期及以后期间采用新的会计估计，不改变以前期间的会计估计，也不调整以前期间的报告结果。

（1）会计估计变更仅影响变更当期的，其影响数应当在变更当期予以确认。

（2）既影响变更当期又影响未来期间的，其影响数应当在变更当期和未来期间予以确认。

（3）企业应当正确划分会计政策变更和会计估计变更，并按不同的方法进行相关会计处理。企业通过判断会计政策变更和会计估计变更划分基础仍然难以对某项变更进行区分的，应当将其作为会计估计变更处理。

3. 会计估计变更的披露

企业应当在附注中披露与会计估计变更有关的下列信息：

（1）会计估计变更的内容和原因。该信息包括变更的内容、变更日期以及会计估计变更的原因。

（2）会计估计变更对当期和未来期间的影响数。该信息包括会计估计变更对当期和未来期间损益的影响金额以及对其他各项目的影响金额。

（3）会计估计变更的影响数不能确定的，披露这一事实和原因。

作业7-1

乙公司有一台管理用设备，原始价值为840 000元，预计使用寿命为8年，净残值为40 000元，自2×13年1月1日起按直线法计提折旧。2×17年1月，由于新技术的发展等原因，需要对原预计使用寿命和净残值做出修正，修改后的预计使用寿命为6年，净残值为20 000元。假定税法允许按变更后的折旧额在税前扣除。

请思考：乙公司应如何处理此会计估计变更？

【参考答案】

1. 分析

乙公司对上述会计估计变更的处理如下：不调整以前各期折旧，也不计算累积影响数；变更日以后发生的经济业务改按新估计使用寿命提取折旧。

2. 计算

按原估计，每年折旧额为100 000元，已提折旧4年，共计400 000元，固定资产净值为 440 000 元。

改变估计使用寿命后，2×17 年 1 月 1 日起每年计提的折旧费用为 210 000 [(440 000－20 000)÷(6－4)]元。2×17 年不必对以前年度已提折旧进行调整，只需按重新预计的尚可使用寿命和净残值计算确定年折旧费用。

3. 编制会计分录

编制会计分录如下：

借：管理费用　　210 000

　　贷：累计折旧　　210 000

4. 在附注中披露

企业应在附注中披露如下内容：

本公司一台管理用设备，原始价值为 840 000 元，原预计使用寿命为 8 年，预计净残值为 40 000 元，按直线法计提折旧。由于新技术的发展，该设备已不能按原预计使用寿命计提折旧，本公司于 2×17 年初变更该设备的使用寿命为 6 年，预计净残值为 20 000 元，以反映该设备的真实使用寿命和净残值。此估计变更影响本年度净利润减少数为 82 500[(210 000－100 000)×(1－25%)]元。

三、前期差错更正

（一）前期差错的概念

前期差错，是指由于没有运用或错误运用下列两种信息，而对前期财务报表造成省略或错报：第一种，编报前期财务报表时预期能够取得并加以考虑的可靠信息；第二种，前期财务报告批准报出时能够取得的可靠信息。

前期差错通常包括计算错误、应用会计政策错误、疏忽或曲解事实和舞弊产生的影响以及存货、固定资产盘盈等。

（二）前期差错更正的会计处理

需区分重要的还是不重要的前期差错分别处理。如果财务报表项目的遗漏或错误表述可能影响财务报表使用者根据财务报表所做出的经济决策，则该项目的遗漏或错误是重要的；否则，则属于不重要的差错。

1. 对不重要的前期差错的会计处理

对于不重要的前期差错，企业不需调整财务报表相关项目的期初数，但应调整发现当期与前期相同的相关项目。属于影响损益的，应直接计入本期与上期相同的净损益项目。

2. 对重要的前期差错的会计处理

对于重要的前期差错，企业应当采用追溯重述法更正，但确定前期差错累积影响数不切实可行的除外。

追溯重述法，是指在发现前期差错时，视同该项前期差错从未发生过，从而对财务报表相关项目进行更正的方法。

确定前期差错影响数不切实可行的，可以从可追溯重述的最早期间开始调整留存收益的期初余额，财务报表其他相关项目的期初余额也应当一并调整，还可以采用未来适用法。

（三）前期差错更正的披露

企业应当在附注中披露与前期差错更正有关的下列信息：

（1）前期差错的性质。

（2）各个列报前期财务报表中受影响的项目名称和更正金额。

（3）无法进行追溯重述的，说明该事实和原因以及对前期差错开始进行更正的时点及具体更正情况。

第二节　财务报表重要报表项目的说明

财务报表重要报表项目的说明，是财务报表附注的重要组成部分，是对财务报表内重要项目的详细说明。该说明对于报表使用者正确理解报表信息、提高报表有用性具有重要意义。企业应当以文字和数字描述相结合、尽可能以列表形式披露重要报表项目的构成或当期增减变动情况，并与报表项目相互参照。在披露顺序上，一般应当按照资产负债表、利润表、现金流量表、所有者权益变动表的顺序及其报表项目列示的顺序。按照《企业会计准则》的要求，重要报表项目说明有几十项，本节选取应收票据及应收账款予以列示说明，其他的列示说明及格式参考《企业会计准则——应用指南》，也可参看某上市公司的年报以对该部分附注内容进行了解和学习。

企业应披露应收账款的账龄结构和客户类别以及期初、期末账面余额等信息。应收账款的披露格式如表 7－1 和表 7－2 所示。

表 7－1　　应收账款按账龄结构披露的格式

账龄结构	期末账面余额	年初账面余额
1 年以内（含 1 年）		
1 年至 2 年（含 2 年）		
2 年至 3 年（含 3 年）		
3 年以上		
合计		

注：有应收票据、预付款项、长期应收款、其他应收款的，比照应收账款进行披露。

表 7－2　　应收账款按客户类别披露的格式

客户类别	期末账面余额	年初账面余额
客户 1		
……		
客户		
合计		

注：有应收票据、预付款项、长期应收款、其他应收款的，比照应收账款进行披露。

其他项目的披露格式此处不再说明。

第三节　或有事项

企业在经营活动中有时会面临一些具有较大不确定性的经济事项，这些不确定事项对企业的财务状况和经营成果可能会产生较大的影响，其最终结果须根据某些未来事项的发生或不发生加以决定。例如，企业售出一批商品并对商品提供售后担保，承诺在商品发生质量问题时由企业无偿提供修理服务。销售商品并提供售后担保是企业过去发生的交易，由此形成的未来修理服务构成一项不确定事项，修理服务的费用是否会发生以及发生金额的多少将取决于未来是否发生修理请求以及修理工作量、费用等的大小。按照权责发生制原则，企业不能等到客户提出修理请求时，才确认因提供担保而发生的义务，而应当在资产负债表日对这一不确定事项做出判断，以决定是否在当期确认承担修理义务。这种不确定事项在会计上被称为或有事项。

一、或有事项的概念和特征

或有事项，是指过去的交易或者事项形成的，其结果须根据某些未来事项的发生或不发生才能决定的不确定事项。

或有事项具有以下特征：

（1）或有事项是因过去的交易或者事项形成的。因过去的交易或者事项形成，是指或有事项的现存状况是过去交易或者事项引起的客观存在。未来可能发生的自然灾害、交通事故、经营亏损等事项，都不属于或有事项。

（2）或有事项的结果具有不确定性。首先，或有事项的结果是否发生具有不确定性。其次，或有事项的结果预计将会发生，但发生的具体时间或金额具有不确定性。

（3）或有事项的结果须由未来事项决定。或有事项对企业产生有利影响还是不利影响，或虽已知是有利影响或不利影响，但影响有多大，在或有事项发生时是难以确定的。这种不确定性的消失，只能由未来不确定事项的发生或不发生才能证实。

或有事项可能是一项或有负债，也可能是一项或有资产。

常见的或有事项包括未决诉讼或未决仲裁、债务担保、产品质量保证（含产品安全保证）、亏损合同、重组义务、承诺、环境污染整治等。

作业7－2

下列各项中，属于或有事项的有（　　）。

（1）某公司为其子公司的贷款提供担保。

（2）某企业以财产作抵押向银行借款。

（3）某公司被国外企业提起诉讼。

（4）某公司代被担保企业清偿债务。

（5）企业将收到的商业承兑汇票向银行贴现。

【参考答案】

或有事项通常包括未决诉讼、为其他单位提供债务担保、商业承兑票据贴现等。应选择（1）、（3）、（5）。（2）企业以财产作抵押向银行借款，是以其自己的财产提供贷款担保，不属于为其他单位提供财产担保，不属于或有事项。（4）公司代被担保企业清偿债务，则是为其他单位提供债务担保这一或有事项最终的结果，属于现实确定的事项，而不是或有事项。

二、或有负债和或有资产

或有负债和或有资产与或有事项密切相关。

（一）或有负债的概念

或有负债，是指过去的交易或事项形成的潜在义务，其存在须通过未来不确定事项的发生或不发生予以证实；或过去的交易或事项形成的现时义务，履行该义务不是很可能导致经济利益流出企业或该义务的金额不能可靠计量。

需从以下两个方面理解或有负债：

（1）或有负债所涉及的两类义务。或有负债涉及两类义务：一类是潜在义务；另一类是现时义务。潜在义务是指结果取决于不确定未来事项的可能义务。也就是说，潜在义务最终是否转变为现时义务，要根据某些未来不确定事项的发生或不发生才能确定。现时义务是指企业在现行条件下已承担的义务，该现时义务的履行不是很可能导致经济利益流出企业，或者该现时义务的金额不能可靠地计量。例如，甲公司涉及一桩诉讼案，根据以往的审判案例推断，甲公司很可能败诉。但法院尚未判决，甲公司无法根据经验判断未来将要承担多少赔偿金额，因此该现时义务的金额不能可靠地计量，该诉讼案件即形成一项甲公司的或有负债。

（2）可能性的判断。履行或有事项相关义务导致经济利益流出的可能性，通常按照一定的概率区间加以判断。一般情况下，发生的概率分为以下几个层次：基本确定、很可能、可能、极小可能。如表7-3所示。

表7-3　发生概率的层次

可能性区间	种类
95%<可能性<100%	基本确定
50%<可能性≤95%	很可能（可能性极大）
5%<可能性≤50%	可能（可能性一般）
0<可能性≤5%	极小可能（可能性极小）

或有负债定义中的“不是很可能”是指履行现时义务导致经济利益流出企业的可能性小于等于50%。

（二）或有资产的概念

或有资产，是指过去的交易或者事项形成的潜在资产，其存在须通过未来不确定事项的发生或不发生予以证实。或有资产作为一种潜在资产，其结果具有较大的不确定性，只有随着经济情况的变化，通过某些未来不确定事项的发生或不发生才能证实其是否会形成企业真正的资产。例如，甲企业向法院起诉乙企业侵犯了其专利权。法院尚未对该案件进行公开审理，甲企业是否胜诉尚难判断。对于甲企业而言，将来可能胜诉而获得的赔偿属于一项或有资产，但这项或有资产是否会转化为真正的资产，要由法院的判决结果确定。如果终审判决结果是甲企业胜诉，那么这项或有资产就转化为甲企业的一项资产；如果终审判决结果是甲企业败诉，那么或有资产就消失了，更不可能形成甲企业的资产。

（三）或有负债与或有资产的处理原则

或有负债与或有资产不符合负债或资产的定义和确认条件，企业不应当确认或有负债和或有资产，而应当进行相应的披露。但是，影响或有负债和或有资产的多种因素处于不断变化之中，企业应当持续地对这些因素予以关注。随着时间的推移和事态的进展，或有负债对应的潜在义务可能转化为现实的义务，原来不是很可能导致经济利益流出的现实义务也可能被证实将很可能导致经济利益流出企业，并且现实义务的金额也能够可靠计量。这时或有负债就转化为企业的负债，应当予以确认。或有资产也是一样，其对应的潜在资产最终是否能够流入企业会逐渐变得明确，如果某一时点企业基本确定能够收到这项潜在资产并且其金额能够可靠计量，则应当将其确认为企业的资产。

三、或有事项的确认与计量

（一）或有事项的确认

1. 或有资产的确认

或有事项形成的或有资产只有在企业基本确定能够收到的情况下，才能转变为真正的资产，从而予以确认。

2. 预计负债的确认

与或有事项有关的义务应当在同时符合以下三个条件时，才能确认为负债，作为预计负债进行确认和计量：

（1）该义务是企业承担的现时义务。即与或有事项相关的义务是在企业当前条件下已承担的义务，企业没有其他现实的选择，只能履行该现时义务。这里所指的义务包括法定义务和推定义务。法定义务，是指因合同、法规或其他司法解释等产生的义务，通常即企业在经济管理和经济协调中，依照经济法律、法规的规定必须履行的责任。例如，企业与其他企业签订购货合同产生的义务就属于法定义务。推定义务，是指因企业的特定行为而产生的义务。企业的“特定行为”，泛指企业以往的习惯做法、已公开的承诺或已公开宣布的经营政策。并且，由于以往的习惯做法，或通过这些承诺或公开的声明，企业向外界表明了它将承担特定的责任，从而使受影响的各方形成了其将履行那些责任的合理预期。例如，甲公司是一家化工企业，因扩大经营规模，到A国创办了一家分公司。假定A国尚未针对甲公司这类企业的生产经营可能产生的环境污染制定相关法律，因而甲公司的分公司对在A国生产经营可能产生的环境污染不承担法定义务。但是，甲公司为在A国树立良好的形象，自行向社会公告，宣称将对生产经营可能产生的环境污染进行治理。甲公司的分公司为此承担的义务就属于推定义务。

（2）履行该义务很可能导致经济利益流出企业。即履行与或有事项相关的现时义务时，导致经济利益流出企业的可能性超过50%，但尚未达到基本确定的程度。企业因或有事项承担了现时义务，并不说明该现时义务很可能导致经济利益流出企业。例如，2017年5月1日，甲企业与乙企业签订协议，承诺为乙企业的2年期银行借款提供全额担保。对于甲企业而言，由于担保事项而承担了一项现时义务，但这项义务的履行是否很可能导致经济利益流出企业，需依据乙企业的经营情况和财务状况等因素加以确定。假定2017年年末，乙企业的财务状况恶化，且没有迹象表明可能发生好转。此种情况的出现，表明乙企业很可能违约，从而甲企业履行承担的现时义务将很可能导致经济利益流出。反之，如果乙企业财务状况良好，一般可以认定乙企业不会违约，从而甲企业履行承担的现时义务不是很可能导致经济利益流出。

（3）该义务的金额能够可靠地计量。即与或有事项相关的现时义务的金额能够合理地估计。由于或有事项具有不确定性，因此或有事项产生的现时义务的金额也具有不确定性，需要估计。要对或有事项确认一项负债，相关现时义务的金额应当能够可靠估计，只有在其金额能够可靠地估计，并同时满足上述两个条件时，企业才能加以确认。例如，乙股份有限公司涉及一起诉讼案。根据以往的审判结果判断，公司很可能败诉，也可以估算出相关的赔偿金额区间。此时，就可以认为该公司因未决诉讼承担的现时义务的金额能够可靠地计量，如果同时满足上述两个条件，就可以将所形成的义务确认为一项负债。

（二）预计负债的计量及会计处理

当与或有事项有关的义务符合确认为负债的条件时，应当将其确认为预计负债，预计负债应当按照履行相关现时义务所需支出的最佳估计数进行初始计量。此外，企业清偿预计负债所需支出还可能从第三方或其他方获得补偿。因此，或有事项的计量主要涉及两个问题，一是最佳估计数的确定；二是预期可获得补偿的处理。

1. 最佳估计数的确定

预计负债应当按照履行相关现时义务所需支出的最佳估计数进行初始计量。最佳估计数的确定应当分别两种情况处理：

（1）所需支出存在一个连续范围，且该范围内各种结果发生的可能性相同，则最佳估计数应当按照该范围内的中间值，即上下限金额的平均数确定。

【例7-1】 2×17年12月27日，甲企业因合同违约而涉及一桩诉讼案。根据企业的法律顾问判断，最终的判决很可能对甲企业不利。2×17年12月31日，甲企业尚未接到法院的判决，因此诉讼须承担的赔偿金额也无法准确地确定。不过，据专业人士估计，赔偿金额可能是80万元至100万元的某一金额，而且这个区间内每个金额的可能性都大致相同。

此例中，甲企业应在2×17年12月31日的资产负债表中确认一项负债金额为90[（80＋100）÷2]万元。编制会计分录为：

借：营业外支出	900 000	
贷：预计负债——未决诉讼		900 000

（2）所需支出不存在一个连续范围，或者虽然存在一个连续范围，但该范围内各种结果发生的可能性不相同，那么，如果或有事项涉及单个项目，最佳估计数按照最可能发生金额确定；如果或有事项涉及多个项目，最佳估计数按照各种可能结果及相关概率计算确定。“涉及单个项目”是指或有事项涉及的项目只有一个，如一项未决诉讼、一项未决仲裁或一项债务担保等。“涉及多个项目”是指或有事项涉及的项目不止一个，如产品质量保证。在产品质量保证中，提出产品保修要求的可能有许多客户，相应地，企业对这些客户负有保修义务。

【例 7-2】甲股份有限公司是生产并销售 A 产品的企业，2×17 年第一季度共销售 A 产品 60 000 件，销售收入为 420 000 000 元。根据公司的产品质量保证条款，该产品售出后一年内，如发生正常质量问题，公司将负责免费维修。根据以前年度的维修记录，如果发生较小的质量问题，发生的维修费用为销售收入的 1%；如果发生较大的质量问题，发生的维修费用为销售收入的 2%。根据公司技术部门的预测，本季度销售的产品中，80%不会发生质量问题；15%可能发生较小质量问题；5%可能发生较大质量问题。据此，2×17 年第一季度末，甲股份有限公司应在资产负债表中确认的负债金额为 1 050 000［420 000 000×(0×80%＋1%×15%＋2%×5%)］元。编制会计分录为：

借：销售费用　　1 050 000

　贷：预计负债——产品质量保证　　1 050 000

2. 预期可获得补偿的处理

如果企业清偿因或有事项而确认的负债所需支出全部或部分预期由第三方或其他方补偿，则此补偿金额只有在基本确定能收到时，才能作为资产单独确认，确认的补偿金额不能超过所确认负债的账面价值。根据资产和负债不能随意抵消的原则，预期可获得的补偿在基本确定能够收到时应当确认为一项资产，而不能扣减预计负债金额。

预期可能获得补偿的情况通常有：发生交通事故等情况时，企业通常可从保险公司获得合理的赔偿；在某些索赔诉讼中，企业可对索赔人或第三方另行提出赔偿要求；在债务担保业务中，企业在履行担保义务的同时，通常可向被担保企业提出追偿要求。

(三) 或有事项的列报

1. 预计负债的列报

在资产负债表中，因或有事项而确认的负债（预计负债）应与其他负债项目区别开来，单独反映。如果企业因多项或有事项确认了预计负债，在资产负债表上一般只需通过“预计负债”项目进行总括反映。在将或有事项确认为负债的同时，应确认一项支出或费用。这项费用或支出在利润表中不应单列项目反映，而应与其他费用或支出项目（如“销售费用”“管理费用”“营业外支出”等）合并反映。

同时，为了使会计报表使用者获得充分、详细的有关或有事项的信息，企业应在会计报表附注中披露以下内容：

（1）预计负债的种类、形成原因以及经济利益流出不确定性的说明。

（2）各类预计负债的期初余额、期末余额和本期变动情况。

（3）与预计负债有关的预期补偿金额和本期已确认的预期补偿金额。

2. 或有负债的披露

或有负债无论作为潜在义务还是现时义务，均不符合负债的确认条件，因而不予确认。但是，除非或有负债极小可能导致经济利益流出企业，否则企业应当在附注中披露有关信息，具体包括：

（1）或有负债的种类及形成原因，包括已贴现商业承兑汇票、未决诉讼、未决仲裁、对外提供担保等形成的或有负债。

（2）经济利益流出不确定性的说明。

（3）或有负债预计产生的财务影响，以及获得补偿的可能性；无法预计的，应当说明原因。

需要注意的是，在涉及未决诉讼、未决仲裁的情况下，如果披露全部或部分信息预期会对企业造成重大不利影响，企业无须披露这些信息，但应当披露该未决诉讼、未决仲裁的性质，以及没有披露这些信息的事实和原因。

3. 或有资产的披露

或有资产作为一种潜在资产，不符合资产确认的条件，因而不予确认。企业通常不应当披露或有资产，但或有资产很可能会给企业带来经济利益的，应当披露其形成的原因、预计产生的财务影响等。

作业 7-3

完成表 7-4，以确定你对或有事项的会计处理方法的了解程度。

表 7-4 或有事项的确认及披露

有可能的结果	或有资产	或有负债
基本确定		
很可能（可能性极大）		
可能（可能性一般）		
极小可能（可能性极小）		

【参考答案】

完成后的表 7-4 如表 7-5 所示。

表 7-5 或有事项的确认及披露

有可能的结果	或有资产	或有负债
基本确定	确认资产	计提预计负债
很可能（可能性极大）	披露	披露（金额不能可靠估计） 计提预计负债（金额能可靠估计）
可能（可能性一般）	不反映	披露
极小可能（可能性极小）	不反映	不反映

第四节　资产负债表日后事项

一、资产负债表日后事项概述

（一）资产负债表日后事项的概念

资产负债表日后事项，是指资产负债表日至财务报告批准报出日之间发生的有利或不利事项。理解这一定义，需要注意以下方面。

1. 资产负债表日

资产负债表日是指会计年度年末和会计中期期末。中期是指短于一个完整的会计年度的报告期间，包括半年度、季度和月度。按照《会计法》的规定，我国会计年度采用公历年度，即1月1日至12月31日。因此，年度资产负债表日是指每年的12月31日，中期资产负债表日是指各会计中期期末。如果母公司或者子公司在国外，无论该母公司或子公司如何确定会计年度和会计中期，其向国内提供的财务报告都须根据我国《会计法》和会计准则的要求确定资产负债表日。

2. 财务报告批准报出日

财务报告批准报出日是指董事会或类似机构批准财务报告报出的日期，通常是指对财务报告的内容负有法律责任的单位或个人批准财务报告对外公布的日期。

3. 有利事项和不利事项

资产负债表日后事项包括有利事项和不利事项。“有利或不利事项”的含义是指，资产负债表日后事项肯定对企业财务状况和经营成果具有一定影响（既包括有利影响也包括不利影响）。如果某些事项的发生对企业并无任何影响，那么，这些事项既不是有利事项，也不是不利事项，也就不属于这里所说的资产负债表日后事项。

（二）资产负债表日后事项涵盖的期间

资产负债表日后事项涵盖的期间是自资产负债表日次日起至财务报告批准报出日止的一段时间。对上市公司而言，这一期间内涉及几个日期，包括完成财务报告编制日、注册会计师出具审计报告日、董事会批准财务报告可以对外公布日、实际对外公布日等。具体而言，资产负债表日后事项涵盖的期间应当包括：

（1）报告年度次年的1月1日或报告期间下一期间的第一天至董事会或类似机构批准财务报告对外公布的日期。

（2）财务报告批准报出以后、实际报出之前又发生与资产负债表日后事项有关的事项，并由此影响财务报告对外公布日期的，应以董事会或类似机构再次批准财务报告对外公布的日期为截止日期。

例如，某上市公司2×17年的年度财务报告于2×18年2月20日编制完成，注册会计师完成年度财务报表审计工作并签署审计报告的日期为2×18年4月16日，董事会批准财务报告对外公布的日期为2×18年4月17日，财务报告实际对外公布的日期为2×18

年 4 月 23 日，股东大会召开日期为 2×18 年 5 月 10 日。根据资产负债表日后事项涵盖期间的规定，该公司 2×17 年年报资产负债表日后事项涵盖的期间为 2×18 年 1 月 1 日至 2×18 年 4 月 17 日。

（三）资产负债表日后事项的内容

资产负债表日后事项包括资产负债表日后调整事项（以下简称调整事项）和资产负债表日后非调整事项（以下简称非调整事项）。

1. 调整事项

资产负债表日后调整事项，是指对资产负债表日已经存在的情况提供了新的或进一步证据的事项。如果资产负债表日及所属会计期间已经存在某种情况，但当时并不知道其存在或者不知道确切结果，资产负债表日后发生的事项能够证实该情况的存在或者确切结果，则该事项属于资产负债表日后事项中的调整事项。调整事项能对资产负债表日的存在情况提供追加的证据，并会影响编制财务报表过程中的内在估计。如果发生了资产负债表日后调整事项，应调整财务报表以反映该事项的影响情况。

调整事项的特点是：在资产负债表日已经存在，资产负债表日后得以证实；对资产负债表日存在状况编制的财务报表产生重大影响。

企业发生的资产负债表日后调整事项，通常包括下列各项：

（1）资产负债表日后诉讼案件结案，法院判决证实了企业在资产负债表日已经存在现时义务，需要调整原先确认的与该诉讼案件相关的预计负债，或确认一项新负债。

（2）资产负债表日后取得确凿证据，表明某项资产在资产负债表日发生了减值或者需要调整该项资产原先确认的减值金额。

（3）资产负债表日后进一步确定了资产负债表日前购入资产的成本或售出资产的收入。

（4）资产负债表日后发现了财务报表舞弊或差错等。

【例 7－3】甲公司因产品质量问题被消费者起诉。2×17 年 12 月 31 日法院尚未判决，考虑到消费者胜诉要求甲公司赔偿的可能性较大，甲公司为此确认了 500 万元的预计负债。2×18 年 2 月 28 日，在甲公司 2×17 年度财务报告对外报出之前，法院判决消费者胜诉，要求甲公司支付赔偿款 700 万元。

本例中，甲公司在 2×17 年 12 月 31 日结账时已经知道消费者胜诉的可能性较大，但不知道法院判决的确切结果，因此确认了 500 万元的预计负债。2×18 年 2 月 28 日，法院判决结果为甲公司预计负债的存在提供了进一步的证据。此时，按照 2×17 年 12 月 31 日存在状况编制的财务报表所提供的信息已不能真实反映企业的实际情况，应据此对财务报表相关项目的数字进行调整。

2. 非调整事项

资产负债表日后非调整事项，是指表明资产负债表日后发生的情况的事项。非调整事项虽然不影响资产负债表日的存在情况，企业不需要调整其财务报表中已确认的金额，但如果该事项非常重要，如果不加以说明将会影响财务报告使用者做出正确估计和决策，则应对这样的事项做出披露。

非调整事项的特点是：在资产负债表日并未发生或存在，完全是期后发生的；对理解和分析财务会计报告有重大影响。

企业发生的资产负债表日后非调整事项，通常包括下列各项：

（1）资产负债表日后发生的重大诉讼、仲裁、承诺。

（2）资产负债表日后资产价格、税收政策、外汇汇率发生重大变化。

（3）资产负债表日后因自然灾害导致资产发生重大损失。

（4）资产负债表日后发行股票和债券以及其他巨额举债。

（5）资产负债表日后资本公积转增资本。

（6）资产负债表日后发生巨额亏损。

（7）资产负债表日后发生企业合并或处置子公司。

（8）资产负债表日后董事会通过利润分配预案。

【例 7-4】甲公司 2×17 年度财务报告于 2×18 年 3 月 20 日经董事会批准对外公布。2×18 年 2 月 27 日，甲公司与银行签订了 5 000 万元的贷款合同，用于生产项目的技术改造，贷款期限自 2×18 年 3 月 1 日起至 2×19 年 12 月 31 日止。

本例中，甲公司从银行贷款的事项发生在 2×18 年度，且在公司 2×17 年度财务报告尚未批准对外公布的期间内，即该事项发生在资产负债表日后事项所涵盖的期间内。该事项在 2×17 年 12 月 31 日尚未发生，与资产负债表日存在的状况无关，不影响资产负债表日企业的财务报表数字。但是，该事项属于重要事项，会影响公司以后期间的财务状况和经营成果，因此，需要在附注中予以披露。

3. 调整事项与非调整事项的区别

资产负债表日后发生的某一事项究竟是调整事项还是非调整事项，取决于该事项表明的情况在资产负债表日或资产负债表日以前是否已经存在。若该情况在资产负债表日或之前已经存在，则属于调整事项；反之，则属于非调整事项。

作业 7-4

甲公司 2×17 年度财务报告经董事会批准对外公布的日期为 2×18 年 3 月 30 日，实际对外公布的日期为 2×18 年 4 月 3 日。甲公司 2×18 年 1 月 1 日至 4 月 3 日发生的下列事项中，应当作为资产负债表日后调整事项核算的有（　　）。

（1）3 月 1 日，发现 2×17 年 10 月接受捐赠获得的一项固定资产尚未入账。

（2）3 月 11 日，临时股东大会决议购买乙公司 51%的股权并于 4 月 2 日执行完毕。

（3）4 月 2 日，甲公司为从丙银行借入 8 000 万元长期借款而签订重大资产抵押合同。

（4）2 月 1 日，与丁公司签订的债务重组协议执行完毕，该债务重组协议系甲公司于 2×18 年 1 月 5 日与丁公司签订。

（5）3 月 10 日，甲公司被法院判决败诉并要求支付赔款 1 000 万元，对此项诉讼甲公司已于 2×17 年年末确认预计负债 800 万元。

【参考答案】

分析：（1）、（5）为资产负债表日后调整事项，（2）、（4）为资产负债表日后非调整事项，（3）不属于资产负债表日后事项，因为它是 3 月 30 日之后发生的。

二、调整事项的处理原则

企业发生的资产负债表日后调整事项，应当调整资产负债表日的财务报表。对于年度财务报告而言，由于资产负债表日后事项发生在报告年度的次年，报告年度的有关账目已经结转，特别是损益类科目在结账后已无余额。因此，年度资产负债表日后发生的调整事项，应具体分别以下情况进行处理：

(1) 涉及损益的事项，通过“以前年度损益调整”科目核算。调整增加以前年度利润或调整减少以前年度亏损的事项，记入“以前年度损益调整”科目的贷方；调整减少以前年度利润或调整增加以前年度亏损的事项，记入“以前年度损益调整”科目的借方。调整完成后，将“以前年度损益调整”科目的贷方或借方余额，转入“利润分配——未分配利润”科目。注意，涉及损益调整的，还应调整所得税。

(2) 涉及利润分配调整的事项，直接在“利润分配——未分配利润”科目核算。

(3) 不涉及损益及利润分配的事项，调整相关科目。

(4) 通过上述账务处理后，还应同时调整财务报表相关项目的数字，包括：资产负债表日编制的财务报表相关项目的期末数或本年发生数；当期编制的财务报表相关项目的期初数或上年数；经过上述调整后，如果涉及报表附注内容的，还应当调整报表附注相关项目的数字。

作业 7-5

甲公司 2×17 年 5 月销售给乙公司一批产品，货款为 100 万元（含增值税）。乙公司于 6 月收到所购物资并验收入库。按合同规定，乙公司应于收到所购物资后两个月内付款。由于乙公司财务状况不佳，到 2×17 年 12 月 31 日仍未付款。甲公司于 12 月 31 日编制 2×17 年财务报表时，已为该项应收账款提取坏账准备 5 万元。甲公司于 2×18 年 1 月 30 日（所得税汇算清缴前）收到法院通知，乙公司已宣告破产清算，无力偿还所欠部分货款。甲公司预计可收回应收账款的 60%。该公司适用的所得税税率为 25%，按 10%提取法定盈余公积金。假定调整后的坏账准备金额未超过税法扣除标准。

请判断该事项属于调整事项还是非调整事项，并进行相关的处理。

【参考答案】

根据资产负债表日后事项的判断原则，甲公司在收到法院通知后，首先可判断该事项属于资产负债表日后调整事项。甲公司原对应收乙公司账款提取了 5 万元的坏账准备，按照新的证据，应提取的坏账准备为 40（100×40%）万元，应按差额 35 万元调整 2×17 年度财务报表相关项目的数字。

甲公司的账务处理如下：

(1) 补提坏账准备：

应补提的坏账准备＝1 000 000×40%－50 000＝350 000（元）

借：以前年度损益调整　　　　　　　　　　350 000

贷：坏账准备　350 000

（2）调整应缴纳的所得税：

借：应交税费——应交所得税　87 500

贷：以前年度损益调整　87 500（350 000×25%）

（3）将"以前年度损益调整"科目的余额转入利润分配：

借：利润分配——未分配利润　262 500

贷：以前年度损益调整　262 500（350 000×75%）

（4）调整利润分配有关数字：

借：盈余公积——法定盈余公积　26 250

贷：利润分配——未分配利润　26 250（262 500×10%）

上述（2）、（3）、（4）三笔分录也可以合并为一笔：

借：应交税费——应交所得税　87 500（350 000×25%）

盈余公积——法定盈余公积　26 250（350 000×75%×10%）

利润分配——未分配利润　236 250（350 000×75%×90%）

贷：以前年度损益调整　350 000

（5）调整报告年度财务报表相关项目的数字（财务报表略）。

资产负债表项目的调整：调减应收票据及应收账款净值 350 000 元，调减应交税费 87 500 元，调减盈余公积 26 250 元，调减未分配利润 236 250 元。

利润表项目的调整：调增资产减值损失 350 000 元，调减所得税费用 87 500 元，调减净利润 262 500 元。

所有者权益变动表项目的调整：调减净利润 262 500 元，调减盈余公积 26 250 元。

三、非调整事项的处理原则

资产负债表日后发生的非调整事项，应当在报表附注中披露每项重要的资产负债表日后非调整事项的性质、内容及其对财务状况和经营成果的影响。无法做出估计的，应当说明原因。

第五节　关联方关系及交易

一、关联方关系的认定

一方控制、共同控制另一方或对另一方施加重大影响，以及两方或两方以上同受一方控制、共同控制或重大影响的，构成关联方。关联方关系则是指有关联的各方之间的关系。其中，控制是指有权决定一个企业的财务和经营政策，并能据以从该企业的经营活动中获取利益。

关联方关系的存在是以控制、共同控制或重大影响为前提条件的。在判断是否存在关联方关系时，应当遵循实质重于形式原则。从一个企业的角度出发，其存在关联方关系的各方包括：

（1）该企业的母公司。不仅包括直接或间接控制该企业的其他企业，也包括能够对该企业实施直接或间接控制的部门、单位等。具体情况包括：某一个企业直接控制一个或多个企业；某一个企业通过一个或若干中间企业间接控制一个或多个企业；一个企业直接地和通过一个或若干中间企业间接地控制一个或多个企业。

（2）该企业的子公司。该企业的子公司既包括直接或间接地被该企业控制的其他企业，也包括直接或间接地被该企业控制的单位、信托基金等。

（3）与该企业受同一母公司控制的其他企业。

（4）对该企业实施共同控制的投资方。这里的共同控制包括直接的共同控制和间接的共同控制。对企业实施直接或间接共同控制的投资方与该企业之间是关联方关系，但这些投资方之间并不能仅仅因为共同控制了同一家企业而视为存在关联方关系。

（5）对该企业施加重大影响的投资方。这里的重大影响包括直接的重大影响和间接的重大影响。对企业施加重大影响的投资方与该企业之间是关联方关系，但这些投资方之间并不能仅仅因为对同一家企业具有重大影响而视为存在关联方关系。

（6）该企业的合营企业。合营企业是以共同控制为前提的，当两方或多方共同控制某一企业时，该企业则为投资者的合营企业。

（7）该企业的联营企业。联营企业和重大影响是相联系的，如果投资者能对被投资企业施加重大影响，则该被投资企业视为投资者的联营企业。

（8）该企业的主要投资者个人及与其关系密切的家庭成员。主要投资者个人，是指能够控制、共同控制一个企业或者对一个企业施加重大影响的个人投资者。

（9）该企业或其母公司的关键管理人员及与其关系密切的家庭成员。关键管理人员，是指有权力并负责计划、指挥和控制企业活动的人员。通常情况下，企业关键管理人员负责管理企业的日常经营活动，并且负责制订经营计划、确定战略目标、指挥调度生产经营活动等，主要包括董事长、董事、董事会秘书、总经理、总会计师、财务总监、主管各项事务的副总经理以及行使类似职能的人员等。与主要投资者个人或关键管理人员关系密切的家庭成员，是指在处理与企业的交易时可能影响该个人或受该个人影响的家庭成员，例如父母、配偶、兄弟、姐妹和子女等。

（10）该企业主要投资者个人、关键管理人员或与其关系密切的家庭成员控制、共同控制或施加重大影响的其他企业。对于这类关联方，应当根据主要投资者个人、关键管理人员或与其关系密切的家庭成员对两家企业的实际影响力具体分析判断。

二、不构成关联方关系的情况

不构成关联方关系的情况包括：

（1）与该企业发生日常往来的资金提供者、公共事业部门、政府部门和机构，以及与该企业发生大量交易而存在经济依存关系的单个客户、供应商、特许商、经销商和代理商之间，不构成关联方关系。

（2）与该企业共同控制合营企业的合营者之间，通常不构成关联方关系。

（3）仅仅同受国家控制而不存在控制、共同控制或重大影响关系的企业，不构成关联方关系。

作业7-6

判断下列关系是否属于关联方关系：

（1）母公司与其子公司。

（2）母公司与其子公司的子公司。

（3）同受C公司控制的A公司和B公司。

（4）A和D、B和D以及C和D；A和B、A和C以及B和C。已知A、B、C三个企业共同控制D企业。

（5）A和F、B和F、C和F以及D和F；A和B、A和C以及A和D。已知A、B、C、D企业各占F企业有表决权资本的25%，按照合同规定，投资各方按照出资比例控制F企业，由于出资比例相同，F企业由A、B、C、D企业共同控制。

（6）A企业与张三，A企业与张三的儿子。已知张三是A企业的主要投资者。

（7）A企业与李四，A企业与李四的儿子。已知李四是A企业的总经理。

（8）A和B、A和C。已知A企业的主要投资者H拥有B企业60%的有表决权资本，A企业的财务总监Y的妻子是C企业的董事长。

（9）W和X。已知W和X均属于国有企业，受国资委控制，除此之外无其他关系。

【参考答案】

（1）、（2）、（3）属于关联方关系。

（4）中的A和D、B和D以及C和D属于关联方关系，如果不存在其他关联方关系，A和B、A和C以及B和C之间不构成关联方关系。

（5）中的A和F、B和F、C和F以及D和F属于关联方关系，如果不存在其他关联方关系，A和B、A和C以及A和D之间不构成关联方关系。

（6）、（7）、（8）均属于关联方关系。

（9）不属于关联方关系。

三、关联方交易的类型

在存在关联方关系的情况下，关联方之间发生的交易为关联方交易，关联方交易的类型主要有：

（1）购买或销售商品。购买或销售商品是关联方交易较常见的交易事项。例如，企业集团成员企业之间互相购买或销售商品，形成关联方交易。

（2）购买或销售除商品以外的其他资产。例如，母公司出售给其子公司设备或建筑物等。

（3）提供或接受劳务。例如，A企业是B企业的联营企业，A企业专门从事设备维修服务，B企业的所有设备均由A企业负责维修，B企业每年支付给A企业设备维修费用300万元，该维修服务构成A企业与B企业的关联方交易。

(4) 担保。担保包括在借贷、买卖、货物运输、加工承揽等经济活动中，为了保障其债权实现而实行的担保等。当存在关联方关系时，一方往往为另一方提供为取得借款、买卖等经济活动中所需要的担保。

(5) 提供资金（贷款或股权投资）。例如，企业从其关联方取得资金，或权益性资金在关联方之间的增减变动等。

(6) 租赁。租赁通常包括经营租赁和融资租赁等，关联方之间的租赁也是主要的交易事项。

(7) 代理。代理主要是指依据合同条款，一方可为另一方代理某些事务，如代理销售货物，或代理签订合同等。

(8) 研究与开发项目的转移。在存在关联方关系时，有时某一企业所研究与开发的项目会由于一方的要求而放弃或转移给其他企业。例如，B公司是A公司的子公司，A公司要求B公司停止对某一新产品的研究和试制，并将B公司研究的现有成果转给A公司最近购买的、研究与开发能力超过B公司的C公司继续研制，从而形成了关联方交易。

(9) 许可协议。当存在关联方关系时，关联方之间可能达成某项协议，允许一方使用另一方商标等，从而形成了关联方之间的交易。

(10) 代表企业或由企业代表另一方进行债务结算。

(11) 关键管理人员薪酬。企业支付给关键管理人员的报酬，也是一项主要的关联方交易。

四、关联方的披露

关于关联方的披露，应注意以下几方面：

首先，企业无论是否发生关联方交易，均应当在附注中披露与该企业之间存在直接控制关系的母公司和子公司有关的信息。

母公司不是该企业最终控制方的，还应当披露企业集团内对该企业享有最终控制权的企业（或主体）的名称。母公司和最终控制方均不对外提供财务报表的，还应当披露母公司之上与其最相近的对外提供财务报表的母公司名称。

其次，企业与关联方发生关联方交易的，应当在附注中披露该关联方关系的性质、交易类型及交易要素。关联方关系的性质，是指关联方与该企业的关系，即关联方是该企业的子公司、合营企业、联营企业等。交易类型通常包括购买或销售商品、购买或销售除商品以外的其他资产、提供或接受劳务、担保、提供资金（贷款或股权投资）、租赁、代理、研究与开发项目的转移、许可协议、代表企业或由企业代表另一方进行债务结算等。交易要素至少应当包括：交易的金额；未结算项目的金额、条款和条件，以及有关提供或取得担保的信息；未结算应收项目坏账准备金额；定价政策。

最后，对外提供合并财务报表的，对于已经包括在合并范围内各企业之间的交易不予披露。合并财务报表是将集团作为一个整体来反映与其有关的财务信息，在合并财务报表中，将企业集团作为一个整体看待，企业集团内的交易已不属于交易，并且已经在编制合并财务报表时予以抵消。因此，对外提供合并财务报表的，对于已经包括在合并范围内并已抵消的各企业之间的交易不予披露。

本章小结

财务报表附注是公司财务报表的补充说明，是公司财务报告的重要组成部分。附注中一般需包含企业的基本情况、财务报表的编制基础及遵循《企业会计准则》的声明、重要会计政策和会计估计、会计政策和会计估计变更以及差错更正的说明、报表重要项目的说明以及其他需要说明的重要事项等内容。

本章主要介绍了报表附注中一些重要的内容，如会计政策、会计估计以及前期差错的定义、处理方法；或有事项、资产负债表日后事项的概念、特征、处理原则以及对报表的影响，同时介绍了关联方关系的认定以及类型。

在实务中，财务报表附注一般是由注册会计师代为编制，但应当认识到，确保财务报表附注的真实性和合法性是公司管理层的责任。具体来说，财务报表附注首先是由公司负责人负责，其次，公司主管会计工作的负责人和会计机构的负责人也要对其负连带责任。

课后思考题

1. 在财务报表附注中需披露哪些内容？
2. 什么是会计政策变更？常见的会计政策有哪些？会计政策变更的条件是什么？
3. 什么是会计估计变更？常见的会计估计项目有哪些？
4. 财务报表的重要项目说明有哪些？
5. 如何确认和计量或有事项？
6. 如何理解资产负债表日后事项？
7. 判断关联方关系的标准有哪些？关联方交易的主要类型有哪些？

课后练习题

一、单项选择题

1. 会计政策是指（　　）。

A. 企业在会计确认、计量和报告中所采用的原则、基础和会计处理方法

B. 企业在会计确认中所采用的原则、基础和会计处理方法

C. 企业在会计计量中所采用的原则、基础和会计处理方法

D. 企业在会计报告中所采用的原则、基础和会计处理方法

2. 会计政策变更时，会计处理方法的选择应遵循的原则是（　　）。

A. 必须采用未来适用法

B. 在追溯调整法和未来适用法中任选其一

C. 必须采用追溯调整法

D. 会计政策变更累积影响数可以合理确定时采用追溯调整法，不能合理确定时采用未来适用法

3. 甲企业于2×14年12月购入生产设备一台，其原值为46.50万元，预计使用年限为5年，预计净残值为1.50万元，采用双倍余额递减法计提折旧。从2×17年起，甲企业将该固定资产的折旧方法改为平均年限法，设备的预计使用年限由5年改为4年，设备的预计净残值由1.50万元改为0.9万元。该设备2×17年的折旧额为（ ）万元。

A. 7.62　　B. 7.92　　C. 6.70　　D. 10.04

4. 甲公司发出存货按先进先出法计价，期末存货按成本与可变现净值孰低法计价。2×17年1月1日，企业将发出存货由先进先出法改为加权平均法。2×17年年初，存货账面余额等于账面价值40 000元，50千克，2×17年1月、2月分别购入材料600千克、350千克，单价分别为850元、900元，3月5日领用400千克，用未来适用法处理该项会计政策的变更，则2×17年一季度末该存货的账面余额为（ ）元。

A. 540 000　　B. 467 500　　C. 510 000　　D. 519 000

5. 在很难区分某种会计变更属于会计政策变更还是会计估计变更的情况下，通常将这种会计变更（ ）。

A. 视为会计差错处理

B. 视为会计政策变更处理

C. 视为会计估计变更处理

D. 视为资产负债表日后事项处理

6. 下列事项中，不属于或有事项的是（ ）。

A. 债务担保　　B. 对应收账款计提坏账准备

C. 商业承兑汇票背书转让　　D. 质量保证

7. 预计负债的确认条件之一是履行该义务很可能导致经济利益流出企业，这里的很可能是指（ ）。

A. 大于95%小于100%　　B. 大于50%小于等于95%

C. 大于20%小于等于70%　　D. 大于30%小于等于80%

8. 甲公司涉及一起诉讼。根据类似的经验以及公司所聘请律师的意见判断，甲公司在起诉中胜诉的可能性有40%，败诉的可能性有60%。如果败诉，将要赔偿200万元，另需承担诉讼费4万元。在这种情况下，甲公司应确认的负债金额应为（ ）万元。

A. 204　　B. 120　　C. 200　　D. 80

9. 某上市公司2×17年度财务会计报告批准报出日为2×18年4月20日。公司在2×18年1月1日至4月20日发生的下列事项中，属于资产负债表日后调整事项的是（ ）。

A. 发生重大企业合并或处置子公司

B. 2×17年销售的商品600万元，因产品质量问题，客户于2×18年2月8日退货

C. 公司董事会提出2×17年度利润分配方案为每10股送3股股票股利

D. 公司支付2×17年度财务会计报告审计费40万元

10. 甲公司为上市公司，下列个人或企业中，与甲公司构成关联方关系的是（ ）。

A. 甲公司监事张某之子

B. 甲公司董事会秘书王某

C. 甲公司总经理李某的侄子创办的独资企业

D. 持有甲公司8%有表决权资本的刘某控股的乙公司

11. A公司拥有B公司19%的有表决权资本；B公司拥有C公司60%的有表决权资本；A公司拥有D公司60%的有表决权资本，拥有E公司6%的权益性资本；D公司拥有E公司45%的有表决权资本。上述公司之间存在关联方关系的有（　）。

A. A公司与B公司　　B. A公司与C公司

C. A公司与E公司　　D. B公司与E公司

12. 对于下列关联方之间的交易，上市公司可以不在其会计报表附注中披露的是（　）。

A. 已纳入合并会计报表合并范围的子公司之间的交易

B. 与企业董事长控制的A公司之间的交易

C. 与企业关键管理人员之间的交易

D. 与企业主要投资者个人之间的交易

二、多项选择题

1. 下列各事项中，属于会计政策变更的情形有（　）。

A. 按规定，存货期末计价的方法由成本法改为成本与可变现净值孰低法

B. 变更固定资产的折旧年限

C. 无形资产摊销年限从10年改为6年

D. 建造合同的收入确认由完成合同法改为完工百分比法

E. 初次发生的交易采用新的会计政策

2. 下列不属于会计政策变更的情形有（　）。

A. 本期发生的交易或事项与以前相比具有本质差别而采用新的会计政策

B. 第一次签订建造合同，采用完工百分比法确认收入

C. 对价值为200元的低值易耗品摊销方法由分次摊销法改为一次摊销法

D. 由于持续通货膨胀，企业将存货发出的计价方法由先进先出法改为加权平均法

E. 因投资比例增加，对某公司长期股权投资核算方法由成本法改为权益法

3. 下列各项目中，属于会计估计变更的有（　）。

A. 将固定资产的折旧方法由双倍余额递减法改为年数总和法

B. 将建造合同的收入确认由完成合同法改为完工百分比法

C. 将存货的期末计价由成本法改为成本与可变现净值孰低法

D. 因出现相关新技术，将某专利权的摊销年限由10年改为6年

E. 坏账损失的估计方法由应收账款余额百分比法改为账龄分析法

4. 下列事项中，不应作为前期差错更正的有（　）。

A. 由于技术进步，将电子设备的折旧方法由直线法变更为年数总和法

B. 企业根据规定对资产计提减值准备，但考虑到本期利润指标超额完成太多，因此多提了存货跌价准备

C. 由于经营指标的变化，缩短长期待摊费用的摊销年限

D. 由于地震使厂房使用寿命受到影响，调减了预计使用年限

E. 当年发现一项固定资产去年的折旧漏记了

5. 或有事项的特征有（　）。

A. 过去的交易或者事项形成的　　B. 必须是不利事项

C. 结果具有不确定性　　D. 其结果由未来事项决定
E. 或有事项可能是或有负债，也可能是或有资产

6. 下列事项中，属于或有事项的有（　　）。
A. 未决诉讼或仲裁　　B. 污染整治
C. 亏损合同　　D. 计提资产减值准备
E. 产品质量保证

7. 预计负债的确认条件包括（　　）。
A. 或有事项产生的义务是企业的现时义务
B. 履行该义务很可能导致经济利益流出企业
C. 该义务的金额能够可靠地计量
D. 或有事项是由过去的交易或事项形成的
E. 或有事项产生的义务是企业的潜在义务

8. 上市公司在其年度资产负债表日后至财务会计报告批准报出日前发生的下列事项中，属于非调整事项的有（　　）。
A. 因发生火灾导致存货严重损失
B. 以前年度售出商品发生退货
C. 董事会提出股票股利分配方案
D. 资产负债表日后发现了财务报表舞弊或差错
E. 重大诉讼、仲裁和承诺

9. 甲股份有限公司在报告年度资产负债表日至财务报告批准报出日之间发生的下列事项中，属于非调整事项的有（　　）。
A. 增发股票
B. 出售子公司
C. 发生洪涝灾害导致存货严重毁损
D. 报告年度销售的部分产品被退回
E. 董事会通过利润分配预案

10. 甲、乙、丙、丁四家公司均为股份有限公司。甲公司的总经理为乙公司的董事长；丁公司生产的产品每年有50%销售给乙公司，并拥有甲公司55%的有表决权资本；乙公司拥有丙公司60%的有表决权资本。上述公司之间存在关联方关系的有（　　）。
A. 甲公司与乙公司　　B. 甲公司与丙公司
C. 甲公司与丁公司　　D. 乙公司与丁公司
E. 乙公司和丙公司

11. A公司拥有B公司19%的有表决权资本；A公司拥有C公司60%的有表决权资本；C公司拥有D公司51%的有表决权资本，上述公司之间不存在关联方关系的有（　　）。
A. A公司与B公司　　B. A公司与D公司
C. B公司与D公司　　D. B公司与C公司
E. A公司和C公司

12. 在企业与其关联方发生交易的情况下，应当在会计报表附注中披露的内容有（　　）。

A. 关联方交易定价政策
B. 关联方交易未结算的交易金额
C. 关联方关系的性质
D. 关联方交易的类型
E. 已经包含在合并范围内的交易

三、判断题

1. 将经营性租赁的固定资产通过变更合同转为融资租赁的固定资产，在会计上应当作为会计政策变更处理。（　　）

2. 对于初次发生的事项或交易采用新的会计政策，属于会计政策变更。（　　）

3. 在会计报表附注中披露会计估计变更的要求与披露会计政策变更的要求是有差别的。（　　）

4. 进行会计估计是根据当前所掌握的可靠证据做出的最佳估计，故并不会对会计核算的可靠性产生影响。（　　）

5. 固定资产的折旧方法由平均年限法改为双倍余额递减法属于会计政策变更。（　　）

6. 2×18 年 5 月 10 日，在 2×17 年度财务报告批准报出后，发现 2×17 年度固定资产少提折旧 300 万元。企业应调整 2×18 年度会计报表相关项目的期初数和上年数。（　　）

7. 企业发现重要差错，无论是本期还是以前期间的差错，均应调整期初留存收益和其他相关项目。（　　）

8. 资产负债表日后事项是指在资产负债表日后事项所涵盖的期间内发生的全部事项。（　　）

9. 资产负债表日后事项中的调整事项，无论是有利事项还是不利事项，均应当调整报告年度会计报表相关项目数字。（　　）

10. 由于或有事项具有不确定性，因此，具有不确定性的事项都属于或有事项。（　　）

11. 预计负债的确认条件之一是或有事项产生的义务是企业的现时义务，包括法定的义务和推定的义务。（　　）

12. 履行某义务很可能导致经济利益流出企业，说明该事项发生的可能性在 50%以上。（　　）

13. 在资产负债表日，如果有确凿证据表明预计负债的账面价值不能真实反映当前最佳估计数，应当按照当前最佳估计数对该账面价值进行调整。（　　）

14. 亏损合同是指履行合同义务不可避免发生的成本超过预期经济利益的合同。（　　）

15. 丙公司为丁公司的主要原材料供应商，在不考虑其他因素的情况下，则丙和丁构成关联方关系。（　　）

16. 当关联方之间存在重大影响时，无论相互之间有无交易，均应当在会计报表附注中披露关联方关系的性质。（　　）

四、计算分析题

1. A 公司为一般工业企业，所得税税率为 25%，按净利润的 10%提取法定盈余公积，按净利润的 5%提取任意盈余公积。在 2×17 年度发生如下事项：

（1）A 公司于 2×14 年 1 月 1 日起计提折旧的管理用机器设备一台，原价为 200 000 元，预计使用年限为 10 年（不考虑净残值因素），按直线法计提折旧。由于技术进步的原因，自2×17年1月1日起，决定将原估计的使用年限改为8年（假定会计和税法对折旧的处理始终保持相同）。

（2）A公司于2×17年3月发现2×15年预付的车辆保险费2 000元（假设不重要）记入“长期待摊费用”科目，但未进行摊销。

（3）A公司于2×16年所得税汇算清缴前发现2×16年已经售出并已确认收入的一批产成品，没有相应地结转产品销售成本，成本金额为80 000元（假设重要）。

要求：判断上述事项各属于何种会计变更或差错，同时说明A公司2×17年度应如何进行相应的会计处理以及事项（1）、（3）应如何在报表中披露。

2. 陈述理由说明该如何处理以下这些或有事项：

（1）董事们在保险柜里发现一幅画并将其交给拍卖行拍卖。拍卖行确定这幅画在下个月的拍卖中至少可卖得100万元。

（2）公司的建筑工程导致一行人受伤而被索偿。律师已确定公司有可能需要支付20万元的赔偿金，但公司可向副承建商索偿9万元。

（3）某桌球台制造商收到一职业桌球手的来信。桌球手认为由于桌球台的不平衡导致其在一场主要桌球决赛中被打败，他威吓要控告制造商，并索偿80万元，赔偿金额约等于他因被打败而造成的损失。

3. 信业有限公司是一家经营重型机器的上市公司，其2×17年度的利润表初稿显示的利润总额为16 920万元。董事会在批准这份利润表前需考虑某些事项的处理方法。待决事项如下：

（1）信业有限公司于2×17年12月31日签订了一份合同，准备出售一批公司不需用的固定资产。在信业的账目中，这批资产按原值880万元入账，至2×17年12月31日的累计折旧为340万元。2×17年12月31日，董事会根据这些资产的预计可实现净值400万元已计提了资产处理损失。根据出售合同条款协议，该批资产于2×18年1月27日定价日的售价为300万元。

（2）2×18年2月28日，信业公司以1 200万元收购了奇伟有限公司全部的已发行股本。奇伟有限公司是一家制造某类专有机器的公司。收购方式为现金400万元，余额按信业公司的普通股于2×18年2月1日的市场中间价折算的股份数额支付。

（3）信业公司的一名客户欠款800万元，相关的发票日期为2×17年8月。虽然公司内部于2×17年年末曾就这项欠款的可回收性做出讨论，但由于年末得到的资料使董事会有理由相信公司将可收回这笔款项，因此公司并未就这项欠款做出拨备。2×18年3月1日，信业公司收到通知，该客户已申请清盘，初步消息显示其欠公司的款项可预计收回20%。

要求：就上述三个待决事项，提出你认为在2×17年年度报表中的最恰当的处理方法，并按照你提议的处理方法，计算在发布的财务报表中显示的调整后的利润总额。

第三篇

财务报表分析

第八章 财务报表分析概述

学习目标

学完本章，你应能做到：

- 熟悉财务报表分析的定义、主体。
- 了解财务报表分析的信息基础、来源及步骤。
- 掌握财务报表分析的基本方法。
- 能够熟练运用财务报表分析的基本方法进行相关的财务分析。

财务报表是企业经营活动的缩影，是传递会计信息的工具，就财务报表本身而言，它并不能成为企业信息使用者决策的依据，尤其是在社会经济现象复杂多变的情况下。因此，要使财务报表与其他工具一样，能对那些有能力并且愿意用心去研究的使用者有直接的助益，成为其制定决策的有用工具，就需要对财务报表加以整理分析，找出其中所包含的信息。

财务报表分析是以企业的财务报表和其他资料为基本依据，采用专门的分析工具和方法，从财务报表中寻找有用的信息，有效地寻求企业经营和财务状况变化的原因，从而对企业的财务状况、经营成果和现金流量进行综合与评价的过程。

财务报表分析的主体是指"谁"进行财务报表分析，实际上就是与企业存在直接或间接利益关系的组织和个人，即利益相关者，也就是我们在第一章介绍的财务报表使用者。主要包括投资人、债权人、管理当局、职工、顾客、政府及其机构以及公众等。由于财务报表使用者与企业利益关系的程度不同，实现自身财务利益的具体途径和方式不同，故其所关心的重点是不相同的（具体见第一章），综合他们所关注的，主要集中在企业的获利能力、偿债能力、营运能力、现金能力以及发展能力分析等方面。在下面的内容中，我们将详细介绍如何对企业的这些能力进行评价。

第一节 财务报表分析的信息基础、来源及步骤

一、财务报表分析的信息基础

财务报表分析的基本依据除了财务报表所揭示的会计信息外，还包括用于揭示与财务

报表直接或间接相关的财务或非财务等信息。

（一）财务报表分析的会计信息

财务报表分析依据的主要信息来自财务报表。财务报表所提供的信息，不但是报表使用者进行决策的依据，也是国家进行国民经济宏观管理的重要依据。根据《企业会计准则第 30 号——财务报表列报》的规定，为了达到使财务报表对有关决策有用和评价企业管理层受托责任的目标，一套完整的财务报表至少应当包括“四表一注”，即资产负债表、利润表、现金流量表和所有者权益变动表以及报表附注。

（二）财务报表分析的其他信息

除财务报表揭示的会计信息外，财务报表分析还需借助其他信息。

1. 审计报告

审计报告是注册会计师根据注册会计师审计准则的要求，对企业财务报表的合法性、公允性和一贯性做出的独立鉴证，可增强财务报表的可信性，是报表使用者判断上市公司财务报表真实程度的重要依据。

2. 政策信息

政策信息主要包括产业政策、价格政策、信贷政策、分配政策、财税法规、金融法规等，从企业的行业性质、组织形式等方面分析企业财务对政策法规的敏感程度，合理揭示经济政策调整及法律法规变化对企业财务状况与经营业绩的影响。

3. 行业信息

行业信息主要是指企业所处行业的相关产品、技术、规模、财务、经营和效益等方面的情况，以及企业所处行业竞争对手的情况。因此，在进行企业财务报表分析时，应关注行业平均水平、先进水平及行业前景信息，以便合理预测企业财务状况与经营业绩的变化趋势，为决策者提供可靠的决策依据。

4. 市场信息

市场信息主要包括消费品市场、生产资料市场、资本市场、劳动力市场、技术市场等，其中任何一部分都与企业财务及经营相关。因此，在进行企业财务报表分析时必须关注商品供求与价格对企业的销售数量与收入的影响，劳动力供求与价格对企业的人工费用、企业损益的影响，技术市场的供求与价格对无形资产规模、结构及相关费用和收入的影响，以便能从市场环境的变化中揭示企业财务状况的成因及其变化趋势。

二、财务报表分析的信息来源

根据我国的企业信息披露制度，取得上市公司的财务信息比较容易。1999 年以后，上市公司的定期报告全文可以通过证监会指定的网站——上海证券交易所和深圳证券交易所网站找到。投资者和社会公众还可以通过证监会指定的报刊，找到自己所需要的信息，这些报纸主要有《中国证券报》《证券时报》《上海证券报》《金融时报》《中国改革报》《证券日报》《中国日报》《证券市场周刊》等。而要取得一般公司的财务信息则相当困难。截至 2017 年 12 月，我国上市公司数量为 3 400 多家。而根据第二次全国基本单位普查结果，截至2001年12月31日，我国共有企业法人302.6万家，其中股份公司30万家。这就意味着，大多数企业的财务信息资料是不公开的。如果需要对财务信息不公开的企业进行分析，实地调查、面谈和侧面调查都是常用的方法。实地调查是通过访问企业，了解企业实际经营状况。实地调查时必须事先对已取得的资料或信息进行研究，准备好要调查的重点、问题和需确认的事项。

三、财务报表分析的基本步骤

财务报表分析不是一种固定程序的工作，不存在唯一的通用分析程序，而是一个研究和探索的过程。但财务报表分析的基本步骤一般按照以下程序进行。

(一) 明确分析目标，确定分析方案

明确分析目标是财务报表分析的灵魂，财务报表分析始终围绕着分析目标而进行。分析目标确定之后，就应当根据分析目标确定分析的内容和范围，并明确分析的重点内容，分清主次和难易，并据此制定分析工作方案。

(二) 收集、核实并整理数据资料

收集、核实并整理数据资料是保障分析质量和分析工作顺利进行的基础性程序。一般来说，收集资料是根据已经确定的范围收集分析所需要的资料，即在分析的技术性工作开始之前就应占有主要资料。核实资料的目的是保证资料的真实、可靠和准确无误。整理资料就是分析人员根据分析目的对资料进行选择和修正，使之变得易于理解和使用，以便提高报表分析工作的效率。

(三) 选择适宜的分析方法进行分析

分析方法的恰当与否，对分析的结果和分析的质量有重要影响。一般应根据分析的目标、内容选用适宜的分析方法。在分析过程中，对各项数据和原因要做出判断，整个分析过程就是判断过程。分析结束后，要对分析对象做出中肯评价，评价态度要鲜明，切忌模棱两可。

(四) 撰写分析报告

分析报告要对分析目的做出明确回答，评价要客观、全面、准确，要做必要的分析，说明评价的依据。分析报告不仅要表达最终的结论，还应包括分析的过程。此外，分析报告还应包括分析人员针对分析过程中发现的矛盾和问题，提出的改进措施或建议。如果分析报告能对企业今后的发展提出预测性意见，则具有更大的价值。

第二节　财务报表分析的基本方法

财务报表分析通常包括定性分析和定量分析。定性分析是指分析者根据自己的知识、

经验以及对企业内部情况的了解程度所做出的非量化的分析和评价；而定量分析则是指分析者运用一定的数学方法和分析技巧对有关指标所做的量化分析。分析者应该根据分析的目的和要求，在定量分析的基础上结合定性分析，以便正确评价企业的财务状况和经营成果。本书主要介绍定量分析中常用的几种方法。这些常用方法对每一个分析者来说，不论其自身经历如何都可采用。从这一意义上说，定量分析是客观性方法。定性分析方法则与分析者自身的经验、知识、风格等因素有关，是带有主观成分的分析方法。定量分析与定性分析并不矛盾，而是相辅相成的。

一般来说，财务报表定量分析的基本方法有四种：比较分析法、结构百分比法（共同尺度报表）、比率分析法和因素分析法。

一、比较分析法

虽然财务报表分析采用的技术方法日渐增加，但最主要的方法还是比较分析法。

要比较就要有一个标准，标准被看作是用以比较的基础或者参照物。对于孤立的某项财务数据，如一个企业的总资产报酬率是8%，我们无法做出任何有意义的判断。如果被告知同行业平均水平是12%，则说明该企业的收益能力相对较差；如果同行业平均水平是5%，则该企业的收益能力较好。要比较必须有一个参照物，即标准，并且是一个恰当的标准，才能得出有意义的判断。采用不同的比较标准，得出的差异有不同的经济意义。

根据采用的比较标准不同，比较分析包括历史比较、企业间比较和标准比较三种。

（一）历史比较

收入从去年起有所增长吗？增长了多少？我们发现销售收入增长了50万元，但仅仅这一项并不能说明问题，销售的增长百分比有助于我们理解这个问题。了解到销售收入增长了20%比仅仅知道绝对数值50万元更有意义。

历史比较是对同一企业两期或两期以上的财务报表予以并列比较，它是一种动态的分析，也叫趋势分析。这种方法由于资料容易得到而被广泛采用。

采用历史比较分析财务报表的具体做法是：

第一，计算从基年（前一年）到后一年的数额变动值（即绝对数字增减变动比较）。第二，将这个数值除以基年的数额（即百分比增减变动比较）。

采用这种方法，可以反映出企业的动态发展，以揭示当期财务状况和经营成果增减变动情况，识别引起变动的主要原因、变动的性质（有利还是不利），发现问题并评价企业财务管理水平，同时可以预测企业未来的发展前景。

【例8-1】长江电力股份有限公司2017年与2016年的比较利润表见表8-1。

表8-1　　长江电力比较利润表——历史比较　　金额单位：万元

项目	2017年 ①	2016年 ②	增（减）额 ③=①-②	增（减）率 ④=③/②
一、营业收入	5 014 684.86	4 893 938.87	120 745.99	2.47%
减：营业成本	1 945 373.37	1 923 799.50	21 573.87	1.12%

续前表

项目	2017 年 ①	2016 年 ②	增（减）额 ③=①-②	增（减）率 ④=③/②
税金及附加	105 601.33	107 366.16	-1 764.82	-1.64%
销售费用	1 912.58	808.74	1 103.84	136.49%
管理费用	84 043.73	82 518.60	1 525.13	1.85%
财务费用	589 665.98	667 934.87	-78 268.89	-11.72%
资产减值损失	20 461.38	10 647.49	9 813.89	92.17%
加：其他收益	229 063.85	287 067.92	-58 004.07	-20.21%
投资收益	231 170.01	133 418.87	97 751.14	73.27%
公允价值变动收益	-16 432.32	-6 612	-9 819.97	-148.51%
资产处置收益	-3 737.30	2 046.93	-5 784.23	-282.58%
二、营业利润	2 707 690.72	2 516 785.23	190 905.49	7.59%
加：营业外收入	53.63	279.62	-225.99	-80.82%
减：营业外支出	42 305.47	1 670.77	40 634.70	2 432.10%
三、利润总额	2 665 438.89	2 515 394.08	150 044.81	5.97%
减：所得税费用	437 977.57	421 616.17	16 361.41	3.88%
四、净利润	2 227 461.31	2 093 777.91	133 683.40	6.38%
五、其他综合收益的税后净额	25 854.10	73 766.69	-47 912.59	-64.95%
六、综合收益总额	2 253 315.42	2 167 544.60	85 770.82	3.96%

注：报表已按 2018 年 6 月财政部发布的最新报表格式调整，下同。

采用比较分析法应注意一个问题：当绝对数的值很小时，计算百分比时应特别注意，因为小的绝对数的变化会使百分比的值变化很大。例如，一个小商店去年利润是 1 元，今年上升到 100 元，在绝对数上利润只增长了 99 元，但如果用百分比反映，增加的幅度为 9 900%。这种大幅度的增长速度，虽然不能说是错误，但给人以故弄玄虚的感觉。因此，在绝对数很小的情况下，要同时列出绝对值和百分比，不能仅仅列出百分比。

在进行更长期间的比较时，趋势分析法往往将各期间的财务数据换算成同一基期的百分比，将选择的基年的数据设为 100%，以后每一年的数额均为基年的某个百分比。即

趋势百分比=任一年的数额/基年数额

【例 8-2】贵州茅台酒股份有限公司 2012—2017 年的净利润如表 8-2 所示。

表 8-2 **贵州茅台净利润表** 单位：万元

年份	2017 年	2016 年	2015 年	2014 年	2013 年	2012 年（基年）
净利润	2 900 642.32	1 793 064.31	1 645 499.66	1 626 937.15	1 596 489.99	1 400 845.07

我们需要 2013—2017 年的五年期趋势百分比，因此基年是 2012 年。计算趋势百分比时，用每年的数额除以 2012 年的数额，结果如表 8-3 所示（2012 年为 100%）。

表 8-3　　贵州茅台净利润比较表

年份	2017 年	2016 年	2015 年	2014 年	2013 年	2012 年（基年）
净利润	207%	128%	117%	116%	114%	100%

从表 8-3 可以看出，从 2013—2017 年，贵州茅台的净利润一直保持着一定的增长。2013—2016 年缓慢增长，基本平稳，2017 年增幅较大。该公司公开披露的信息表明，2017 年利润的增长主要来源于企业营业收入的增长。2017 年，白酒行业进入新一轮增长期，该公司茅台酒和系列基酒的销售都有较大幅度的增长，当年营业收入较 2016 年增长了 49.81%，这是当年净利润增长的主要原因。

趋势分析法也有其局限性，那就是即使在通货膨胀率相对较低的时期内，财务数据也会因消费物价指数变动的影响而失真，因此长期趋势分析必须随着通货膨胀而做调整。

(二) 企业间比较

历史比较只能揭示变化的趋势，不能反映企业的竞争地位。为了全面评价经营业绩，还需要把企业的主要财务指标与同行业的平均指标、同行业中先进企业指标或竞争对手指标作对比。通过与同行业平均指标的对比，可以分析判断该企业在同行业中所处的位置；和先进企业的指标对比，实际上是与先进管理方法、先进的科学技术成就作比较，找出与先进水平的差距，有利于吸收先进经验，克服本企业的缺点。

企业间对比往往利用一个代理机构（如商会、同业公会）提供的关于该行业的平均业绩统计资料。在所有参与的企业将各自的财务数据呈交给代理机构后，由其来集中公布该行业的平均营业结果。统计资料一般采用财务比率的形式来表达，各企业便可以将各自的业绩数据与该行业平均数据相比较，进行企业间的对比分析。

近年来，企业间对比已变得较为困难，因为更多的企业已组建为联合集团，同时满足多种行业，进行企业间对比时会面临这样的问题，即不能确定该公司属于哪一行业。在这种情况下，只能将其归入与其经营特征最相近的行业。

(三) 标准比较

标准比较是以被分析企业的预算数据或标准成本数据为比较尺度的分析法。预算数据等如果制定得确切，是最合理的比较尺度，但企业外部很难取得这些资料。

比较分析法的主要作用在于揭示客观存在的差距以及形成这种差距的原因，帮助人们发现问题，挖掘潜力，改进工作。比较分析法是各种分析方法的基础，不仅报表中的绝对数要通过比较才能说明问题，计算出来的结构百分数和财务比率也都要与有关资料（比较标准）进行比较，才能得出有意义的结论。

二、结构百分比法（共同尺度报表）

结构百分比是用百分率表示某一报表项目的内部结构，描述了一个财务报表项目与其基准项的关系，基准项被定义为 100%。在利润表中，年度营业收入常被用作基准项，视作 100%，其他数据写成营业收入的百分比形式，或将资产负债表中的总资产价值视作

100%，从而简化了对比。

【例 8-3】长江电力股份有限公司的利润表以营业收入作为基准项编制的共同尺度报表如表 8-4 所示。

表 8-4　　长江电力比较利润表——结构百分比　　单位：万元

项目	2017 年		2016 年	
	金额	百分比/%	金额	百分比/%
一、营业收入	5 014 684.86	100.00%	4 893 938.87	100.00%
减：营业成本	1 945 373.37	38.79%	1 923 799.50	39.31%
税金及附加	105 601.33	2.11%	107 366.16	2.19%
销售费用	1 912.58	0.04%	808.74	0.02%
管理费用	84 043.73	1.68%	82 518.60	1.69%
财务费用	589 665.98	11.76%	667 934.87	13.65%
资产减值损失	20 461.38	0.41%	10 647.49	0.22%
加：其他收益	229 063.85	4.57%	287 067.92	5.87%
投资收益	231 170.01	4.61%	133 418.87	2.73%
公允价值变动收益	−16 432.32	−0.33%	−6 612	−0.14%
资产处置收益	−3 737.30	−0.07%	2 046.93	0.04%
二、营业利润	2 707 690.72	54.00%	2 516 785.23	51.43%
加：营业外收入	53.63	0.00%	279.62	0.01%
减：营业外支出	42 305.47	0.84%	1 670.77	0.03%
三、利润总额	2 665 438.89	53.15%	2 515 394.08	51.40%
减：所得税费用	437 977.57	8.73%	421 616.17	8.62%
四、净利润	2 227 461.31	44.42%	2 093 777.91	42.78%

三、比率分析法

（一）比率分析法的定义

比率分析法是指在同一财务报表的不同项目之间，或在不同财务报表的有关项目之间进行对比，以计算出的比率反映各个项目之间的相互关系，据此评价企业的财务状况和经营成果。比率是相对数，用比率所得出的信息比较准确，且能够把某些条件下的不可比指标变为可以比较的指标，所以比率分析法是最受欢迎和运用广泛的财务分析工具。

（二）财务比率的种类

按分析的对象，财务比率可以针对以下内容进行分析：短期偿债能力、长期偿债能力、获利能力、营运能力、现金能力、发展能力等。

本书介绍的财务报表比率分析中的指标可概括如表 8－5 所示，将分别在本书的第九章至第十三章讲解。

表 8－5　　财务比率分析指标

短期偿债能力分析：	营运能力分析：	现金能力分析：
流动比率	收账期（或应收账款周转率）	现金负债总额比率
速动比率	存货期（或存货周转率）	现金流动负债比率
现金比率	付款期	现金到期负债比率
长期偿债能力分析：	营运资本周期	经营活动创现率
资产负债率	流动资产周转率	主营业务收入现金流量
所有者权益比率与权益乘数	固定资产周转率	投资活动创现率
产权比率	总资产周转率	每股现金净流量
有形净值债务率		现金股利保障倍数
利息保障倍数		股本现金净流量比率
获利能力分析：	上市公司获利能力分析：	再投资比率
毛利率	每股收益	投资活动筹资比率
营业利润率	市盈率	发展能力分析：
销售净利润率	每股净资产	所有者权益增长率
总资产报酬率	市净率	资产增长率
净资产报酬率	每股股利	销售增长率
成本费用利润率	股利支付率	收益增长率

财务比率分析可与比较分析相结合，如将公司当期的比率与历史数据、同行业数据或预期数据相比较，这种比较有助于分析者更深入地洞察企业的财务状况和经营成果；同时应避免使用单个财务指标判断企业的财务状况和经营成果，因其所含的信息量相当有限，只有分析了一组财务比率之后，才能得出比较合理的分析结论。

（三）比率分析法应注意的问题

比率分析法的优点是计算简便，而且可以使某些指标在不同规模的企业之间进行比较，甚至也能在一定程度上超越行业间的差别进行比较。采用这一方法时应该注意以下问题：

（1）计算比率的子项和母项必须具有相关性，把不相关的项目进行对比是没有意义的。

（2）计算比率的子项和母项必须在计算时间、范围等方面保持口径一致。

（3）财务比率分析可与比较分析相结合，如将公司当期的比率与历史数据、同行业数据、预期数据以及公认标准相比较。

四、因素分析法

一个经济指标的质量往往是由多种因素造成的，只有将这些指标分解成各种各样的过程因素，才能发现指标的驱动因素，才有利于我们做出各种决策。因素分析法也是财务报表分析常用的一种方法，它包括比率因素分析法和差异因素分析法。

（一）比率因素分析法

比率因素分析法是把一个比较核心的财务比率分解成若干个影响因素的方法。著名的杜邦分析体系就是采用比率因素分析法的典型代表，在该体系中，将净资产报酬率分解为总资产报酬率和权益乘数的乘积，表明净资产报酬率受总资产报酬率和权益乘数的影响。关于杜邦分析体系，我们将在本书后面的相关章节中具体介绍。

（二）差异因素分析法

为了比较实际数额与目标标杆值之间差额产生的原因，可以采用差异因素分析法。根据计算差异方式的区别，差异因素分析法又可以区分为定基替代法和连环替代法。

（1）定基替代法。定基替代法以目标标杆值为基础，分别用实际数额代替标杆值，来确定在实际工作中各因素对指标的影响。比如：

预算销售收入＝预计销售量×预计价格

销售差异＝实际销售量×实际价格－预计销售量×预计价格

我们知道了销售差异，但要想知道差异产生的因素，则可通过以下公式获得：

数量因素的影响＝实际销售量×预计价格－预计销售量×预计价格

价格因素的影响＝实际销售量×实际价格－实际销售量×预计价格

值得注意的是，采用定基替代法只能得到财务因素的影响，但企业的经济指标除了受财务因素影响之外，还受非财务因素（如内外部环境）的影响。

（2）连环替代法。连环替代法以目标标杆值为基础，然后依照特定顺序分别用实际数额代替标杆值，来逐一确定在实际工作中各因素对指标的影响。

假设某一经济指标可以写成表达式：$Y=a\times b\times c$，企业根据情况制定的目标标杆值则可以表达为：$Y_0=a_0\times b_0\times c_0$，企业的实际指标状况可以表达为：$Y_1=a_1\times b_1\times c_1$，则差异额 $\Delta Y=Y_1-Y_0$。

我们来分析差异产生的原因：

a 因素的影响$=a_1\times b_0\times c_0-a_0\times b_0\times c_0$

b 因素的影响$=a_1\times b_1\times c_0-a_1\times b_0\times c_0$

c 因素的影响$=a_1\times b_1\times c_1-a_1\times b_1\times c_0$

在连环替代法的使用过程中需要关注：第一，构成因素具有相关性，对指标具有解释作用，否则单纯的定量分析就失去了经济意义；第二，因素替代的顺序要恰当，并依次进行；第三，计算分析程序的连环性，在计算分析每一个因素的影响时，都是在前一个因素变动的基础上进行的，连环替代，逐一确定各个因素的影响。

在实际经济生活中，比较分析法和因素分析法往往结合使用，在比较中分析寻找差异产生的原因，在因素分析的过程中比较结果的不同，分析师的分析工作是由很多个比较和因素分析过程所构筑的。

本章小结

财务报表分析是以企业的财务报表和其他资料为基本依据，采用专门的分析工具和方法，从财务报表中寻找有用的信息，有效地寻求企业经营和财务状况变化的原因，从而对企业的财务状况、经营成果和现金流量进行综合与评价的过程。财务报表分析的起点是财务报表，同时需借助报表外的其他信息。

财务报表分析通常包括定性分析和定量分析。分析者应该根据分析的目的和要求，在定量分析的基础上结合定性分析，以便正确评价企业的财务状况和经营成果。一般来说，财务报表定量分析的基本方法有四种：比较分析法、结构百分比法、比率分析法和因素分析法。

财务报表分析是一种分析工作，而不是程序性工作，不存在统一的模式，不同的分析目的、企业的具体情况以及可获取资料的范围，都决定着具体的分析方法和分析程序，因此要采取具体问题具体分析的态度，切忌生搬硬套。

课后思考题

1. 财务报表分析的信息基础有哪些？这些信息一般从哪里获得？
2. 财务报表分析的基本步骤是什么？
3. 财务报表分析的基本方法有哪些？
4. 股东、债权人进行财务报表分析的目的是什么？

课后练习题

一、单项选择题

1. 保障分析质量和分析工作顺利进行的基础性程序是（　　）。

A. 明确分析的目的　　B. 明确分析的范围

C. 收集、整理和核实资料　　D. 选用适宜的分析方法

2. 在比较分析法中，可以进一步说明变动程度的是（　　）。

A. 绝对数比较　　B. 相对数比较

C. 垂直比较　　D. 水平比较

3. 纵向分析的一种重要形式是（　　）。

A. 比较资产负债表　　B. 比较收益表

C. 差异分析　　D. 共同尺度报表

4. 在比较分析法中，较其他标准更能得出准确、客观的评价结论的比较标准是（　　）。

A. 本企业实际与国内外先进水平进行比较

B. 本企业实际与评价标准进行比较

C. 本期实际与预定目标比较

D. 本期实际与历史最好水平比较

二、多项选择题

1. 财务报表分析的信息基础有（　　）。

A. 会计信息　　B. 市场信息

C. 审计报告　　D. 政策信息

E. 财务报表

2. 下列各项中，能够成为财务报表分析主体的有（　　）。

A. 债权人　　B. 投资人

C. 经理人员　　D. 审计师

E. 政府及其机构

3. 财务报表分析方法因分析目标不同，可采用多种多样的分析方法，包括（　　）。

A. 回归分析法　　B. 结构百分比法

C. 比较分析法　　D. 比率分析法

E. 因素分析法

4. 我国目前一般将财务比率分为（　　）。

A. 获利能力比率　　B. 偿债能力比率

C. 流动资产比率　　D. 营运能力比率

E. 发展能力比率

三、判断题

1. 财务报表分析是以企业的财务报表和其他资料为基本依据，采用专门的分析工具和方法，从财务报表中寻找有用的信息，有效地寻求企业经营和财务状况变化的原因，从而对企业的财务状况、经营成果和现金流量进行综合与评价的过程。（　　）

2. 在进行财务报表分析时，非常重要的信息是审计师出具的审计报告，如果审计师出具无保留意见的审计报告，则意味着企业的财务报表准确无误。（　　）

3. 比较分析法主要有历史比较、同行业比较以及标准比较。（　　）

4. 在进行同行业比较分析时，最常用的是选择同行业先进水平或平均水平作为比较标准。（　　）

第九章 资产负债表及偿债能力分析

学习目标

学完本章，你应能做到：

- 了解分析资产负债表的目的。
- 熟悉资产负债表水平分析、结构分析方法。
- 熟悉资产负债表主要项目分析方法。
- 掌握短期偿债能力分析方法。
- 掌握长期偿债能力分析方法。

第一节 资产负债表分析

一、分析资产负债表的目的

资产负债表是总括反映企业在某个特定日期财务状况的报表。它表明企业在某一特定日期所拥有或控制的经济资源、所承担的现时义务和所有者对净资产的要求权。

信息使用者可从资产负债表中了解以下三类信息。

（一）企业短期偿债能力

企业短期偿债能力主要反映在流动性上。所谓流动性，主要是指资产转换成现金或负债到期清偿所需的时间，亦指企业资产接近现金或负债接近偿付的程度。除现金本身外，能越快转换成现金的资产，其流动性越强，一般来说，有价证券投资的流动性强于应收款项，而应收款项的流动性又强于存货。负债到期日越短的，其流动性亦越强。短期债权人主要关心企业是否有足够的资产及时转换成现金，以清偿短期内到期的债务。长期债权人及企业所有者也会对企业的短期偿债能力加以评价，短期偿债能力不佳，企业资金周转就有困难，长期债权人及所有者的投资报酬没有保障，投资安全亦受到威胁。资产负债表中流动资产与流动负债信息及报表中相关的附注，有助于信息使用者解释、评价、预测企业的流动性和短期偿债能力。

(二) 企业的资本结构和长期偿债能力

企业的长期偿债能力一方面取决于它的获利能力，另一方面取决于它的资本结构。资本结构是指企业权益总额中负债与所有者权益的相对比例。负债与所有者权益相对比例的大小，影响债权人和所有者的投资风险，以及企业的长期偿债能力。负债比重越大，债权人所承担的风险越大，所有者所承担的风险越小，企业的长期偿债压力越大。资产负债表可为解释、评价、预测企业的资本结构和长期偿债能力提供信息。

(三) 企业的财务弹性

财务弹性是指企业应付各种挑战、适应各种变化的能力，包括进攻性适应能力和防御性适应能力。进攻性适应能力是指企业有能力和财力抓住突如其来的获利机会。防御性适应能力是指企业在经营危机中生存下来的能力。企业的财务弹性主要来自资产变现能力，经营活动产生现金流入的能力，对外筹集和调度资金的能力，以及在不影响正常经营的前提下变卖资产获取现金的能力。财务弹性强的企业不仅能从有利可图的经营活动中获取现金，而且可以向债权人举借长期负债和向所有者筹措追加资本，投入新的有利可图的事业，即使经营失利，也可随机应变，及时筹集所需资金，分散经营风险，避免陷入财务困境。资产负债表本身并不能直接提供有关企业财务弹性的信息，但是它所列示的资产分布和对这些资产的要求权的信息，以及企业资产流动性、负债流动性和资本结构等信息，并借助利润表及附注、附表的信息，可间接地解释、评价和预测企业的财务弹性，并为管理部门增强企业在市场经济中的适应能力提供指导。

二、资产负债表水平分析

资产负债表水平分析是将资产负债表中各项目不同时期的数据进行比较，计算其增减百分比，分析其增减变化的原因，借以判断企业财务状况的变化趋势。

采用水平分析法，要联系企业生产经营活动的发展变化，将各项目的增减变化同企业产值、销售收入等生产成果指标的增减变化相对比，判断增资与增产、增收之间是否协调，资产营运效率是否提高。

(一) 货币资金增减变动分析

企业货币资金的增减变动，可能受以下因素的影响：

(1) 销售规模的变动。销售规模发生变动时，货币资金存量规模必然会发生相应的变动，并且二者具有一定的相关性。

(2) 信用政策的变动。在销售时，企业提高现销比例，货币资金存量规模就会大些；反之，货币资产存量规模就会小些。

(3) 为大笔现金支出做准备。企业如果准备派发现金股利、偿还将要到期的巨额银行借款或集中购货等，将积累大量的货币资金以备需用，这样就会使货币资金存量规模较大。一旦这种需用消失，货币资金存量规模就会降下来。

(4) 资金调度。如在货币资金存量规模过小时通过筹资活动提高其存量规模，而在资金存量规模较大时，通过短期证券投资的方法加以充分利用，就会降低货币资金存量规模。

(二) 应收票据及应收账款增减变动分析

在流动资产和销售收入不变的情况下，应收票据及应收账款的绝对额增加了，表明企业变现能力减弱，承担的风险增大，应收票据及应收账款占用比重就不合理；如果应收票据及应收账款的增长与流动资产增长和销售收入增长相适应，表明应收票据及应收账款占用相对合理。

(三) 存货增减变动分析

各类存货在企业再生产过程中的作用是不同的。其中，材料存货是维持企业再生产活动的必要物质基础，所以应把它限制在能够保证再生产正常进行的最低水平上；产成品存货是存在于流通领域的存货，它不是保证再生产过程持续进行的必要条件，因此必须压缩到最低限度；在产品存货是保证生产过程持续进行的存货，企业的生产规模和生产周期决定了在产品存货的存量，在企业正常经营条件下，在产品存货应保持一个稳定的比例。

一个企业在正常情况下，其存货结构应保持相对稳定性。分析时，应特别注意对变动较大的项目进行重点分析。存货增加应以满足生产、不盲目采购和无产品积压为前提，存货减少应以压缩库存量、加速周转、不影响生产为前提。

(四) 固定资产增减变动分析

固定资产增减变动分析，主要是对固定资产增加情况、更新情况、报废情况及损失情况进行分析。在评价企业固定资产更新的规模和速度时，应结合企业的具体情况进行分析，如果企业是为了保持一定的生产规模和生产能力，必须对设备进行更新是合理的；如果更新设备只是为盲目扩大生产，就不合理了。

(五) 无形资产增减变动分析

无形资产增减变动，从发展趋势上看，应当呈上升态势，无形资产增幅越大，表明企业可持续发展能力越强。

(六) 流动负债增减变动分析

流动负债增减变动分析，主要是通过流动负债各项目的增减变动，分析企业短期融资渠道的变化情况及偿债压力的大小，借以判断企业的短期融资能力对企业生产经营活动的影响。

(七) 非流动负债增减变动分析

非流动负债增减变动分析，主要是通过非流动负债各项目的增减变动，分析企业长期融资渠道的变化情况，借以判断企业长期资金的融资能力。

(八) 所有者权益增减变动分析

引起所有者权益增减变动的主要原因有：增加（或减少）注册资本，资本公积发生增减变化，留存收益的增加（或减少）等。通过对所有者权益增减变动分析，可进一步了解企业对负债偿还的保证程度和企业自己积累资金和融通资金的能力与潜力。

我们以苏泊尔公司为例进行分析。苏泊尔公司是一家厨卫家电企业，主要从事厨房用具、不锈钢制品、日用五金、水型家电及炊具的研发、生产和销售；产品为炊具及厨房小家电等。该公司 2017 年、2016 年的资产负债表水平分析如表 9－1 所示。

表 9－1　　苏泊尔公司比较资产负债表——水平分析　　单位：万元

项目	2017 年 ①	2016 年 ②	增（减）额 ③=①－②	增（减）率 ④=③/②
流动资产：				
货币资金	77 964.14	75 414.41	2 549.73	3.38%
交易性金融资产	130 553.04	85 698.88	44 854.16	52.34%
应收票据及应收账款	207 333.49	200 363.82	6 969.67	3.47%
预付款项	32 662.85	15 732.67	16 930.18	107.61%
其他应收款	2 067.39	5 594.37	－3 526.98	－63.05%
存货	218 589.95	169 693.22	48 896.73	28.81%
其他流动资产	102 557.63	98 169.89	4 387.74	4.47%
流动资产合计	771 728.49	650 667.26	121 061.23	18.61%
非流动资产：				
长期股权投资	5 782.81	5 387.79	395.02	7.33%
固定资产	82 919.77	88 512.96	－5 593.19	－6.32%
在建工程	2 346.42	598.67	1 747.75	291.94%
无形资产	33 460.27	25 569.30	7 890.97	30.86%
递延所得税资产	20 930.06	15 041.98	5 888.08	39.14%
非流动资产合计	145 439.33	135 110.70	10 328.63	7.64%
资产总计	917 167.82	785 777.96	131 389.86	16.72%
负债及股东权益：				
流动负债：				
应付票据及应付账款	230 702.59	206 214.05	24 488.54	11.88%
预收款项	120 602.04	77 958.75	42 643.29	54.70%
应付职工薪酬	23 909.65	23 791.93	117.72	0.49%
应交税费	12 864.52	11 533.39	1 331.13	11.54%
其他应付款	6 730.94	8 028.76	－1 297.82	－16.16%
流动负债合计	394 809.74	327 526.88	67 282.86	20.54%
非流动负债：				
长期应付职工薪酬	545.62	697.6	－151.98	－21.79%
预计负债	1 515.00	715.00	800.00	111.89%
递延所得税负债	448.48	683.37	－234.89	－34.37%

续前表

项目	2017年 ①	2016年 ②	增（减）额 ③=①-②	增（减）率 ④=③/②
非流动负债合计	2 509.10	2 095.97	413.13	19.71%
负债合计	397 318.84	329 622.85	67 695.99	20.54%
股东权益：				
股本	82 128.76	63 176.57	18 952.19	30.00%
资本公积	9 390.76	4 175.19	5 215.57	124.92%
减：库存股	2 194.51		2 194.51	
其他综合收益	−2 949.38	−2 111.51	−837.87	−39.68%
盈余公积	39 389.31	29 568.12	9 821.19	33.22%
未分配利润	394 001.71	359 393.38	34 608.33	9.63%
归属于母公司股东权益合计	519 766.65	454 201.75	65 564.90	14.44%
少数股东权益	82.33	1 953.37	−1 871.04	−95.79%
股东权益合计	519 848.98	456 155.12	63 693.86	13.96%
负债和股东权益总计	917 167.83	785 777.96	131 389.87	16.72%

从表 9-1 可知，苏泊尔公司 2017 年的总资产比 2016 年增加了 13.14 亿元，增加幅度为 16.72%，说明公司的规模有一定程度的扩大。从总资产的各构成项目看，流动资产 2017 年比 2016 年增加了 12.11 亿元，增幅为 18.61%；非流动资产增加了 1.03 亿元，增幅为 7.64%，低于流动资产的增幅。流动资产和非流动资产的同时增加导致了 2017 年苏泊尔总资产的增长，从相对数和绝对数都可以看出，总资产的增长主要来自流动资产的增长，而流动资产的增长主要源于交易性金融资产、预付款项及存货的增长。交易性金融资产的增加，主要是企业以闲置资金购买与利率挂钩的保本浮动收益理财产品增加所致；存货的增长是销售增长带来的自发性增长；而预付款项增长主要是采购大宗材料预付货款增加所致。

从资金来源看，主要是负债增加了 6.77 亿元，增幅为 20.54%，股东权益增加了 6.37 亿元，增幅为 13.96%。负债的增长主要源于流动性债务的增长。流动负债中增幅较大的是应付款项和预收款项。尤其是预收款项，本年总额为 12.06 亿元，较 2016 年增加了 4.26 亿元，增幅为 54.7%。预收款项均为预收的货款，说明市场对企业产品的后续需求较强，企业产品有较好的市场前景。股东权益的增长来源于股本（2016 年分配方案为每 10 股送红股 3 股，每 10 股派发现金红利 7.7 元）、盈余公积和未分配利润。

总体来看，公司几乎没有借款性负债，资金流充分（货币资金、交易性金融资产和其他流动资产基本都是企业短期可以动用的资金），盈利能力相对稳定，但是近期没有太大的投资计划，这是成熟期企业的标志。

三、资产负债表结构分析

资产负债表结构如图 9-1 所示。资产负债表结构分析包括资产结构分析、资本结构分析和资产与权益对称结构分析三个方面。

资产结构	资产：	负债及所有者权益：	资本结构
	流动资产	负债：	
		流动负债	
	非流动资产	非流动负债	
		所有者权益	
	资产合计	负债和所有者权益合计	

图 9-1　资产负债表结构

（一）资产结构分析

1. 资产结构的定义

资产结构是指企业各种资产占总资产的比重。资产结构具体分为三种：

（1）资产变现速度及价值转移形式结构。该结构是指企业总资产中流动资产和非流动资产各占的比重或比例关系。

（2）资产占用形态结构。该结构是指企业总资产中有形资产和无形资产各占的比重或比例关系。

（3）资产占用期限结构。该结构是指企业总资产中长期、短期资产各占的比重或比例关系。

通常人们更多关注的是第一种资产结构，即流动资产和非流动资产的比例关系。

通过资产结构分析，可以看出企业的行业特点和经营特点，如工业企业的非流动资产往往大于流动资产，而商业企业的情况正好相反。在同一行业中，流动资产、长期股权投资所占的比重的大小，也可以反映出企业的经营特点和风险。长期股权投资较高的企业，投资收益和风险要高；无形资产持有多的企业，开发创新能力强。

2. 资产结构对企业经营的影响

（1）对风险的影响。企业面临的风险包括财务风险和经营风险两类，前者主要与企业资金的筹集即资本结构相关，后者主要与企业资金的运用即资产结构有关。一般来说，流动资产、短期资产的经营风险相对较小，非流动资产、长期资产经营风险相对较大，有形资产的经营风险低于无形资产。企业的资产结构不同，企业所承受的风险也不相同，企业应寻求一种既能满足生产经营对不同资产的需求，又能使经营风险最小的资产结构。

（2）对收益的影响。不同的资产对企业收益也有不同的影响。资产按与企业收益的关系大致可以划分为三类：一是直接形成企业收益的资产，包括产品、商品等存货资产，应收款项等结算资产，有价证券等投资资产；二是对企业一定时期收益不产生影响的资产，如货币资产；三是抵扣企业一定时期收益的资产，包括固定资产、无形资产等。其中第三类资产在一定时期内可以有助于企业收益的实现，或者说是企业收益实现不可缺少的条件。但是，从实际的收益计算看，这些资产转移或摊销价值则是其他资产取得收益的抵扣项目。所以，在总资产一定的条件下，这些资产占用越多，要抵扣的收益就越多，企业利润就越少；反之，企业利润就越多。因此，在企业总资产中，应尽可能地增加直接形成企业收益资产的比重，减少其他两类资产的比重。但前提是资产类别之间、项目之间的结构必须协调，若走向某种极端，结果就会适得其反。

（3）对流动性的影响。资产的流动性是指资产的变现速度。资产流动性大小与资产的风险大小和收益高低是相联系的。总的来看，流动性强的资产，其风险相对小，收益相对低；反之，流动性弱的资产，其风险相对较大，收益相对较高。在一般情况下，企业的流动资产比固定资产、金融资产比实物资产、短期资产比长期资产、货币资产比商品资产和生产资产、临时波动的资产比永久固定的资产流动性强。但是，如果资产的质量不正常，流动性排序则必须按资产质量来进行。

各类资产如何配置，对企业取得最佳的经济效益关系重大。在企业资产结构体系中，固定资产与流动资产之间的结构比例是最重要的内容。在企业经营规模一定的条件下，如果固定资产存量过大，则正常的生产能力不能充分发挥出来，造成固定资产的部分闲置或生产能力利用不足；如果流动资产存量过大，则又会造成流动资产闲置，影响企业的盈利能力。那么，固定资产与流动资产之间应保持怎样的结构比例呢？这主要取决于企业对风险的态度、行业特点和经营规模。如果企业敢于冒险，就可能采取较高的固定资产构成比例；反之，则采取较高的流动资产构成比例。从行业特点看，创造附加值低的企业，如商业企业，需要保持较高的资产流动性；而创造附加值高的企业，如制造业企业，需要保持较高的固定资产比重。从经营规模看，规模较大的企业，因其筹资能力强，固定资产比例相对高些；规模较小的企业，流动资产比例相对高些。除此之外，同一行业内部，生产组织、生产特点、生产方式的差异对固定资产与流动资产之间的结构比例也会产生影响。

仍以苏泊尔为例，该公司 2017 年、2016 年的资产结构对比表如表 9-2 所示。

表 9-2　　苏泊尔公司资产结构对比表　　单位：万元

资产项目	2017 年		2016 年	
	金额	结构百分比（%）	金额	结构百分比（%）
流动资产：				
货币资金	77 964.14	8.50%	75 414.41	9.60%
交易性金融资产	130 553.04	14.23%	85 698.88	10.91%
应收票据及应收账款	207 333.49	22.61%	200 363.82	25.50%
预付款项	32 662.85	3.56%	15 732.67	2.00%
其他应收款	2 067.39	0.23%	5 594.37	0.71%
存货	218 589.95	23.83%	169 693.22	21.60%
其他流动资产	102 557.63	11.18%	98 169.89	12.49%
流动资产合计	771 728.49	84.14%	650 667.26	82.81%
非流动资产：				
长期股权投资	5 782.81	0.63%	5 387.79	0.69%
固定资产	82 919.77	9.04%	88 512.96	11.26%
在建工程	2 346.42	0.26%	598.67	0.08%
无形资产	33 460.27	3.65%	25 569.30	3.25%
递延所得税资产	20 930.06	2.28%	15 041.98	1.91%
非流动资产合计	145 439.33	15.86%	135 110.70	17.19%
资产总计	917 167.82	100.00%	785 777.96	100.00%

从表 9-2 中可以看出，企业全部资产中流动资产占绝大多数，两年占比均超过 80%，说明资产的流动性较强。而且由于交易性金融资产、预付款项和存货的增长，2017 年苏泊尔公司流动资产占总资产的比重较 2016 年又有所增加，非流动资产占总资产的比重稍

下降。这种状况表明该公司的资产流动性进一步增强，经营风险相对下降，但是资产的收益性也随之下降。

（二）资本结构分析

企业的全部资金来源于两个方面：一是借入资金，包括流动负债和长期负债；二是自有资金，即企业的所有者投资。如图 9－2 所示。

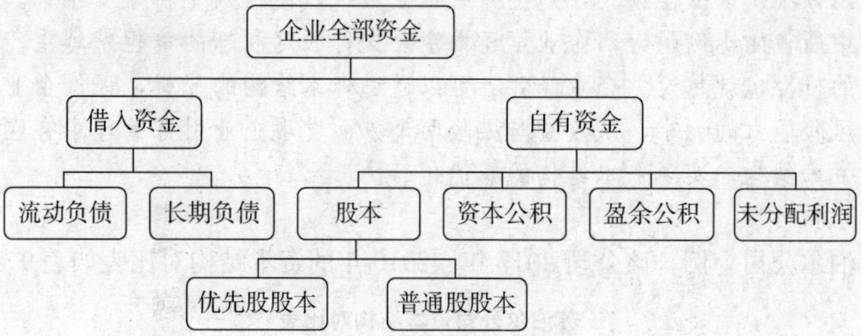

图 9－2　企业资金来源

企业的全部资金来源中负债和所有者权益所占的比重及其相互间的比例关系就是资本结构。资本结构分析无论是对企业经营者、股东还是对债权人来说都十分重要。因为资本结构分析最重要的作用在于明确划分资金的不同来源，从而揭示资金的不同性质。由于负债融资和所有者权益融资是两种不同性质的资金来源，因此它们对企业的收益与风险所起的作用不相同：一般而言，负债融资的资金成本较低，只需支付利息，且利息费用可以在税前支付，但财务风险较高，即不论企业经营状况如何，到期必须还本付息；而所有者权益融资的财务风险较低，企业对投资者的投资可以在续存期间永久使用，股利的支付不是固定的，而是视企业经营状况而定，利润少就少分，无利润可不分，但其资金成本较高，利润全归投资者所有，且股利不得从税前扣除。企业适当负债将会降低企业的加权平均资金成本。但随着负债的增加，负债的成本亦将增加，同时风险也增加得更快。这些根本特性确定了企业资本结构分析的意义。

作业 9－1

请思考债权人、投资人和企业经营者关注资本结构的意义各是什么。

【参考答案】

（1）就债权人而言，所有者权益在资本结构中所占的比例越大，其债权的保障程度就越高；所有者权益在资本结构中所占的比例越小，则其债权的保障程度就越低。债权人可以通过资本结构分析，了解负债和所有者权益在企业全部资金来源中所占的比重，判断企业债权的保障程度，评价企业的偿债能力，从而做出正确的信贷决策。

（2）就投资人而言，负债的存在使其负有承担损失的风险，然而，由于利息费用是应纳所得税额的抵减项，加之财务杠杆作用的存在，故可使这种风险得到一定的补偿。适当的负债对投资人财富的增加是有利的，但过多的负债会得不偿失。投资人可以通过资本结构分析，了解企业负债在全部资金来源中所占的比重，评价企业的偿债能力，判断其投资所承担的财务风险的大小，以及负债对投资报酬的影响，从而更好地做出投资决策。

(3) 对于企业经营者来说，所有者权益对于企业的偿债能力具有极大的稳定作用，而负债与所有者权益完全不同，有偿还期限。偿还期限越短，企业还债的压力就越大；偿还期限越长，对企业所提供的服务期限也就越长，企业的还债压力也就越小。一般来说，如果企业到期无法清偿债务的本金和利息，就会造成所有者权益的部分甚至全部损失；如果所有者权益总额不足以抵偿损失，则会导致企业破产，债权人也将蒙受损失。因此，负债在资本结构中所占的比例越大，企业偿还本金及支付固定利息的负担就越重，出现债务到期无法清偿的机会也就越大。企业经营者可以通过资本结构的分析，评价企业偿债能力的高低和承担风险能力的大小，从收益与风险两个方面发现企业财务管理中存在的问题，采取措施调整资本结构，实现资本结构的最优化。

仍以苏泊尔公司为例，该公司 2017 年、2016 年的资本结构对比表如表 9－3 所示。

表 9－3　　苏泊尔公司资本结构对比表　　单位：万元

负债及股东权益项目	2017 年		2016 年	
	金额	结构百分比（%）	金额	结构百分比（%）
流动负债：				
应付票据应付账款	230 702.59	25.15%	206 214.05	26.24%
预收款项	120 602.04	13.15%	77 958.75	9.92%
应付职工薪酬	23 909.65	2.61%	23 791.93	3.03%
应交税费	12 864.52	1.40%	11 533.39	1.47%
其他应付款	6 730.94	0.73%	8 028.76	1.02%
流动负债合计	394 809.74	43.05%	327 526.88	41.68%
非流动负债：		0.00%		0.00%
长期应付职工薪酬	545.62	0.06%	697.60	0.00
预计负债	1 515.00	0.17%	715.00	0.09%
递延所得税负债	448.48	0.05%	683.37	0.09%
非流动负债合计	2 509.10	0.27%	2 095.97	0.27%
负债合计	397 318.84	43.32%	329 622.85	41.95%
股东权益：		0.00%		0.00%
股本	82 128.76	8.95%	63 176.57	8.04%
资本公积	9 390.76	1.02%	4 175.19	0.53%
减：库存股	2 194.51	0.24%		0.00%
其他综合收益	−2 949.38	−0.32%	−2 111.51	−0.27%
盈余公积	39 389.31	4.29%	29 568.12	3.76%
未分配利润	394 001.71	42.96%	359 393.38	45.74%
归属于母公司所有者权益合计	519 766.65	56.67%	454 201.75	57.80%
少数股东权益	82.33	0.01%	1 953.37	0.25%
股东权益合计	519 848.98	56.68%	456 155.12	58.05%
负债和股东权益总计	917 167.83	100.00%	785 777.96	100.00%

从表 9－3 中可以看出，苏泊尔公司的资金更多的来源于权益投资，该公司较高的权益投资使得企业债务人的资金保证程度较高，没有太大的财务风险。但 2017 年权益投资的比

重较 2016 年稍有下降，与此同时，负债的比重有所增加。从表 9－3 的结构可以看出，公司的长期债务很少，债务几乎均为自发性负债形成的流动负债。由于自发性负债几乎没有资金成本，所以对企业非常有利，另外，预收款项均为货款，也说明企业的产品销售状况良好。

（三）资产与权益对称结构分析

资产负债表的本质是反映企业的财务状况，对资产和权益所做的单独分析只能反映企业的基本信息，即资产运用状况和筹资状况，因此，单纯进行这种分析，只是一些具体的、基本的分析，难以从总体上对企业财务状况做出评价，甚至会得出错误的结论，把分析引入歧途。所以，对企业整体财务状况的分析必须结合资产负债表左右两方各项目之间的相互联系和依存关系，才能做出综合评价。

1. 资产与权益结构对应关系分析

企业资产存量受生产经营规模制约，按照资产存量与经营规模之间的关系，可以把企业资产分为两大部分：一是与企业正常经营规模相匹配的经常永久性占用的资产。这部分资产可以满足企业生产经营活动的最基本需要，包括长期资产和永久性占用流动资产（即货币资产、存货资产等在年度内平均占用的最低水平）。二是与企业经营周期相匹配的临时性占用的资产。这是由于季节性经营或其他原因引起的一定时期内资产占用的临时性增加，随着企业生产经营活动趋于正常，这部分资产将随时转换或退出。

资产结构的这种划分制约着企业的筹资结构，形成了资产与权益结构对应关系，表现为：

（1）以长期资金满足永久性占用资产的资金需要。如果企业以短期负债来满足这部分资产的资金需要，必然给企业带来较大的偿债压力，当债务偿还期已到而资产未能变现时，企业可能会因此陷入财务困境。

（2）以短期资金满足临时性占用资产的资金需要。这样可以使企业的资本结构具有较大的弹性，需要的时候就可以举债，不需要的时候就及时清欠。

（3）以长期资金满足临时性占用资产的资金需要。以长期资金满足短期资产的资金需要，即使短期资产没能如期及时变现，也不会对企业偿债产生太大影响，这是一种最稳健的筹资策略。其代价是要支付较高的资金成本，影响企业的最终财务成本，而且使企业的资本结构弹性变弱。

2. 资产与权益对称结构分析

企业资产与权益对称结构千差万别，但归纳起来可以分保守结构、稳健结构、平衡结构和风险结构四大类。

（1）保守结构。在这一结构形式中，无论资产负债表左方的资产结构如何，资产负债表右方的资金来源方式全部是长期资金，长期负债与所有者权益的比例高低不影响这种结构形式。保守结构的形式如表 9－4 所示。

表 9－4　　资产负债表（保守结构）

<table>
<tr><td rowspan="2">流动资产</td><td>临时性占用流动资产</td><td rowspan="3">长期负债
所有者权益</td></tr>
<tr><td>永久性占用流动资产</td></tr>
<tr><td colspan="2">长期资产</td></tr>
</table>

从表 9－4 可以看出，保守结构的主要标志是企业全部资产的资金需要依靠长期资金满

足。其结果是虽然企业风险极低，但是会产生较高的资金成本，同时筹资结构弹性较弱。

实务中，这种形式的结构很少被企业采用。

（2）稳健结构。在这一结构形式中，长期资产的资金需要依靠长期资金来解决，短期资产的资金需要则使用长期资金和短期资金共同解决，长期资金和短期资金在满足短期资产的资金需要方面的比例不影响这一形式。稳健结构的形式如表 9－5 所示。

表 9－5　　资产负债表（稳健结构）

<table>
<tr><td rowspan="2">流动资产</td><td>临时性占用流动资产</td><td>流动负债</td></tr>
<tr><td>永久性占用流动资产</td><td rowspan="2">长期负债
所有者权益</td></tr>
<tr><td colspan="2">长期资产</td></tr>
</table>

从表 9－5 可以看出，稳健结构的主要标志是企业流动资产的一部分资金需要由流动负债来满足，另一部分资金需要则由长期负债来满足。其结果是：第一，足以使企业保持相当优异的财务信誉，通过流动资产的变现可以满足偿还短期债务的需要，企业风险较小。第二，企业可以通过调整流动负债与长期负债的比例，使负债成本达到企业目标标准。相对于保守结构形式而言，这一形式的负债成本相对要低，并具有可调性。第三，无论是资产结构还是资本结构，都具有一定的弹性，特别是当临时性资产的资金需要降低或消失时，可通过偿还短期债务或进行短期证券投资来调整；一旦临时性资产的资金需要产生，又可以通过重新举借短期债务或出售短期证券来满足。

稳健结构是一种企业普遍采用的资产与权益对称结构。

（3）平衡结构。在这一结构形式中，以流动负债满足流动资产的资金需要，以长期负债及所有者权益满足长期资产的资金需要，长期负债与所有者权益之间的比例如何不是判断这一结构形式的标志。平衡结构的形式如表 9－6 所示。

表 9－6　　资产负债表（平衡结构）

<table>
<tr><td>流动资产</td><td>流动负债</td></tr>
<tr><td>长期资产</td><td>长期负债
所有者权益</td></tr>
</table>

从表 9－6 可以看出，平衡结构的主要标志是流动资产的资金需要全部依靠流动负债来满足。其结果是：第一，同样高的资产风险与筹资风险中和后，使企业风险均衡。第二，负债政策要依据资产结构变化进行调整，与其说负债结构制约负债成本，不如说资产结构制约负债成本。第三，存在潜在的风险。这一形式以资金变现的时间和数量与偿债的时间和数量相一致为前提，一旦两者出现时间上的差异或数量上的差异，如销售收入未能按期取得现金，应收款项没能足额收回，短期证券以低于购入成本出售等，就会使企业产生资金周转困难，并有可能陷入财务危机。

平衡结构形式只适用于经营状况良好，具有较好成长性的企业。企业对这一结构形式的非稳定性特点应给予足够重视。

（4）风险结构。在这一结构形式中，流动负债不仅用于满足流动资产的资金需要，而且用于满足部分长期资产的资金需要，这一结构形式不因为流动负债在多大程度上满足长期资产的资金需要而改变。风险结构的形式如表 9－7 所示。

表 9-7　　资产负债表（风险结构）

流动资产	流动负债
长期资产	长期负债 所有者权益

从表 9-7 可以看出，风险结构的主要标志是以短期资金来满足部分长期资产的资金需要。这种结构相对其他结构形式，虽然只产生较低的资金成本，但是必将使企业面临较大的财务风险。由于企业时刻面临偿债的压力，一旦市场发生变动或发生意外事件，就可能引发企业资产经营风险，使企业资金周转不灵而陷入财务困境，造成企业因不能偿还到期债务而“黑字破产”。风险结构形式只适用于处在发展壮大时期的企业，而且只能在短期内采用。

仍以苏泊尔公司为例，将表 9-2 和表 9-3 对应起来分析，该公司资产与权益对称结构分析如表 9-8 所示。

表 9-8　　苏泊尔公司资产与权益对称结构分析表　　单位：%

资产：	2017 年	2016 年	负债及股东权益：	2017 年	2016 年
流动资产	84.14	82.81	流动负债	43.05	41.68
非流动资产	15.86	17.19	非流动负债	0.27	0.27
			股东权益	56.68	58.05
资产合计	100.00	100.00	负债及股东权益合计	100.00	100.00

从表 9-8 中可以看出，苏泊尔公司流动资产的一部分资金来源于流动负债，一部分资金来源于长期资金，属于上面的稳健结构，稍偏保守。这也是一种为一般企业普遍采用的结构形式。财务风险和资金成本基本达到最优组合，同时该结构具有一定的弹性。

四、资产负债表主要项目分析

（一）主要资产项目分析

1. 货币资金

货币资金是企业流动性最强、最有活力的资产，同时是获利能力最低，或者说几乎不产生收益的资产，其拥有量过多或过少对企业生产经营都会产生不利影响。判断企业货币资金持有量是否合理，应结合下列因素：

（1）资产规模与业务量。一般来说，企业资产规模越大，相应的货币资金规模也就越大；业务量越大，处于货币资金形态的资产也就越多。

（2）筹资能力。如果企业有良好的信誉，筹资渠道通畅，就没有必要持有大量的货币资金，因为货币资金的盈利性通常较低。

（3）运用货币能力。如果企业经营者运用货币资金能力较强，则货币资金比重可维持较低水平，用货币资金从事其他经营活动，企业的获利水平有可能提高。

（4）行业特点。处于不同行业的企业，货币资金合理规模存在差异，有的甚至差异很大，在相同的总资产规模条件下，企业间不可能保持相近规模的货币资金。

2. 交易性金融资产

交易性金融资产反映企业预期持有期在一年以内的以公允价值计量且其变动计入当期损益的金融资产。分析时要注意该类资产的构成。通常情况下，债券投资风险小，股票投资风险较大。在资产的风险分析中，应该注意交易性金融资产的构成，及时发现风险，并予以防范。

3. 应收票据及应收账款

应收票据及应收账款是企业为扩大销售和增加盈利而发生的一项资金垫支。单纯从资金占用角度讲，应收款项的资金占用是一种最不经济的行为，但这种损失往往可以通过企业扩大销售而得到补偿。所以，应收款项的资金占用又是必要的。那么，应收款项应控制在多大数额为宜呢？这主要取决于两个因素：一是企业的经营方式和所处的行业特点。一般来说，商品零售企业，相当一部分业务是现金销售业务，因而商业债权较少。而工业企业则往往采用赊销方式，从而形成商业债权。二是企业的信用政策。企业放松信用政策将会刺激销售，增大销售规模；紧缩信用政策，则会制约销售，减少销售规模。而应收款项规模的大小又与发生坏账的可能性成正比。因此，合理确定信用政策，在刺激销售和减少坏账间寻找赊销政策的最佳点是企业营销策略中必须解决的问题。

对应收款项进行分析时，可以从以下几个方面进行：

（1）对债权的账龄进行分析。由于债权的账龄长短与发生坏账可能性的大小成正比，据此可对不同账龄的债权判断其质量的高低，也可为制定或调整企业的信用政策提供依据，为企业组织催账工作和估计坏账提供依据。

（2）对债务人的构成进行分析。需从债务人的区域构成、稳定程度以及与债权人的关联关系等方面进行分析。

（3）坏账准备的分析。分析应收款项确定发生减值的客观依据，以及确定应收款项减值损失使用的具体方法是否具有合理性。在实务中，一些企业出于某种动机，通过随意选择坏账准备的计提范围、提取方法、提取比例来少提或多提坏账准备，从而虚增或虚减应收款项净额和利润。

另外，在分析应收款项项目时，还应注意企业是否有利用应收款项调节利润的行为。利用应收款项粉饰利润具有易于操纵和隐蔽性强两大特点，主要手法是利用应收款项虚构收入。近年来，上市公司财务报表的一个突出特点是应收款项居高不下，呈现高速增长的态势，多数上市公司应收款项增长幅度远远超过其主营业务收入的增长幅度，且平均账龄在增加。

4. 其他应收款

其他应收款应该比较少，对于其他应收款的重大变化，一定要关注其形成原因。分析其他应收款时，要通过报表附注仔细分析它的构成、内容和发生时间，特别是其中金额较大、时间较长的款项，要警惕企业利用该项目粉饰利润、让大股东无偿占用资金以及转移销售收入偷逃税款等。

5. 存货

存货项目在流动资产中所占比重较大，是企业收益形成的直接基础或直接来源。在对企业存货分析时尤其要关注存货的以下几个方面：

（1）存货构成的项目分析。存货主要分为库存原材料、在产品、产成品等项目。分析存货构成的项目时，应仔细阅读报表附注中披露的存货构成项目和金额，还应结合市场销售情况，关注库存材料是否保持在再生产正常进行的最低水平；在产品是否保持在一个稳定的水平而使生产过程持续进行；产成品不同品种的盈利能力、技术状态、市场发展前景等的状况不同，企业是否过分依赖某一种产品或几种产品，否则极有可能因产品出现问题而使企业受到重创。

现代企业都尽量通过各种有效的管理手段来降低存货规模，这样不仅可以减少资金占用，而且可以减少仓储费用，降低市场变化可能带来的风险，企业待售的产品尤其要少。

(2) 存货计价方法的分析。发出存货的计价方法有个别计价法、先进先出法、后进先出法和加权平均法等。存货发出采用的计价方法不同，对企业财务状况、盈亏情况会产生不同的影响，主要表现在以下三个方面：

第一，存货计价对企业损益的计算有直接影响。在定期盘存制下，销售成本＝期初存货＋本期购货－期末存货。由此，可以看出，期末存货计价（估价）如果过低，当期的销售成本可能因此而相应增加，收益相应减少；期末存货计价（估价）如果过高，当期的销售成本可能因此而相应减少，收益相应增加；期初存货计价如果过低，当期的销售成本可能因此而相应的减少，收益相应增加；期初存货计价如果过高，当期的销售成本可能因此而相应的增加，收益相应减少。

因此，如果企业利用存货计价方法的变更，在几个会计年度之间调节利润，则表明企业存货的质量不高。

第二，存货计价对于资产负债表有关项目数额计算有直接影响，包括流动资产总额、所有者权益等项目，都会因存货计价的不同而不同。

第三，存货计价方法的选择对计算缴纳所得税的数额有一定的影响。因为不同的计价方法，使结转当期销售成本的数额有所不同，从而影响企业当期应纳税所得额的确定。

【例 9-1】某公司 6 月的存货资料如表 9-9 所示，该公司只销售一种商品，假设本月销售收入为 600 000 元。

表 9-9　　某公司 6 月存货资料

	日期	单位（件）	单位成本（元/件）	金额（元）
期初存货	6 月 1 日	2 000	20	40 000
本月购货	6 月 12 日	10 000	23	230 000
	6 月 25 日	6 000	30	180 000
本月销货	6 月 4 日	1 000		
	6 月 15 日	9 000		
	6 月 27 日	5 000		

要求：在定期盘存制下用先进先出法、后进先出法和加权平均法计算本期商品的期末存货成本、销售成本和毛利，并分析不同计价方法对销售成本、利润以及所得税的影响。

计算如下：

期末存货数量＝2 000＋10 000＋6 000－1 000－9 000－5 000＝3 000（件）

先进先出法下：

期末存货成本＝30×3 000＝90 000（元）

销售成本=40 000+230 000+180 000−90 000=360 000（元）

毛利=600 000−360 000=240 000（元）

后进先出法下：

期末存货成本=20×2 000+23×1 000=63 000（元）

销售成本=40 000+230 000+180 000−63 000=387 000（元）

毛利=600 000−387 000=213 000（元）

加权平均法下：

加权平均单位成本=(40 000+230 000+180 000)÷(2 000+10 000+6 000)
=25（元/件）

期末存货成本=25×3 000=75 000（元）

销售成本=25×(1 000+9 000+5 000)=375 000（元）

或

销售成本=40 000+230 000+180 000−75 000=375 000（元）

毛利=600 000−375 000=225 000（元）

将以上计算结果汇总，如表 9-10 所示。

表 9-10　不同存货计价方法下销售成本和毛利数据　单位：元

项目	先进先出法	后进先出法	加权平均法
销售收入	600 000	600 000	600 000
销售成本	360 000	387 000	375 000
毛利	240 000	213 000	225 000

分析：当存货价格不断上涨时，后进先出法核算的销售成本最高，毛利最低，因为销售成本是按照最近购进的存货结转的；先进先出法核算的销售成本最低，毛利最高，因为销售成本是按照最先购入的存货结转的。本题属于此种情况。相反，当存货价格不断下跌时，先进先出法核算的销售成本最高，后进先出法核算的销售成本最低。无论价格上涨或下降，采用加权平均法核算的结果通常介于先进先出法和后进先出法之间。

当存货价格不断上涨时，采用后进先出法核算存货成本得到最低的应纳税所得额，因而所缴纳的所得税也最少，采用先进先出法核算存货成本得到最高的应纳税所得额，所得税费用最高。同样，无论价格上涨或下降，采用加权平均法核算的结果通常介于先进先出法和后进先出法之间。让我们用上面的毛利数据来说明，见表 9-11。

表 9-11　不同存货计价方法对所得税的影响　单位：元

项目	先进先出法	后进先出法	加权平均法
毛利	240 000	213 000	225 000
期间费用等（假定）	150 000	150 000	150 000
税前利润	90 000	63 000	75 000
所得税费用（25%）	22 500	15 750	18 750

我国《企业会计准则》取消了后进先出法，主要原因在于后进先出法计算的存货项目的金额不能准确地反映期末存货的实际价值，会严重歪曲存货的实际价值，在持续通货膨胀情况下尤为如此。

作业9-2

如果后进先出法被不少企业采用的原因在于它可以节省所得税费用（假如没有政策限制），那为什么更多的公司反而采用先进先出法？其主要原因是什么呢？

【参考答案】

两个主要原因分别为：

(1) 一些公司偏好对外报出较高的利润，当物价上涨时，先进先出法就能达到这一目的。

(2) 一些公司处在成本下降型行业，因此，采用先进先出法可以节省所得税费用。

实际上，广泛采用先进先出法还有第三个原因。当价格变动不大时，采用先进先出法、后进先出法和加权平均法均能得到相似的结果。但是在实际应用中，采用先进先出法比其他两种方法的成本更低。

(3) 存货跌价准备的分析。应注意存货可变现净值确定的合理性、期末存货数量的准确性、存货用途划分的规范性。另外，还应注意观察存货跌价准备各年变化的情况，以判断存货质量的高低。

6. 长期股权投资

长期股权投资通常具有投资大、投资期限长、风险大，以及能为企业带来较大的利益等特点，因而对企业的财务状况影响很大。长期股权投资的分析，可以从以下几个方面进行：

(1) 长期股权投资构成分析。主要是从企业投资对象、投资规模、持股比例等方面进行分析。通过对长期股权投资构成的分析，可以了解企业投资对象的经营状况及收益等方面的情况，以此判断企业长期股权投资的质量。

(2) 投资收益分析。股权投资收益分为两部分：一是股利收益；二是股权转让的差价收益。长期股权投资采用成本法核算，所确认的投资收益与现金是一致的；在采用权益法确认投资收益时，企业所确认的投资收益通常会大于所收到的现金，形成投资收益与现金流入不一致的情况，这也是为什么企业有利润而没有钱的原因之一。而股权转让的差价收益具有高度不确定性，也不容易计量。

(3) 长期股权投资减值准备分析。应当在资产负债表日判断长期股权投资是否存在可能发生减值的迹象，企业在对资产进行减值测试并计算了资产可收回金额后，如果资产的可收回金额低于其账面价值，应当计提相应的资产减值准备。这样的规定，既防止了企业于年底一次性计提减值准备，操纵利润的做法，又避免了企业计提资产减值准备时间上的随意性。另外，长期股权投资减值损失一经确认，在以后会计期间不得转回的不可逆性，也减少了企业操纵利润的灰色空间。

7. 固定资产

固定资产具有占用资金数额大、资金周转时间长的特点，是资产管理的重点。固定资产的分析可从以下几个方面进行：

(1) 固定资产分布和利用的合理性分析。在各类固定资产中，生产用固定资产，特别是其中的生产设备，同企业生产经营直接相关，在全部资产中应占较大的比重。非生产用固定资产应在发展生产的基础上，根据实际需要适当增加，但增加速度一般不应超过生产用固定资产的增加速度，它的比重降低应当视为正常现象。未使用和不需用的固定资产，对固定资产的有效使用是不利的，应该查明原因，采取措施，积极处理，压缩到最低的限度。要对固定资产的配置做出切合实际的评价，必须结合会计报表附注中的说明和企业的生产技术特点。固定资产分布和利用得合理，可以为企业合理配置固定资产，挖掘固定资产利用潜力提供依据。

(2) 固定资产规模分析。固定资产的规模必须和企业生产经营的总体规模相适应，同时和流动资产保持一定的比例关系。企业为了保持一定的生产规模和生产能力而购置新设备是合理的，如果购置新设备只是为盲目地扩大生产，就不合理了。因此，企业根据生产经营的计划任务，核定固定资产需用量，添置新设备，扩大固定资产规模，并在此基础上合理配置固定资产和流动资产的比例关系。

(3) 固定资产会计政策分析。固定资产会计政策主要是指计提固定资产折旧和固定资产减值准备两个方面。

在进行计提固定资产折旧分析时，应分析企业固定资产预计使用年限和预计净残值确定的合理性、企业固定资产折旧方法的合理性，观察企业的固定资产折旧政策前后是否一致。虽然固定资产折旧政策的变化对企业现金流量没有任何影响，但对当期利润和财务状况产生影响。延长固定资产的折旧年限（即降低折旧率），当期折旧费用减少，相应减少当期的成本费用，从而增加了当期账面利润，同时可能高估资产价值。对固定资产占总资产比重大的企业来说，折旧政策的调整对当期的利润影响十分重大，成为某些上市公司调节利润的重要手段。

在进行计提固定资产减值准备分析时，应注意企业是否依据《企业会计准则第 8 号——资产减值》规定计提固定资产减值准备，计提金额是否准确。在实际工作中，往往存在这种现象，如固定资产实质上已发生了减值，即固定资产由于技术进步已不能使用，但企业却不提或少提固定资产减值准备，这样不但虚夸了固定资产，而且虚增了利润，结果造成企业会计信息失真，潜亏严重。

（二）主要负债项目分析

1. 短期借款

在对短期借款进行分析时，一方面，应关注短期借款的数量是否与流动资产的相关项目相适应，其中有无不正常之处；应关注短期借款的偿还时间，预测企业未来的现金流量，评价企业偿付短期借款的能力。从另一方面来说，如果短期借款占流动负债总额的比重较大，往往表明企业拥有较好的商业信用。

2. 应付票据及应付账款

应付票据付款时间具有约束力，如果到期不能支付，不仅会影响企业的信誉和以后的资金筹集，而且会招致银行的处罚。因此，在进行报表分析时，应当认真分析企业的应付票据，了解应付票据的到期情况，预测企业未来的现金流量，评价其是否能按期偿付应付票据。

应付账款属于企业的一种短期资金来源，是企业最常见、最普遍的流动负债，期限一般为30天～60天，而且一般不用支付利息，有的供货单位为刺激客户及时付款而规定了现金折扣。许多企业认为应付账款是占他人便宜，因而即使有现金也不愿意按期偿付。其实这是一种目光短浅的行为。如果不按期偿付应付账款，不仅不能利用现金折扣优惠，而且严重影响企业信誉，使企业以后无法充分利用这种资金来源，影响企业未来发展。一旦引起法律诉讼，会使企业遭受更大损失，甚至导致企业破产。因此，在对应付账款进行分析时，应注意观察其中有无异常情况，并测定未来的现金流量，以保证及时偿付各种应付账款。

3. 预收款项

预收款项一般是预收的货款，即预收账款。对于企业来说，预收账款总是越多越好。分析时，应当对预收账款给予足够的重视，因为预收账款一般是按收入的一定比例预交的，通过预收账款的变化可以预测企业未来营业收入的变动，而且预收账款作为一种短期资金来源，成本很低，风险也很小。

4. 长期借款

长期借款期限长、利率高，主要用于补充非流动资产需要。它可以一次性还本付息，也可以分次还本付息。相对于长期债券而言，长期借款有较多的限制和约束，企业必须严格按借款协议规定的用途、进度等使用借款。在进行报表分析时，应对企业长期借款的数额、增减变动及其对企业财务状况的影响给予足够的重视。

5. 应付债券

长期债券的利率较高且固定，利息可以分次支付，也可以期满后一次性支付。相对于长期借款而言，发行债券需要经过一定的法定手续，但对款项的使用没有过多的限制和约束。某些可转换债券可在一定时期后按规定比例将债券转换为股票而无须偿还，反而减轻了企业的偿债压力。在进行报表分析时，应对应付债券的金额、增减变动及其对财务状况的影响给予足够的关注。

6. 长期应付款

长期应付款包括融资租入固定资产应付款、采用补偿贸易方式引进国外设备的应付引进设备款等。这也是企业筹集长期资金的两种重要方式。与长期借款和应付债券相比，融资租赁方式在取得资产的同时借到一笔资金，然后分期偿还资金及其利息，有利于减轻企业一次性还本付息的负担；采用补偿贸易方式引进设备，其特点是用企业的产品偿还债务，既销售了产品又偿还了债务。在进行报表分析时，应对长期应付款的数额、增减变动及其对企业财务状况的影响给予足够的关注。

综上所述，在对企业举借经营进行分析时应注意：第一，应避免利用非流动负债筹集的资金供短期流转使用，否则会使资金成本上升，得不偿失。第二，在资产报酬率高于负债利率的前提下，适当增加非流动负债可以增强企业的获利能力，提高投资者的投资报酬率，同时负债具有节税作用，从而使投资者得到更多的回报。但在资产报酬率下降甚至低于负债利率的情况下，举借非流动负债将加大企业还本付息负担，在企业盈利不多时还会导致亏损，因而使企业的风险增大。第三，应对非流动负债的增减变动及其对企业财务状况的影响给予足够的重视，企业举借非流动负债会使企业当期营运资金增加，而企业偿还非流动负债会使企业当期营运资金减少，对于其中发现的异常情况应及时进行研究和处理。

(三) 所有者权益项目分析

对所有者权益进行分析，可以向投资者、债权人等提供有关资本来源、净资产的增减变动、分配能力等与其决策有用的信息。因此，在进行报表分析时，应对所有者权益的金额、增减变动及其对企业财务状况的影响给予足够的重视。

1. 实收资本（或股本）

实收资本（或股本）具有没有固定的利率、期限长、金额相对固定不变的特点。企业投资者增加投入资本，会使营运资金增加，表明投资者对企业未来的生产经营充满信心。将实收资本（或股本）与企业注册资本数额相比较，如果该项目的数额小于注册资本的数额，说明该企业的注册资本存在不到位的现象，对此应进行进一步的了解，搞清资本金未到位的原因，查清楚企业注册资本是否可靠。

2. 资本公积

资本公积包括企业由权益性交易形成的投资者出资额超过其在注册资本或股本所占份额的部分及由权益性交易形成的直接计入所有者权益的利得和损失（如股东对企业的捐赠、债务豁免、代为清偿等），即资本溢价（或股本溢价）及其他资本公积。资本公积具有“准资本”性质，可用于转增资本。

3. 其他综合收益

其他综合收益反映非权益性交易形成的直接计入所有者权益的利得和损失，是具有损益性质的所有者权益项目，该收益在企业中可以停留多长时间，是否能变为实实在在的收益，均具有不确定性，在对该项目分析时要尤其注意这一点。

4. 留存收益

留存收益的增加，将有利于资本的保全、增强企业实力、降低筹资风险、缓解财务压力。留存收益的增减变化及变动金额的多少，取决于企业的盈亏状况和企业的利润分配政策。留存收益分析的主要内容是：了解留存收益的变动总额、变动原因和变动趋势；分析留存收益的组成项目，评价其变动的合理性。

(1) 盈余公积。企业的盈余公积可以用于弥补亏损、转增资本（或股本）和扩大企业生产经营。对于企业来说，在所有者权益中，盈余公积最为稳定，既无使用期限又无须支付利息。

(2) 未分配利润。未分配利润相对于盈余公积而言，属于未确定用途的留存收益，所以企业在使用未分配利润上有较大的自主权，且无须支付利息，受国家法律法规的限制较少。

第二节　短期偿债能力分析

所谓短期偿债能力，是指一个企业以其流动资产支付流动负债的能力，所以企业短期偿债能力又称企业的支付能力。一个企业有能力保持其短期偿债能力是非常重要的，如果企业不能保持其短期偿债能力，也就不能保持其长期偿债能力。

企业具有获利能力并不意味着它具有短期偿债能力。即使是一个盈利较好的企业，如果缺乏可动用的现金而不能偿还其短期债权人的债务，也会面临破产。相反，如果企业发生亏损，它也许仍然有能力偿还其短期债务。决定一个企业短期偿债能力强弱的指标主要有两个：一是企业营运资本的多少，如果企业的营运资本较多，企业的短期偿债能力就必然较强；如果企业的营运资本较少，企业的短期偿债能力也就会较弱。二是企业流动资产变现速度的快慢，企业流动资产的变现速度快，其短期偿债能力就强；如果企业流动资产的变现速度较慢，其短期偿债能力就会较弱。

一般来说，企业的短期债务是以流动资产偿付的，所以，对短期偿债能力的分析主要侧重于流动资产与流动负债的对比关系上，以及分析流动资产中各项资产的变现速度快慢，因为在大多数情况下，短期债务需要用现金偿还，而各种资产的变现速度将直接影响企业的短期偿债能力。因此，以下我们将主要从短期偿债能力指标分析和营运资本效率分析两方面展开。

一、短期偿债能力指标分析

由于企业的短期债务一般以流动资产支付，所以影响企业短期偿债能力的要素是企业的流动资产与流动负债，将流动资产和流动负债进行对比，可以看出企业的短期偿债能力。一般来说，短期偿债能力的分析指标主要包括营运资本、流动比率、速动比率和现金比率。

（一）营运资本

营运资本是流动资产减去流动负债后的余额，是反映短期偿债能力的绝对数指标。其计算公式为：

营运资本＝流动资产－流动负债

营运资本是偿还流动负债的“缓冲器”，营运资本越多，则偿债越有保障。当营运资本为正值时，表明企业有能力偿还短期债务；当营运资本为零或负值时，表明企业无力偿还短期债务，资金周转不灵。但并不是说营运资本越多越好，营运资本过多，说明企业有部分资产闲置，没有充分发挥其效益，影响了获利能力。因此，流动资产与流动负债的差额应保持适当的数值。

衡量营运资本持有量的合理性，没有一个统一的标准，不同行业的营运资本规模有很大差别。一般来说，零售商的营运资本较多，因为它们除了流动资产外没有什么可以偿债的资产；而信誉好的餐饮企业营运资本很少，有时甚至是一个负数，因为其稳定的收入可以偿还同样稳定的流动负债。制造业一般有正的营运资本，但各行业数额差别很大，由于营运资本与经营规模有联系，所以同一行业不同企业之间的营运资本也缺乏可比性。各企业可以通过与本企业历史数据进行比较，确定本企业较合理的营运资本需求量。

由于营运资本是一个绝对数值，该指标很难用于不同规模、不同时期、不同企业之间的比较，在分析时必须结合其他指标，才能正确评价企业的短期偿债能力。

（二）流动比率

流动比率是指企业流动资产与流动负债的比率，表示企业每一元的流动负债能够有多少流动资产作为偿还保障。流动比率是用相对数对营运资本进行解释，所以也称为营运资本比率。流动比率的计算公式如下：

流动比率＝流动资产÷流动负债

一般来说，一个企业的流动比率越高，意味着短期偿债能力越强；如果流动比率低，则意味着短期偿债能力较低。企业的流动资产在清偿流动负债以后，还应该有一定的余额，以应付日常经营活动中的其他资金需要，维持企业继续经营。因此，流动比率一般应该大于 1，国际上一般认为流动比率在 2 左右才能表明企业财务状况稳定。当然这个标准也不是绝对的，常常会受到经营性质和经营周期的影响。若企业营业周期短，则材料、产品等存货库存较少，应收账款周转速度快，流动比率相对较低；相反，营业周期较长的企业，其存货必然多，应收账款的周转速度较慢，因而流动比率也必然较高。即使同一企业在不同时期，例如销售旺季与淡季，流动比率也会有较大的差别。因此，对流动比率进行分析要根据企业的性质和实际情况来判断，同时应结合其他指标进行综合分析。

作业 9－3

根据相关报表数据计算以下三个公司的流动比率（见表 9－12），并进行简单的分析。

表 9－12　三个公司的相关报表数据　　单位：亿元

公司	百联股份		中国船舶		华润双鹤	
年度	2017 年	2016 年	2017 年	2016 年	2017 年	2016 年
流动资产	175.54	190.92	328.14	374.61	47.8	43.06
其中：存货	28.55	35.30	90.28	156.32	9.74	7.63
流动负债	224.00	231.74	188.86	174.12	12.09	10.15

【参考答案】

各公司流动比率计算结果如表 9－13 所示。

表 9－13　各公司流动比率计算表

年份 公司	2017 年	2016 年
百联股份	0.78	0.82
中国船舶	1.74	2.15
华润双鹤	3.95	4.24

根据上述计算结果可以看出，三家公司中华润双鹤的流动比率最高，短期偿债能力最强；而百联股份的流动比率最低，短期偿债能力最弱。就 2017 年的指标来说，华润双鹤为 3.95，意味着公司每 1 元的流动负债有 3.95 元的流动资产作为偿还的保证，保障程度较高；而百联股份的流动比率只有 0.78，保障程度较低；中国船舶的流动比率为 1.74，属于基本正常的水平。将各个公司的数据分别与其 2016 年数据比较可以看出，百联股份

两年流动比率无较大变化，而中国船舶和华润双鹤的流动比率分别下降了19.07%和6.84%，短期偿债能力稍微下降。但华润双鹤的流动比率比公认的标准值2高出许多，这会直接降低该公司资产的收益性。当然由于本例中的三家公司属于不同行业，大家可以收集相关的行业数据作进一步的分析。

运用流动比率指标进行分析时，必须注意以下几个问题：

(1) 虽然流动比率越高，企业的偿债能力越强，但这并不等于企业有足够的现金或存款来偿债。流动比率高也可能是存货积压、应收款项增多且收款期延长以及预付款项增加所致，而真正可用来偿还债务的现金或存款却严重短缺。所以，企业应在分析流动比率的基础上，进一步对现金流量加以分析。

(2) 从短期债权人的角度看，自然希望企业的流动比率越高越好，但从企业经营角度看，过高的流动比率通常意味着企业闲置现金的持有量过多，必然降低企业现金的获利能力。因此，应合理确定这一比率，降低货币资金的闲置水平。

(3) 流动比率是否合理，不同的企业以及同一企业不同时期的评价标准是不同的，因此，不应用统一的标准来评价各企业的流动比率合理与否。

(三) 速动比率

速动比率（酸性试验比率）是流动比率的一种变形，是一个衡量企业短期偿债能力的更为严格的测试比率。它是速动资产与流动负债的比率，其公式是：

速动比率＝速动资产(流动资产－存货)÷流动负债

速动资产是指那些可以迅速用于支付流动负债的流动资产。速动资产一般包括库存现金、银行存款、交易性金融资产和应收款项。对于速动资产所包括的范围较为一致的意见是，在计算速动比率时把存货从流动资产中剔除。速动资产中不包括存货的原因是：第一，存货是流动资产中变现能力最慢的资产，存货也可能已经陈旧过时，变现损失过大；第二，由于某种原因，部分存货可能已损失报废仍未作处理，或者部分存货已抵押给某债权人；第三，存货是按历史成本计价的，存货的账面价值与变现的市场价值之间存在着巨大的差异，存货的市场价值可能较账面价值有所提升，也有可能下降；第四，如果企业出售存货来偿债，它将如何继续经营？任何一家企业都不希望用变卖存货的方法来偿债。

计算速动资产时，除了存货还应扣减一些不能代表当时现金流量的流动资产项目，如预付费用。之所以将企业的预付费用予以剔除，是因为预付费用已经不再具有市场价值。尽管在资产负债表中这些预付费用被列入流动资产项目，但实际上它们已经被消耗了，只是依据权责发生制的原则在以后各期加以分摊。较保守的计算速动比率的公式是：

保守的速动比率＝(流动资产－存货－预付费用)÷流动负债

速动比率是反映企业偿债能力的重要指标之一，速动比率高表示流动负债的偿付能力强，但过高的速动比率也会造成资金的闲置和不合理使用，影响企业的获利能力。相反，速动比率低表明缺乏速动资产，支付能力不强，投资者和债权人的风险大。速动比率应该维持在何种水平为最好呢？财务报表分析者依据实际经验认为，速动比率一般应维持在1以上才是比较理想的，只有这样企业才具有良好的财务状况和短期偿债能力。但是，由于企业所在的行业不同，以及企业的经营特点不同，速动比率会有较大差异，进行财务报表分析时应该注意速动比率与不同行业之间的关系。此外，在一般情况下，企业各项债务不可能集中在一个时期偿还，因而速动比率低于 1 并不意味着不安全，只要速动资产大于近期将要偿还的债务，就能说明偿债安全性有保障。

根据作业 9－3 中的资料，分别计算百联股份、中国船舶、华润双鹤三家公司 2017 年和 2016 年的速动比率。

计算结果如表 9－14 所示。

表 9－14　各公司速动比率计算结果

年份 公司	2017 年	2016 年
百联股份	0.66	0.67
中国船舶	1.26	1.27
华润双鹤	3.15	3.49

从计算结果可以看出，百联股份的速动比率偏低，短期偿债能力相对较弱。中国船舶的速动比率属于正常水平，短期偿债能力尚可。华润双鹤两年的速动比率均超过 3，短期偿债能力最强，但速动资产过多会降低资产的收益性。

作业 9－4

在零售业、制造业、房地产业和银行业中，哪种行业一般拥有较低的流动比率？哪种行业的流动比率一般接近于速动比率？

【参考答案】

不同的公司有不同的经营方法。零售业一般拥有较低的流动比率，银行业的流动比率一般接近于速动比率。

零售业的大量销售是现销，其中的一些企业以较低的流动比率成功地经营着（例如超市连锁店）。

银行业属于服务业，其向客户提供的是服务而非产品。由于服务通常有不能储存的特点，所以服务业的存货一般都很有限，导致其流动比率一般接近于速动比率。

（四）现金比率

现金比率是指一定时期内企业现金类资产与流动负债的比值。所谓现金类资产，包括企业拥有的货币资金和现金等价物。现金比率的计算公式为：

现金比率＝现金类资产÷流动负债

在企业的流动资产中，现金类资产的流动性最强，可以直接用于偿还流动负债。因此，现金比率表明企业随时支付流动负债能力的程度，也就是随时即刻偿债能力。现金比率是对速动比率的进一步分析，速动资产中的应收款项等有时会因客户倒闭、抵押等情况而变现能力受影响，甚至出现坏账，最终减弱企业的短期偿债能力。尤其是在企业面临财务危机时，即使有较高的流动比率和速动比率，也无法满足债权人要求。因此，最稳健或者说最保守的方法是采用现金比率来衡量企业的短期偿债能力。

现金比率越高，表明企业的直接偿付能力越强，信用也就越好。然而，现金比率并非越高越好。现金是企业收益率最低的资产，该比率过高将影响企业的获利能力。在多数情况下，不可能要求企业立即用现金和现金等价物来偿付流动负债，企业也没有必要总是保持足够的用来还债的现金和现金等价物。现金比率的主要作用是对企业在财务状况极坏时的短期偿债能力进行评价。当存货及应收款项的周转速度极慢时，也可用现金比率来评价企业的短期偿债能力。

二、营运资本效率分析

企业偿还短期债务的现金主要来自流动资产中的流动性资本。流动资产整体的变现能力主要取决于应收款项和存货的变现能力。这两项指标可以帮助报表分析者评估应收款项和存货的品质。如果一个企业的应收款项及存货的品质不佳，且周转速度缓慢，则尽管表面上拥有巨额的资产，但隐患巨大，短期偿债能力仍然很弱。

(一) 应收账款变现能力分析

1. 收账期

收账期是指企业销售实现至收回货款的时间，亦称应收账款周转期（天数）、债务人结算天数，反映了企业收回应收款项（转化为现金）的平均速度。收账期是衡量企业应收款项变现能力的财务比率。其计算公式为：

$$收账期=平均应收票据及应收账款\div赊销净额\times365$$

公式中的指标说明：

(1) 公式中的应收票据及应收账款是商业应收账款，并不包括其他应收款、预付账款和应计收益。从理论上讲，应收票据及应收账款年度平均数额按月末数来综合计算是最佳的，但是外部分析者无法获得相关资料。在有些情况下，分析者只能利用资产负债表年初与年末数据的平均值，即

$$\begin{matrix}平均应收票据及\\应收账款\end{matrix}=\left(\begin{matrix}年初应收票据及\\应收账款\end{matrix}+\begin{matrix}年末应收票据及\\应收账款\end{matrix}\right)\div2$$

这一做法消除了从年初到年末之间的变化，但不能消除由于季节或周期性变化而带来的问题，不能反映出应收票据及应收账款全年内发生的不规则变化。本教材中其他指标中涉及的资产类项目平均数的计算方法与此相同，后文将不再重复。

(2) 公式中的赊销净额是销售额的赊销部分，等于销售收入减去现销收入，再减去销售折扣与折让。如果无法获得赊销收入净额资料，可以用销售收入或营业收入代替。

(3) 如收账期用月来表示，则应将公式中的“365”改换成“12”；如收账期用星期来表示，则应将公式中的“365”改换成“52”。

收账期短表明收账迅速，账龄较短，资产流动性好，短期偿债能力强，而且可以减少收账费用和坏账损失。相反，收账期长表明应收款项变现很慢，如果应收款项占流动资产比重很大，那么流动比率和速动比率指标即使很好，例如分别超过 2 和 1，但企业的短期偿债能力仍值得怀疑，还需进一步分析原因，及时采取改进措施。收账期每延长 1 天，就需要适量资金来负担额外的应收款项，故在这方面的失控往往解释了企业过度的借款需

求。另外，借助收账期和企业信用期的比较，还可以评价客户的信用程度，以及企业原来制定的信用条件是否适当。

2. 应收账款周转率

应收账款周转率也是衡量企业应收款项变现能力的财务比率，它表示平均每年应收款项周转多少次，也称为应收账款周转次数，它可以测试企业收回赊销账款的能力，提供与收账期同样的信息，但表示方式不同。其计算公式为：

应收账款周转率＝赊销净额÷平均应收票据及应收账款

已知收账期或应收账款周转率中的任何一个，均可以计算出另一个。例如，如果收账期为 60 天，则意味着应收账款周转率为 6.08（365÷60）次。

（二）存货变现能力分析

1. 存货期

存货期是指企业购入材料至销售实现的时间，亦称存货周转天数，反映了企业在该会计期内存货流动的平均速度。存货期是衡量企业存货变现能力的财务比率。其计算公式为：

存货期＝平均存货÷销售成本×365

对存货期的评价关键在于须将它与行业的一般水平和企业的背景联系起来分析。如果销售珠宝的公司平均存货期为 60 天，说明其正处于乐观的境况。而如果该公司是销售鲜花的，那就大有问题了。一般来讲，存货期越短越好，存货期越短，表明存货变现的速度越快，资金占用水平越低。存货期短也显示了公司的产品是畅销的，但存货期短也可能出现库存耗竭引致生产停顿或销售流失。存货期过长显示了企业低效率的生产，或由于销售不畅而造成的过时或滞销存货的积压，或存货管理不善（过度购买）。因此，一定要保持存货结构合理、质量可靠。

如果我们把收账期和存货期加在一起，就反映了流动资产变成现金所需的时间，更深层次地反映了企业的变现能力。

2. 存货周转率

衡量存货管理效率水平的另一个财务比率是存货周转率，也称为存货周转次数，这也是判断存货流动性的指标之一。其计算公式为：

存货周转率＝销售成本÷平均存货

（三）付款期

付款期是指企业购入材料至支付材料款的时间，亦称应付账款周转期（天数）、债权人结算天数、收到信贷天数，反映了企业如期偿还供应商货款的平均速度。付款期是衡量企业应付款项管理效率和水平的财务比率。其计算公式为：

付款期＝平均应付票据及应付账款÷赊购×365

该公式中的应付账款是商业应付账款，并不包括其他应付款、预收账款、应计费用和递延收入。赊购是本期购货成本中的赊购部分，但赊购金额很少出现在财务报表中，所以有时用销售成本来近似替代。

付款期延长会影响企业信誉，往往是企业流动资产管理不善或缺乏长期资金的标志。

（四）营运资本周期

我们上面所学的收账期、存货期和付款期是常用的分析企业营运资本效率的财务比率，如将这三个财务比率结合，可以得出另一衡量企业营运资本循环速度的重要财务指标：营运资本周期。将营运资本周期用于同一企业不同时期和类似企业之间进行对比分析十分有效。计算营运资本周期的公式如下：

营运资本周期＝收账期＋存货期－付款期

营运资本周期也称为现金周期，是企业在经营中从付出现金到收到现金所需的平均时间。现金周期如图 9－3 所示。

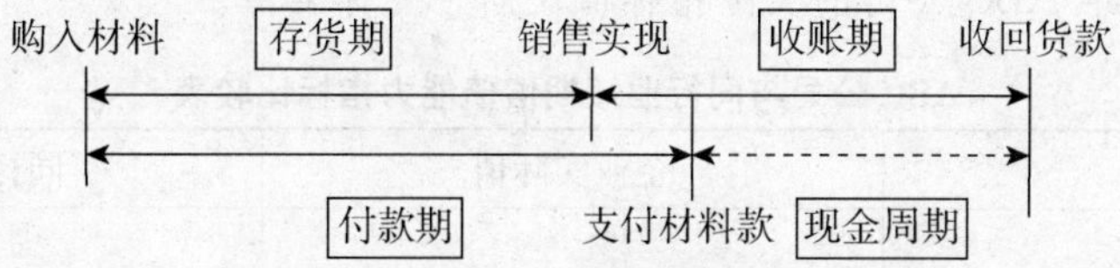

图 9－3　现金周期

现金周期越短，企业的现金持有量就越小。特别的，当现金周期为负值时，意味着企业无须在流动资产占用上投入资金，说明企业运用资金的效率非常高，流动性管理比较积极。现金周期的长短取决于三个方面，即存货期、收账期和付款期。一般来说，存货期和收账期越长，付款期越短，现金周期就越长，营运资金数额就越大；相反，存货期和收账期越短，付款期越长，现金周期就越短，营运资金数额就越小。缩短现金周期通行的途径有：缩短存货周转期；缩短应收账款周转期；延长应付账款周转期。此外，营运资金周转的数额还受到偿债风险、收益要求和成本约束等因素的制约。

作业 9－5

根据表 9－1 和表 10－1 中苏泊尔的相关数据及下列数据：苏泊尔 2015 年年底的应收票据及应收账款金额为 166 191.97 万元，存货金额为 142 674.53 万元，应付票据及应付账款金额为 163 963.37 万元。

计算：苏泊尔 2017 年和 2016 年的流动比率、速动比率、收账期、存货期、付款期和现金周期。

【参考答案】

计算结果如表 9－15 所示。

表 9－15　　短期偿债能力指标计算表

指标	2017 年	2016 年
流动比率	771 728.49/394 809.75＝1.95	650 667.26/327 526.88＝1.99
速动比率	(771 728.49－218 589.95) /394 809.75＝1.40	(650 667.26－169 693.22) /327526.88＝1.47
收账期	[(207 333.49＋200 363.82) ÷2] ÷ 1 418 737.74×365＝52.45（天）	[(200 363.82＋166 191.97) ÷2] ÷ 1 194 712.32×365＝55.99（天）
存货期	[(218 589.95＋169 693.22) /2] ÷999 403.87 ×365＝70.90（天）	[(169 693.22＋142 674.53) /2] ÷829 999.91 ×365＝68.68（天）

续前表

指标	2017 年	2016 年
付款期	[(230 702.59+206 214.05)/2] ÷999 403.87 ×365=79.78（天）	[(206 214.05+163 963.37)/2] ÷829 999.91 ×365=81.39（天）
现金周期	52.45+70.90−79.78=43.57（天）	55.99+68.68−81.39=43.28（天）

作业9-6

表 9-16 是某年 ABC 公司的实际指标值及同行业标准值。

表 9-16　ABC 公司与同行业短期偿债能力指标比较表

指标	企业实际值	同行业标准值
流动比率	1.6	1.67
收账期	35 天	25 天
存货期	58 天	52 天
速动比率	1.01	1.15
现金比率	0.25	0.5

要求：试对该企业的短期偿债能力进行同业分析。

【参考答案】

(1) 流动比率分析。从表 9-16 可以看出，该企业流动比率实际值低于同行业标准值，说明该企业短期偿债能力不及行业平均水平，但差距不大。为进一步掌握流动比率的质量，应分析流动资产的流动性强弱，主要分析应收账款和存货的流动性。

(2) 应收款项和存货的流动性分析。从表 9-16 可以看出，该企业收账期和存货期均高于同行业标准值，说明该企业资产的流动性低于行业标准。初步结论是：

第一，存货期高于行业标准值，说明存货相对于销售成本显得过多，应进一步分析原因。内部分析人员应继续分析原材料、在产品、产成品，计算各自的周转率，并与同行业比较，查找使存货期缩短的主要途径。

第二，收账期与行业标准值差距较大，说明这是企业流动比率低于同行业标准值的主要原因。该企业应收款项的占用相对于收入而言太高了，应进一步分析企业采用的信用政策和应收款项的账龄，看是哪里出了问题。

(3) 速动比率分析。外部分析人员如果难于获得更详细的资料，为进一步了解企业偿债能力，要计算速动比率。ABC 公司速动比率低于同行业标准值，说明企业短期偿债能力低于行业平均水平。通过上一步分析，可以看出主要是由应收款项回收相对较慢引起的。

(4) 现金比率分析。在分析速动比率低的原因之后，应进一步计算现金比率。ABC 公司的现金比率相当于同行业标准值的一半，说明企业用现金偿还短期债务的能力较差。但是，现金资产存量的变化较大，有时并不能说明问题。

通过上述分析，可以得出最后结论，ABC 公司的短期偿债能力低于行业平均水平，主要问题出在应收款项上，其占用过大，应重点进行深入分析。

三、影响短期偿债能力的表外因素

除了上述衡量企业短期清偿能力和营运资本效率的财务比率外，还有一些其他未在财务报表上反映的流动性指标。

（一）增强短期偿债能力的指标

企业实际的流动性情况可能比财务报表上所反映的情况更好，这可从一些未在报表上列示的其他指标来衡量：

（1）能迅速变现的长期资产。企业可能有一些长期资产可以迅速转化为现金，而这将增强资产的流动性。但须特别谨慎的是，企业是否确实有可以立即变现的长期资产。因为，固定资产一般是企业营运中的必需资产，而且，闲置资产在短期内可能不易变现。某些长期投资可能例外，但这取决于其本身的性质。

（2）可使用的银行贷款指标。银行已同意、企业尚未办理贷款手续的银行贷款限额，可以随时增加企业的现金，提高支付能力。这个指标是企业流动性的潜在积极因素，经常列示于财务报表附注中。

（3）良好的偿债能力的声誉。企业如果具有良好的偿债能力的声誉，在短期偿债方面出现困难时，通常有能力筹得资金，可在适当的期限内缓解其严重的流动性问题，提高偿债能力。这个增强变现能力的因素，取决于企业自身的信用声誉和当时的筹资环境。

（二）降低短期偿债能力的指标

企业实际的流动性情况可能比财务报表上所反映的情况更差，这也可从一些未在财务报表上列示的其他指标来衡量：

（1）未在财务报表上列示的或有负债（或称未做记录的或有负债）。企业可能有未在财务报表上列示的或有负债，如具有追索权的票据贴现、可能发生的质量事故赔偿、未决税款争议、诉讼案件和经济诉讼案可能败诉并需赔偿等，这些或有负债一旦成为事实上的负债，将会加大企业的偿债负担。当然，企业应在财务报表附注中披露这些事项。

（2）为其他企业提供的借款担保。企业可能会为其他企业的银行借款提供担保，这种担保有可能成为企业的负债，增加偿债负担。

第三节　长期偿债能力分析

长期偿债能力是指企业偿还长期负债的能力。企业的长期负债主要包括长期借款、应付长期债券、长期应付款等偿还期在一年以上或超过一个营业周期以上的债务。对于企业的长期债权人和投资者来说，不仅关注企业短期债务偿还能力，更关心长期债务偿还能力。

一、决定长期偿债能力的因素

企业的获利能力和资本结构是决定其长期偿债能力的两个非常重要的因素。

（一）获利能力

从长期来看，企业采用应计制（权责发生制）会计所得出的报告收益与其偿债能力是密切相关的。虽然从短期看，报告收益并不等于企业可运用的现金，但收入和费用最终会导致现金的流动，从持续经营中获得的现金是企业的重要资金来源之一。长期债务的偿还关键在于未来的现金流量，而未来的现金流量关键取决于企业的获利能力。获利能力强，表明企业今后能从经营中获取足够的现金或从其他的债权人及投资者处筹集到新的资金，这样也就不用担心今后本金和利息的偿付能力了。一般来说，企业的获利能力越强，长期偿债能力越强；反之，则越弱。

（二）资本结构

长期偿债能力除了与获利能力有关之外，还与资本结构有关。资本结构显示了由外部人员（债权人）和企业所有者提供的资金数额之间的关系。如果资金大部分来源于债务融资，则表明企业的经营风险实际上已转移给了债权人。企业的债务融资比重越大，其偿债能力风险也越大。

资本结构对企业长期偿债能力的影响主要体现在以下两点：

（1）权益资本是承担长期债务的基础。对于公司制企业来说，股东对债务只承担有限责任，其责任以其出资额为限。如果借款不能按时归还，法院可以强制债务人出售财产偿债，如果企业的财产不足以偿债，法律则保护债务人使其不承担其他责任。权益资本是企业拥有的净资产，是股东承担民事责任的限度，也就成为借款的基础。因此，权益资本越多，债权人越有保障；权益资本越少，债权人越没有保障。在资金市场上，能否借入资金以及借入多少资金，取决于企业的权益资本实力。

（2）资本结构影响企业的财务风险，进而影响企业的偿债能力。由于负债的利息是固定的，不管企业是否盈利以及盈利多少，都要按约定的利率支付利息。借款越多，固定的利息越多，使得净利润的变化率大于息税前净收益的变化率，这就是财务杠杆原理。但借款越多，净利润的稳定性越差，可以归还债务本金的现金流入越不稳定，使得偿还债务风险提高，偿还债务能力变弱。

二、长期偿债能力指标分析

分析和评价企业长期偿债能力的指标有资产负债率、所有者权益比率与权益乘数、产权比率、有形净值债务率和利息保障倍数。

（一）资产负债率

资产负债率是企业负债总额与资产总额的比率，也称负债比率。它反映企业的资产总额中有多少是通过举债获得的。其计算公式为：

资产负债率=(负债总额÷资产总额)×100%

资产负债率是衡量企业负债水平及风险程度的重要标志。资产负债率越低，说明以负债取得的资产越少，风险越小，但也表明企业运用外部资金的能力越差，对财务杠杆利用不够；资产负债率越高，说明企业通过举债筹集的资金越多，风险越大。因此，资产负债率应保持在一定的水平上为佳。虽然，对该指标没有统一的衡量标准，但一般认为，资产负债率的适宜水平应在40%~60%。但处于不同行业、地区的企业对债务的态度是有差别的。经营风险比较高的企业，为减少财务风险通常选择比较低的资产负债率，例如许多高科技企业的资产负债率都比较低；经营风险低的企业，为增加股东收益通常选择比较高的资产负债率，例如供水、供电企业的资产负债率都比较高。我国交通、运输、电力等基础行业的资产负债率平均为50%，加工业为65%，商贸业为80%。企业对债务的态度除了行业差别之外，不同国家或地区也有差别。英国和美国公司的资产负债率很少超过50%，而亚洲和欧盟公司(英国除外)的资产负债率要明显高于50%，有的成功企业甚至达到70%。

举例说明。表9-17给定了四家企业连续五年的资产负债率水平。

表9-17　　四家公司2013—2017年的资产负债率

公司	2017年	2016年	2015年	2014年	2013年
华菱星马	73.41%	71.72%	69.27%	58.64%	49.78%
五粮液	22.91%	22.47%	15.61%	13.09%	16.11%
南京高科	58.81%	58.42%	58.16%	57.26%	65.38%
浦发银行	92.98%	93.63%	93.68%	93.73%	94.37%

从表9-17可以看出，五粮液的资产负债率最低，最高年份的资产负债率不到23%。浦发银行的资产负债率最高，每年的资产负债率均在93%左右，这与其行业特点相关，由于银行资金需求量大，大量的资金都是借入的，或者来自储户，或者来自其他方面，只有极少数资金是由投资人投入的，这些资金的绝对值仍然较大。南京高科五年的资产负债率一直处于一个稳定的变化中，在一个相对合理的范围内。华菱星马的资产负债率在2013—2017年逐年上升，从不到50%相对较合理的水平提高到了相对偏高的73.41%，公司的财务风险在增加。就这四家企业而言，五粮液的资产负债率对债权人是非常有利的，债权人提供的资金与企业总资金来源相比，所占比例低，公司不能偿债的可能性小，公司的风险主要由股东承担。

作业9-7

债权人、投资人和企业经营者对资产负债率的评价有差别吗？如果有，请思考具有什么差别。

【参考答案】

(1) 债权人关注资本扩张带来的投资风险，希望资产负债率越低越好。

(2) 对投资人而言，资产负债率高，有以下好处：一是当总资产报酬率高于负债利率时，由于财务杠杆的作用，可以提高投资人的实际报酬率；二是可用较少的资本取得企业的控制权，同时将企业的一部分风险转嫁给债权人，对企业来说还可获得资金成本低的好处。但债务同时会给投资人带来风险，因为债务的成本是固定的。如果企业经营不善或遭受意外打击而出现经营风险，由于收益大幅度滑坡，贷款利息还需照常支付，损失必然由所有者负担，由此增加了投资风险。

对此，投资人往往用预期资产报酬率与借款利率进行比较判断，若前者大于后者，表明投资人投入企业的资本将获得双重利益，即在获得正常利润的同时，还能获得资产报酬率高于借款利率的差额，这时，资产负债率越大越好；若前者小于后者，则表明借入资本利息的一部分要用所有者投入资本而获得的利润数额来弥补，此时，投资人希望资产负债率越小越好。

（3）从企业经营者角度来看，资产负债率的高低在很大程度上取决于经营者对企业前景的信心和对风险所持的态度。如果企业经营者对企业前景充满信心，且经营风格较为激进，认为企业未来的总资产报酬率将高于负债利率，则应保持适当高的资产负债率，这样企业可有足够的资金来扩展业务，把握更多的投资机会，以获取更多的利润；反之，经营者认为企业前景不容乐观，或者经营风格较为保守，那么必然倾向于尽量使用自有资本，避免因负债过多而冒较大的风险，此时则应保持适当低的资产负债率。尽管如此，即便较为激进的经营者，也不能使资产负债率过高，应将资产负债率控制在适当水平上。

作业 9-8

南方航空、中国航空、东方航空、华夏航空四家公司 2017 年的资产、负债数据如表 9-18 所示，请计算各自的资产负债率，并进行简单的评价。

表 9-18　四家航空公司 2017 年资产、负债数据　单位：亿元

指标	南方航空	中国航空	东方航空	华夏航空
负债	1 561.64	1 403.95	1 709.46	43.35
资产	2 183.29	2 357.18	2 274.64	54.86

【参考答案】

四家公司 2017 年的资产负债率分别为：南方航空 71.53%，中国航空 59.56%，东方航空 75.15%，华夏航空 79.02%。

从计算结果可以看出，四家公司的资产负债率均较高，这具有一定的行业特征，因为航空运输业是一个资金需求量很大的特殊行业。由于其资金需求量庞大，依靠自有资金不仅资本成本高、风险大，而且资本周转受到影响。所以通常来讲，航空运输业的资产负债率要高于其他行业的水平。

（二）所有者权益比率与权益乘数

1. 所有者权益比率

所有者权益比率是企业所有者权益总额与资产总额之比，表明权益资本在全部资产中

所占的份额，一般又称股东权益比率、主权比率、净值比率等。其计算公式为：

所有者权益比率=所有者权益总额÷资产总额×100%

所有者权益比率与资产负债率之和应该等于1。因此，这两个比率是从不同的侧面反映企业的长期财务状况的。所有者权益比率越大，资产负债率就越小，企业的财务风险就越小，偿还长期债务的能力就越强，反之亦然。

根据表9-17的资料，计算四家公司的所有者权益比率，其结果如表9-19所示。

表9-19 四家公司2013—2017年的所有者权益比率

公司	2017年	2016年	2015年	2014年	2013年
华菱星马	26.59%	28.28%	30.73%	41.36%	50.22%
五粮液	77.09%	77.53%	84.39%	86.91%	83.89%
南京高科	41.19%	41.58%	41.84%	42.74%	34.62%
浦发银行	7.02%	6.37%	6.32%	6.27%	5.63%

2. 权益乘数

所有者权益比率的倒数，称为权益乘数，即企业资产总额是股东权益的多少倍。该乘数越大，说明所有者投入的资本在资产中所占比重越小。其计算公式为：

权益乘数=资产总额÷所有者权益总额

权益乘数越大，表明所有者投入企业的资本占全部资产的比重越小，企业的负债程度越高；反之，该比率越小，表明所有者投入企业的资本占全部资产的比重越大，企业的负债程度越低，债权人权益受保护的程度也越高。

权益乘数越大，代表企业向外融资的财务杠杆倍数也越大，企业将承担较大的风险。但是，若企业营运状况刚好处于向上趋势中，较高的权益乘数反而可以创造更高的利润，提高企业的股东权益报酬率。

权益乘数也可以这样计算：

权益乘数=1÷(1-资产负债率)

（三）产权比率

产权比率是负债总额与所有者权益总额的比率。其计算公式为：

产权比率=负债总额÷所有者权益总额×100%

反映企业长期偿债能力的核心指标是资产负债率，产权比率是对资产负债率的必要补充。从计算关系可以看出，这个比率实际上反映了债权人所提供的资金与股东所投入资金的对比关系。因此，它可以揭示企业的财务风险及所有者权益对偿还债务的保障程度。产权比率越高，企业所存在的风险越大，长期偿债能力越弱。产权比率越低，表明企业的长期偿债能力越强，债权人承担的风险越小，债权人也就愿意向企业增加借款。当这一比率过低时，股东权益比重过大，意味着企业有可能失去充分发挥负债的财务杠杆作用的大好时机；当该指标过高时，表明企业过度运用财务杠杆，增加了企业的财务风险。

（四）有形净值债务率

有形净值债务率是企业负债总额与有形净值的百分比。有形净值是指所有者权益减去无形资产和递延资产后的净值，即所有者具有所有权的有形资产。其计算公式为：

有形净值债务率＝负债总额÷(所有者权益－无形资产和递延资产)×100%

有形净值债务率指标是产权比率的延伸，能够更为谨慎地反映在企业清算时债权人投入的资本受到所有者权益的保障程度。该指标越大，表明风险越大；反之，则风险越小。

作业9-9

请思考：在评价企业长期偿债能力时，有形净值债务率与产权比率相比，其优越性在哪里？

【参考答案】

有形净值债务率能够更为谨慎地反映在企业清算时债权人投入的资本受到所有者权益的保障程度。由于长期债务的偿还要靠企业的有形资产来保证，无形资产如商誉、商标权、专利权等的价值具有很大的不确定性，不一定能用来偿债；而递延资产，如长期待摊费用、递延所得税资产，本身就是企业费用的资本化，它们往往不能用于偿债，计算有形净值债务率时将这两部分从分母中扣除，能更准确地揭示企业的长期偿债能力。

（五）利息保障倍数

利息保障倍数也称已获利息倍数，是指一个企业每期获得的收益与支付的固定利息费用之间的倍数，是息税前利润（税前利润＋利息费用）与利息费用的比率。其计算公式为：

利息保障倍数＝(税前利润＋利息费用)÷利息费用

公式中：税前利润是指扣除所得税之前的利润总额；利息费用包括财务费用中的利息费用和已计入固定资产价值中的资本化利息。

利息保障倍数反映了企业用经营所得支付债务利息的能力。如果这个指标太低，说明企业难以保证用经营所得按期足额支付债务利息，对债权人和投资者来说将加大对企业财务风险的评估。一般情况下，企业的利息保障倍数至少要大于1；否则，企业将难于生存与发展，甚至破产。衡量该财务比率的一般安全线标准是3。

正确评价企业的长期偿债能力，分析利息保障倍数的高与低，应将本年度同该企业以往年度，以及同一行业的其他企业和该行业平均指标进行对比。此外，每个企业经营的好坏、信用的高低对利息保障倍数的要求也不相同。

本章小结

资产负债表是总括反映企业在某个特定日期财务状况的报表。信息使用者可从资产负债表中了解企业的短期偿债能力、资本结构和长期偿债能力以及企业的财务弹性。本章主要侧重于对企业的资产负债表进行分析，主要从以下三方面进行：

第一，对资产负债表本身的分析。主要运用历史分析以及结构百分比的方法对资产负债表进行了水平分析和结构分析，并对报表中各项目进行了深层次的分析。

第二，对企业的短期偿债能力进行分析。衡量短期偿债能力的指标主要有营运资本、流动比率、速动比率以及现金比率。由于短期偿债能力与营运资本效率息息相关，所以，在进行短期偿债能力分析时，还应就反映营运资本效率的相关指标，如收账期、存货期、付款期以及营运资本周期进行详细的分析。

第三，对企业的长期偿债能力进行分析。衡量长期偿债能力的指标主要有资产负债率、所有者权益比率与权益乘数、产权比率、有形净值债务率以及利息保障倍数。

课后思考题

1. 怎样进行资产负债表的水平分析?
2. 怎样进行资产负债表的结构分析?
3. 你认为资产负债表中哪些项目是分析的重点? 重点项目的分析内容是什么?
4. 试以某上市公司的年报为例，对该公司的资产负债表进行趋势分析。
5. 衡量企业短期偿债能力的指标有哪些? 各项指标的公式是什么? 有何差异?
6. 衡量企业营运资本效率的指标有哪些? 其公式是什么? 为什么在分析短期偿债能力时必须同时分析营运资本效率?
7. 影响企业短期偿债能力的表外因素有哪些?
8. 影响企业长期偿债能力的主要因素有哪些?
9. 资产负债率的高低对债权人、投资人以及企业经营者有何影响?
10. 衡量企业长期偿债能力的指标有哪些? 各项指标的公式是什么? 有何差异?

课后练习题

一、单项选择题

1. 不能利用资产负债表进行分析的项目有（　　）。

A. 偿债能力分析　　B. 资本结构分析
C. 获利能力分析　　D. 财务弹性分析

2. 与资产结构相关的风险称为（　　）。

A. 财务风险　　B. 经营风险
C. 投资风险　　D. 应收账款风险

3. 一个企业的资产弹性大小是由资产中（　　）的比重来衡量的。

A. 实物资产　　B. 固定资产　　C. 无形资产　　D. 金融资产

4. 具有高资金成本、低财务风险的资产负债对称结构称为（　　）。

A. 保守结构　　B. 稳健结构　　C. 平衡结构　　D. 风险结构

5. 在通货膨胀条件下，追求利润最大的企业倾向于使用的存货计价方法为（　　）。

A. 先进先出法　　B. 个别认定法　　C. 加权平均法　　D. 后进先出法

6. 一般而言，所有者权益项目中，比重越大越好的项目是（　　）。

A. 普通股本　　B. 资本公积　　C. 优先股本　　D. 留存收益

7. 债权人是企业财务信息的使用者之一，其最关心的是（　　）。

A. 投资收益率　　B. 资产保值率

C. 债权的安全　　D. 总资产收益率

8. 关于流动比率，下列说法不正确的有（　　）。

A. 流动比率过低，说明企业可能有清偿到期债务的困难

B. 流动比率过高，说明企业有较多不能盈利的闲置流动资产

C. 流动比率是衡量短期偿债能力的唯一指标

D. 流动比率为 2∶1 比较合适

9. 某企业某年末流动资产为 200 万元，其中存货为 120 万元，应收票据及应收账款为 20 万元，流动负债为 100 万元，计算的速动比率为（　　）。

A. 2　　B. 0.8　　C. 0.6　　D. 0.5

10. 某企业某年库存现金为 2 万元，银行存款为 24 万元，符合现金等价物条件的债券投资为 6 万元，负债总额为 120 万元，其中流动负债为 50 万元，则其现金比率为（　　）。

A. 0.64　　B. 0.25　　C. 0.6　　D. 0.52

11. 下列经济业务会使企业的流动比率提高的是（　　）。

A. 销售产品　　B. 收回应收账款

C. 购买短期债券　　D. 用固定资产对外进行长期投资

12. 某公司赊销收入净额为 315 000 元，应收票据及应收账款年末数为 18 000 元，年初数为 16 000 元，其应收账款周转率为（　　）次。

A. 18　　B. 19　　C. 20　　D. 21

13. 某企业年初应收票据及应收账款为 230 万元，年末应收票据及应收账款为 250 万元，本年营业收入为 1 200 万元，本年营业成本为 1 000 万元，则该企业收账期为（　　）。

A. 70 天　　B. 73 天　　C. 76 天　　D. 87 天

14. 某企业期初存货为 200 万元，期末存货为 300 万元，本期产品销售收入为 1 500 万元，本期产品销售成本为 1 000 万元，则该企业存货周转率为（　　）次，存货期为（　　）天。

A. 3.3、110.61　　B. 4、91.25　　C. 5、73　　D. 6、60.83

15. 某公司的部分年末数据为：流动负债 60 万元，速动比率 2.5，流动比率 3.0，销售成本 50 万元，则年末存货周转率为（　　）次。

A. 1.2　　B. 2.4　　C. 1.67　　D. 1.5

16. 不作为衡量营运资本效率的财务比率是（　　）。

A. 营业周期　　B. 存货期　　C. 收账期　　D. 资产负债率

17. 某公司年初流动比率为 2.1，速动比率为 0.9，而年末流动比率下降为 1.8，速动比率上升为 1.1，则说明（　　）。

A. 当年存货增加　　B. 当年存货减少

C. 应收款项的回收速度加快　　D. 现销增加，赊销减少

18. 某企业的流动资产为 36 万元，非流动资产为 480 万元，流动负债为 20.5 万元，非流动负债为 78 万元，则可计算出资产负债率为（　　）。

A. 15.12%　　B. 19.09%　　C. 16.25%　　D. 20.52%

19. 如果资产负债率大于 50%，则下列结论成立的是（　　）。

A. 权益乘数为 2　　B. 长期偿债能力很强

C. 产权比率大于1　　D. 财务风险很低

20. 下列财务比率中，可以反映企业长期偿债能力的比率是（　　）。

A. 平均收款期　　B. 销售利润率　　C. 流动比率　　D. 产权比率

21. 当所有者权益与负债各占50%时，企业（　　）。

A. 只存在经营风险　　B. 经营风险与财务风险可抵消

C. 只存在财务风险　　D. 经营风险与财务风险同时存在

22. 某企业资产总额为600万元，负债总额为400万元，则权益乘数为（　　），产权比率为（　　）。

A. 1.5、3　　B. 3、2　　C. 2、3　　D. 3、1.5

23. 决定权益乘数大小的主要指标是（　　）。

A. 总资产周转率　　B. 资产利润率　　C. 销售利润率　　D. 资产负债率

24. 某企业的资产负债率为40%，其权益乘数为（　　）。

A. 1.5　　B. 1.67　　C. 2.5　　D. 0.4

25. 某企业税后净利为75万元，所得税税率为25%，利息费用为50万元，则该企业利息保障倍数为（　　）。

A. 1.3　　B. 1.73　　C. 2.78　　D. 3

二、多项选择题

1. 利用资产负债表可进行（　　）。

A. 偿债能力分析

B. 资产结构、资本结构的分析

C. 资产、负债及所有者权益变化趋势的分析

D. 财务成果的分析

E. 财务弹性的分析

2. 下列关于资产结构的说法中，正确的有（　　）。

A. 财务风险主要与资产结构有关

B. 经营风险主要与资产结构有关

C. 资产的流动性与资产的风险性有密切关系

D. 资产的流动性与资产的收益性有密切关系

E. 资产结构是指企业各种资产占总资产的比重

3. 分析企业货币资金规模的适应性和质量时，应注意的问题是（　　）。

A. 企业的资产规模　　B. 企业的筹资能力

C. 企业的行业特点　　D. 企业运用货币的能力

E. 企业的业务量

4. 速动比率大于1，有可能说明（　　）。

A. 流动负债有较多的速动资产作保证

B. 企业偿还流动负债的能力较强

C. 企业将依赖出售存货或举借新债来偿债

D. 企业可能拥有较多现金

E. 企业偿还流动负债的能力较弱

5. 影响短期偿债能力的因素一般包括（　　）。

A. 存货周转速度　　B. 应收账款周转速度

C. 临时举债能力　　D. 已贴现的应收票据

E. 为其他企业提供的债务担保

6. 能够增加企业短期偿债能力的因素有（　　）。

A. 能迅速变现的长期资产　　B. 为其他单位提供债务担保

C. 未作记录的或有负债　　D. 企业良好的商业信用

E. 可使用的银行贷款指标

7. 下列项目中，影响现金比率的因素有（　　）。

A. 期末企业所拥有的现金数额，包括现金及现金等价物

B. 流动负债

C. 长期负债

D. 流动资产

E. 应收账款

8. 下列指标中，可以用以评价企业长期偿债能力的有（　　）。

A. 流动比率　　B. 资产负债率　　C. 产权比率　　D. 利息保障倍数

E. 营运资本

9. 下列比率越高，反映企业偿债能力越强的有（　　）。

A. 速动比率　　B. 流动比率　　C. 资产负债率　　D. 利息保障倍数

E. 产权比率

10. 影响资产管理效果的财务比率是（　　）。

A. 营业资本周期　　B. 存货周转率　　C. 应收账款周转率　　D. 资产负债率

E. 流动比率

11. 产权比率大，对应的下列说法正确的是（　　）。

A. 资产负债率大　　B. 财务风险小　　C. 财务风险大　　D. 权益乘数大

E. 所有者权益比率大

12. 营业资本周期越短，说明资产的效率越高，其收益能力越强，也说明（　　）。

A. 资产的流动性越低，资产风险增加　　B. 资产的流动性越强，资产风险降低

C. 流动资产的占用相对越多　　D. 流动资产的占用相对越少

E. 企业运用资金的效率较高

三、判断题

1. 资产占用形态结构即企业总资产中有形资产和无形资产各占的比重或比例关系。（　　）

2. 资产的流动性是指企业资产转换为现金的速度（或能力），是资产的一个重要特性。资产的流动性与资产的风险性及收益性均具有密切的联系。（　　）

3. 营运资金数额的多少，可以反映企业的短期偿债能力。（　　）

4. 流动比率反映企业可在短期内变为现金的流动资产偿还到期流动负债的能力，因

此，流动比率越高越好。（　　）

5. 影响速动比率可信性的重要因素是存货的变现能力。（　　）

6. 如果流动负债为 60 万元，流动比率为 2.5，速动比率为 1.4，则年末存货价值为 84 万元。（　　）

7. 通过缩短存货期和收账期，可以缩短营业资本周期，加速营运资金周转，提高资金的利用效率。（　　）

8. 营运资本周期等于收账期和存货期之和。（　　）

9. 资产负债率是负债总额与资产总额的比例关系，因此，该指标数值越低越好。（　　）

10. 已获利息倍数中的“利息费用”仅指财务费用中的利息费用，而不包括计入固定资产成本的资本化利息。（　　）

四、填空及计算分析题

1. 资产负债表分析。东方航空公司 2014—2016 年的资产负债表如表 9－20 所示。

表 9－20　　东方航空公司 2014—2016 年资产负债表

12 月 31 日　　单位：亿元

项目	2016 年	2015 年	2014 年
流动资产：			
货币资金	17.38	91.15	13.93
套期工具	0.11		0.05
应收票据	0.30	0.00	0.00
应收账款	26.30	28.67	38.62
预付账款	27.62	7.53	9.78
应收股利	0.73	0.22	0.33
其他应收款	42.13	48.81	31.65
存货	22.48	20.56	22.59
持有待售的非流动资产		5.94	43.3
一年内到期的非流动资产	1.40	1.50	0.98
其他流动资产	20.43	26.40	21.20
流动资产合计	158.88	230.78	182.43
非流动资产：			
套期工具	1.37	0.45	0.30
可供出售金融资产	6.45	4.52	4.33
长期股权投资	20.60	20.61	15.91
投资性房地产	3.21	2.94	0.00
固定资产净额	1 507.51	1 314.30	1 072.78
在建工程	257.55	229.78	223.76
无形资产	24.18	23.46	24.36
商誉	90.28	90.28	90.28
长期待摊费用	18.79	19.04	13.44
递延税款借项合计	0.79	2.43	1.70
其他长期资产	10.90	18.50	6.13

续前表

项目	2016 年	2015 年	2014 年
非流动资产合计	1 941.63	1 726.31	1 452.99
资产总计	2 100.51	1 957.09	1 635.42
流动负债：			
短期借款	99.83	75.37	139.79
套期工具	0.11	0.04	
应付票据	11.20	8.00	0.00
应付账款	108.11	98.10	111.47
预收账款	9.66	10.59	8.41
票证结算	76.77	58.41	50.64
应付职工薪酬	40.25	39.98	31.41
应交税费	18.10	16.94	18.46
应付利息	9.32	7.58	7.38
其他应付款	34.55	40.65	30.16
一年内到期的长期负债	102.89	233.18	173.55
其他流动负债	170.00	155.00	40.00
流动负债合计	680.79	743.84	611.27
非流动负债：			
长期借款	106.04	204.08	202.28
套期工具	0.47	0.97	0.95
应付债券	172.86	80.90	102.85
长期应付款	585.14	500.36	377.17
长期应付职工薪酬	30.85	29.70	28.22
专项应付款	0.86	1.43	1.16
递延税款贷项合计	0.86	0.08	0.26
其他长期负债	21.68	21.02	16.39
长期负债合计	918.76	836.74	729.28
负债合计	1 599.55	1 580.58	1 340.55
股东权益：			
股本	144.67	131.40	126.74
资本公积	267.60	195.47	174.10
其他综合收益	−28.17	−25.56	−28.53
盈余公积	3.28	1.84	0.00
未分配利润	84.48	48.22	4.65
归属于母公司股东权益合计	471.86	351.37	276.96
少数股东权益	29.10	25.14	17.91
股东权益合计	500.96	376.51	294.87
负债和股东权益合计	2 100.51	1 957.09	1 635.42

请根据东方航空公司披露的资产负债表中的系列数据来回答以下问题：

（1）资产总额从2014年12月31日起到2016年12月31日止（□增加/□减少）了________%。对该数据表明的含义加以评价。

（2）东方航空2016年12月31日披露的缴入股本总额是________亿元。

缴入股本从2014年12月31日起到2016年12月31日止（□增加/□减少）了________%。对该数据表明的含义进行评价。

（3）留存收益从2014年12月31日起到2016年12月31日止（□增加/□减少）了________%。

对该数据表明的含义进行评论。

（4）固定资产从2014年12月31日起到2016年12月31日止（□增加/□减少）了________%。

对该数据表明的含义进行评论。

（5）东方航空公司2016年12月31日的流动资产总额和流动负债总额分别是________亿元和________亿元。

计算每年的流动比率，并对结果加以评价。

2014年12月31日________；2015年12月31日________；2016年12月31日________。

（6）东方航空公司2016年12月31日的负债总额是________亿元。

计算每年的资产负债率，并对结果加以评价。

2014年12月31日________；2015年12月31日________；2016年12月31日________。

2. 流动比率计算与分析。七匹狼、美的集团、振华重工和中兴通讯四家公司2016年12月31日的流动资产与流动负债数据如表9－21所示。

表9－21　　四家公司流动资产与流动负债数据

2016年12月31日　　单位：万元

项目	七匹狼	美的集团	振华重工	中兴通讯
流动资产	557 887	12 062 132	2 958 600	11 285 206
流动负债	263 564	8 918 400	3 788 863	10 075 582

（1）对于上述所列公司，计算流动比率，将结果列示如下：

流动比率：________；________；________；________。

（2）以上计算的流动比率范围基本上是：

□小于1　□1至3　□3至5　□大于5

（3）以流动比率来衡量，短期流动性最强的公司是：

□七匹狼　□美的集团　□振华重工　□中兴通讯

（4）对于流动比率，一个（□上升/□下降）的趋势被认为是好的。

（5）流动负债经常用流动资产偿还。同期内无法支付全部流动负债的公司是：

□七匹狼　□美的集团　□振华重工　□中兴通讯

这是否表明公司无偿还能力，或不能偿还其债务？

□是　□否

请解释原因。

（6）低的流动比率一般表明短期流动能力的缺乏。一般来说，这样的公司在借款时将会被要求支付（□高/□/低）的利息率。

3. 收账期、存货期计算与分析。上述四家公司相关数据如表 9－22 所示。

表 9－22

项目	七匹狼			美的集团		
	2016 年	2015 年	2014 年	2016 年	2015 年	2014 年
应收账款	17 183	26 012	29 475	1 345 451	1 037 171	936 210
主营业务收入	263 960	248 647		15 904 404	13 844 123	
存货	89 942	84 314	74 268	1 562 690	1 044 894	1 502 003
主营业务成本	147 990	142 109		11 561 544	10 266 282	
收账期						
存货期						

项目	振华重工			中兴通讯		
	2016 年	2015 年	2014 年	2016 年	2015 年	2014 年
应收账款	423 074	389 476	369 010	2 599 819	2 525 129	2 515 296
主营业务收入	2 434 809	2 327 239		10 123 318	10 018 639	
存货	677 609	578 570	446 721	2 681 057	1 973 174	1 959 230
主营业务成本	1 972 766	1 971 731		7 010 066	6 910 045	
收账期						
存货期						

（1）对于上述所列公司，计算其 2015 年、2016 年的收账期和存货期，并将结果填在表 9－22 的空白之处。

（2）测试上述收账期，它们的范围主要是：

□小于 20 天　□20 至 90 天　□超过 90 天

（3）对于上述每家公司，应收账款的收回最快的收账期分别为________，________，________，________。

（4）对于收账期，（□增加/□减少）的趋势是有利的。

（5）最可能采用 30 天信用期的公司是：

□七匹狼　□美的集团　□振华重工　□中兴通讯

（6）计算各个公司的应收账款周转率，将计算结果填入表 9－23。

表 9－23　各公司应收账款周转率

公司	2016 年	2015 年
七匹狼		
美的集团		
振华重工		
中兴通讯		

（7）对于应收账款周转率，（□增加/□减少）的趋势是有利的。

（8）对上述（6）的结果进行简单的评价。

（9）计算各个公司的存货周转率，将计算结果填入表 9－24。

表 9－24 **各公司存货周转率**

公司	2016 年	2015 年
七匹狼		
美的集团		
振华重工		
中兴通讯		

（10）测试上述存货周转率，它们的范围基本上是：

□少于 5 次 □5 至 15 次 □超过 15 次

（11）可接受的存货周转率随行业不同而变化。对于上述每家公司，销售存货最快的比率分别为________，________，________，________。

（12）振华重工的存货周转率（□提高/□降低）。总的来说，这是一个（□有利/□不利）的趋势。

（13）根据 2016 年的信息，存货周转率最高的公司是：

□七匹狼 □美的集团 □振华重工 □中兴通讯

（14）根据 2016 年的信息，存货周转率最低的公司是：

□七匹狼 □美的集团 □振华重工 □中兴通讯

（15）你是否认为上述第（13）题答案的公司比第（14）题答案的公司表现更好？

□是 □否

请解释原因。

4. 请结合第 2 和第 3 题的有关计算结果，对美的集团短期偿债能力进行分析。

5. 资产负债率（即负债比率）的计算与分析。上海电力、中集集团和王府井三家公司的相关数据如表 9－25 所示。

表 9－25 **三家公司相关数据**

2016 年 12 月 31 日 单位：万元

项目	上海电力	中集集团	王府井
资产	5 555 256.53	12 461 474.80	2 301 728.79
负债	3 969 976.13	8 547 995.60	1 296 904.06
所有者权益	1 585 280.40	3 913 479.20	1 004 824.73

（1）对于上述所列的每家公司，计算负债比率，将结果列示如下：

负债比率：________；________；________。

（2）上述计算的负债比率比值范围基本在：

□小于 50％ □50％至 80％ □大于 80％

（3）中集集团________％的资产依靠于债务取得。

（4）（□上海电力/□中集集团/□王府井）更多地依靠债务融资，其负债比率（□大于/□小于）50%。

（5）假定负债比率揭示了财务风险，那么（□上海电力/□中集集团/□王府井）则可被认为是财务风险最大的。如果一个公司想要一个较低的财务风险并且较少地依赖负债融资，则负债比率有（□增长/□下降）的趋势被认为是可喜的。一般来讲，一个具有较高财务风险的公司在贷款时需要支付（□较高/□较低）的利息率。

（6）试解释为什么一个增长的负债比率趋势导致较高的财务风险。

（7）高的负债比率是否表示公司状况不佳?

□是　□否

试解释你的回答。

6. 某企业有关资料如下：

（1）年末资产负债表（简表）见表 9－26（假定全部数据均在表中）。

表 9－26　　资产负债表（简表）　　单位：万元

资产	年初数	年末数	负债及所有者权益	年初数	年末数
货币资金	1 000	960	短期借款	2 000	2 800
应收账款	?	1 920	应付账款	1 000	800
预付款项	0	64	预收款项	600	200
存货	?	4 400	长期借款	4 000	4 000
固定资产	5 792	6 400	所有者权益	5 680	5 944
总计	13 280	13 744	总计	13 280	13 744

（2）补充资料：年初速动比率为 0.75，年初流动比率为 2.08，预付款项均为预付费用；该企业所在行业的平均流动比率为 2；该企业为汽车生产厂家，年初存货构成主要为原材料、零配件，年末存货构成主要为产成品（汽车）。

要求：（1）计算该企业年初应收账款、存货项目的金额。

（2）计算该企业年末流动比率，并做出初步评价。

（3）分析该企业流动资产的质量以及短期偿债能力。

第十章 利润表及获利能力分析

学习目标

学完本章，你应能做到：

- 了解利润表分析的主要内容和目的。
- 熟悉利润表的水平分析、结构分析和主要项目分析。
- 掌握企业获利能力分析方法。
- 掌握杜邦分析方法。

第一节 利润表分析

一、利润表分析的目的及内容

利润表主要提供有关企业经营成果方面的信息，可以反映企业一定会计期间的收入实现情况、费用耗费情况、净利润实现情况等。

(一) 利润表分析的目的

分析利润表，主要为实现以下三个目的。

1. 正确评价企业各方面的经营业绩

由于利润受各环节和各方面的影响，因此，通过对不同环节的利润分析，可以具体了解企业利润形成的主要因素，准确说明各环节的业绩。

2. 及时、准确地发现企业经营管理中存在的问题

通过利润分析，不仅能找出业绩，而且能发现企业在各环节存在的问题或不足，从而为进一步改进企业的经营管理工作指明方向。

3. 为投资人、债权人的投资与信贷决策提供正确信息

通过对企业利润的分析，可以揭示出企业的经营潜力及发展前景，从而为投资人、债

权人等做出正确的投资与信贷等决策提供信息。

（二）利润表分析的内容

利润表分析的内容包括以下几方面：

（1）利润额增减变动分析。利润额增减变动分析即通过对利润表的水平分析，从利润的形成和分配两个方面，反映利润额的变动情况，揭示企业在利润形成与分配各环节的会计政策、管理业绩及存在的问题。

（2）利润结构变动分析。利润结构变动分析主要是在对利润表进行结构分析的基础上，揭示各项利润及成本费用与收入的关系，以反映企业各环节的利润构成、利润及成本费用水平。

（3）收入分析。收入是影响利润的重要因素。企业收入分析的内容包括：收入的确认与计量分析；影响收入的价格因素与销售量因素分析；企业收入的构成分析等。

（4）成本费用分析。成本费用分析包括营业成本分析和期间费用分析两部分。

（5）其他损益项目分析。其他损益项目分析主要包括资产减值损失、公允价值变动损益、其他收益、资产处置损益、投资损益、营业外收支以及所得税分析。

二、利润表水平分析

利润表水平分析是将表内不同时期的项目进行对比，既可以了解企业目前的利润状况，也可以分析其发展趋势。如果企业的经营活动处于持续健康发展的状态，那么利润表中的各项数据应呈现出持续稳定发展的趋势。若利润表中的主要项目数据出现异动，突然大幅度上下波动，各项目之间出现背离，或者出现恶化趋势，那么就表明企业的某些方面发生了重大变化，为判断企业未来的发展趋势提供了重要线索。

以苏泊尔公司为例，进行利润表水平分析，该公司 2017 年、2016 年比较利润表如表 10－1 所示。

表 10－1　　苏泊尔公司比较利润表（水平分析）　　单位：万元

项目	2017 年	2016 年	增（减）额	增（减）率
	①	②	③＝①－②	④＝③/②
一、营业收入	1 418 734.74	1 194 712.32	224 022.42	18.75%
减：营业成本	999 403.87	829 999.91	169 403.96	20.41%
税金及附加	9 466.94	9 578.25	－111.31	－1.16%
销售费用	221 307.83	189 173.35	32 134.48	16.99%
管理费用	41 519.42	38 295.18	3 224.24	8.42%
财务费用	－12.70	－2 143.82	2 131.12	99.41%
资产减值损失	5 099.13	4 846.95	252.18	5.20%
加：其他收益	8 237.97	6 541.94	1 696.03	25.93%
投资收益	6 327.27	6 107.99	219.28	3.59%

续前表

项目	2017 年	2016 年	增（减）额	增（减）率
	①	②	③=①-②	④=③/②
公允价值变动收益	854.17	476.99	377.18	79.08%
资产处置收益	280.09	81.75	198.34	242.62%
二、营业利润	157 649.75	138 171.17	19 478.58	14.1%
加：营业外收入	512.05	314.97	197.08	62.57%
减：营业外支出	1 649.01	1 774.12	-125.11	-7.05%
三、利润总额	156 512.79	136 712.02	19 800.77	14.48%
减：所得税费用	25 728.38	23 351.39	2 376.99	10.18%
四、净利润	130 784.41	113 360.63	17 423.78	15.37%
五、其他综合收益的税后净额	-843.10	-88.14	-754.96	856.55%
六、综合收益总额	129 941.31	113 272.49	16 668.82	14.72%
七、每股收益（元）				
（一）基本每股收益	1.601	1.319	0.28	21.38%
（二）稀释每股收益	1.592	1.312	0.28	21.34%

说明：为了增加数据的可比性，本报表对苏泊尔 2016 年的数据项目进行了微调。主要是将 2016 年前四个月计入管理费用的税费 570.18 万元从管理费用中剔除，放入“税金及附加”项目反映；将 2016 年计入营业外收入的与日常经营活动有关的政府补助 6 541.94 万元放入“其他收益”项目反映；将计入营业外收入的非流动资产处置收益放入“资产处置收益”项目。

表 10-1 显示，苏泊尔公司 2017 年营业收入增长了 18.75%，利润总额、净利润却分别增长了 14.48%和 15.37%，均略小于营业收入的增长幅度。这主要是因为营业成本和财务费用的增加。从表 10-1 中我们可以看到，2017 年营业成本增幅为 20.41%，高于营业收入的增幅，说明本期销售毛利率有所下降；财务费用增加了 2 131.12 万元，增幅为 99.41%。

由于表 10-1 提供的数据有限，我们仅能做出上述分析，想要寻求收入、费用等变化的深层次原因，我们需要通过在网上搜集详细的资料对苏泊尔公司的利润表进行更为详细的分析。

（1）苏泊尔公司 2017 年营业收入增长 18.75%，主要得益于国内消费升级和海外 SEB 订单的持续转移，公司内销和出口业务均实现稳步增长。其中，炊具主营业务全年实现收入 495 645.71 万元，同比增长 13.75%；电器主营业务实现收入 907 706.04 万元，同比增长 21.59%。内销主营业务全年实现收入 1 008 278.73 万元，同比增长 21.00%；外贸主营业务全年实现收入 397 502.13 元，同比增长 13.21%。

（2）由于大宗原材料价格上升，公司 2017 年的毛利率有所下降，下降了 0.97 个百分点。

2016 年毛利率=（1 194 712.32-829 999.91）÷1 194 712.32×100%=30.53%

2017 年毛利率=（1 418 734.74-999 403.87）÷1 418 734.74×100%=29.56%

（3）由于汇率波动，本期产生汇兑损失，而去年同期产生汇兑收益，导致财务费用大幅度增加。

（4）公允价值变动主要源于所持有的理财产品的公允价值变动。

（5）其他收益主要是政府补助增加。

三、利润表结构分析

（一）利润表结构分析

利润表结构分析是将表内每个项目都与一个关键项目（营业收入）相比，用于发现有显著问题的项目，揭示进一步分析的方向。

采用结构分析，剖析利润表中各相关项目之间的内在钩稽关系，可以获取大量的有用信息。如将企业的营业成本与营业收入相比较，再进行简单的计算，可以了解企业的毛利率，进而可以了解企业的产品或劳务的技术含量和市场竞争力。通过将公允价值变动损益、投资收益以及营业外收入与营业收入比较，可以了解企业的利润中来自非经营活动的比重，以此来评价企业利润水平的稳定性。

仍以苏泊尔公司为例，该公司2017年、2016年比较利润表（结构百分比）如表10－2所示。

表10－2　苏泊尔公司比较利润表（结构百分比）　金额单位：万元

项目	2017年		2016年	
	金额	百分比（%）	金额	百分比（%）
一、营业收入	1 418 734.74	100.00	1 194 712.32	100.00
减：营业成本	999 403.87	70.44	829 999.91	69.47
税金及附加	9 466.94	0.67	9 578.25	0.80
销售费用	221 307.83	15.60	189 173.35	15.83
管理费用	41 519.42	2.93	38 295.18	3.21
财务费用	－12.70	0.00	－2 143.82	－0.18
资产减值损失	5 099.13	0.36	4 846.95	0.41
加：其他收益	8 237.97	0.58	6 541.94	0.55
投资收益	6 327.27	0.45	6 107.99	0.51
公允价值变动收益	854.17	0.06	476.99	0.04
资产处置收益	88.75	0.01	53.05	0.00
二、营业利润	157 458.41	11.10	138 142.47	11.56
加：营业外收入	703.39	0.05	343.67	0.03
减：营业外支出	1 649.01	0.12	1 774.12	0.15
三、利润总额	156 512.79	11.03	136 712.02	11.44
减：所得税费用	25 728.38	1.81	23 351.39	1.95
四、净利润	130 784.41	9.22	113 360.63	9.49

对表10－2分析得出的结论与表10－1的结论一致，此处不再展开。

（二）利润表的盈利结构分析——对利润表结构的进一步分析

利润表的盈利结构分析，就是直接以利润表中所揭示的利润类型，分析其结构变动及其对企业经营业绩的影响，通过盈利结构分析，说明企业盈利水平高低、稳定性和持久性，从中发现影响企业盈利能力的结构性原因，即了解哪些收支引起盈利变动，并就此提出对策。

会计准则将利润表中的“营业利润”扩展到包括投资收益、公允价值变动损益、资产处置损益和其他收益等范围更广泛的内容，已经与利润总额的概念十分接近。这就是说，利润表中的“营业”已经完全不是传统意义上的“营业”概念了。如果用营业利润直接与营业收入进行对比，当企业投资收益、公允价值变动损益、资产处置损益和其他收益占利润比重较大时，将会失去意义，因为这些损益与企业本期营业收入无关。为了解决上述问题，有必要建立一个新的概念，我们将这个新概念称为核心利润。核心利润的计算公式是：

核心利润＝营业收入－营业成本－税金及附加－销售费用－管理费用－财务费用

可以看出，在企业自身存在经营活动的条件下，核心利润反映了企业从事经营活动的业绩。

盈利结构一般分为六种类型，如表 10－3 所示。

表 10－3　　六种典型的盈利结构

项目	A	B	C	D	E	F
销售毛利	亏	亏	盈	盈	盈	盈
核心利润	亏	亏	亏	亏	盈	盈
利润总额	亏	盈	亏	盈	亏	盈
说明	接近破产		如果这种状况继续下去，将会导致破产		根据亏损状况而定	正常情况

从表 10－3 可以看出：

（1）A 种类型，企业各类项目都是亏损的，特别是作为企业经营基础的销售毛利都处于亏损状态，显然，这种企业将面临破产。

（2）B 种类型，企业虽然最终有盈利，但是由于特别项目（如对外投资收益很大等）出现了较大的收益，才提供了利润，显然，这种类型的企业的盈利是不稳定、不持久的。

（3）C 种类型，作为企业生存和发展基础的销售毛利为盈利，说明企业的盈利水平具有相对的稳定性和持久性。但核心利润和利润总额都出现亏损，表明企业可能存在期间费用过大或对外投资出现亏损等情况。因此，企业应加强管理，减少支出，增加收入。

（4）D 种类型，和 C 种类型相似，只是可能由于特别项目出现了较大收益，才使企业最终有盈利。

（5）E 种类型，企业的毛利和核心利润都为盈利，说明企业的盈利水平具有稳定性和持久性，由于特别项目出现了损失（如对外投资损失、营业外支出较大）才导致了亏损。因此，企业应努力消除特别项目所造成的不利因素。

（6）F种类型，企业各项目都出现了盈利，这是一种正常状态，说明企业的盈利水平具有较好的稳定性和持久性，企业所有者所投入的资本也得到了保全，但并不能就此说明企业的盈利水平很高，或企业的经营状况很好。

四、利润表的重点项目分析

（一）营业收入分析

在对企业的营业收入进行分析时，应从以下几个方面入手。

1. 收入分析的关注点

（1）收入确认时间合法性分析。即分析本期收入与前期收入或后期收入的界限是否分清。

（2）特殊情况下企业收入确认的分析。如商品需要安装或检验时收入的确认，买主有退货权时的收入确认等，在这些情况下，收入的确认与一般性收入的确认不同。

（3）收入确认方法合理性的分析。如对采用完工百分比法、完成合同法的条件与估计方法是否合理等的分析。

（4）收入计量分析。收入计量分析关键在于确认销售退回、折扣与折让的计量是否准确。分析时应根据商业折扣与现金折扣的特点，分别分析折扣的合理性与准确性以及对企业收入的影响。

2. 销售数量与销售价格分析

企业营业收入的大小主要受销售数量和销售价格的影响。因此，进行营业收入分析，应在分析收入总量变动的基础上，进一步确认销售数量和价格变动对营业收入的影响程度。

首先计算营业收入增长额和增长率，再计算价格变动对收入的影响，公式如下：

营业收入增长额＝本期实际营业收入－基期营业收入

营业收入增长率＝营业收入增长额÷基期营业收入×100%

价格变动对收入的影响＝（本期销售价格－基期销售价格）×本期销售数量

＝营业收入增长额－销售数量变动对营业收入的影响

销售数量变动对营业收入的影响＝（本期销售数量－基期销售数量）×基期单价

通过对销售数量与价格对营业收入影响的分析，不仅可明确企业销售数量及价格对营业收入的影响程度，而且可了解企业的竞争战略选择及效果。

3. 企业收入构成分析

对企业收入进行分析不仅要研究其总量，而且应分析其结构及变动情况，以了解企业的经营方向和会计政策选择。收入结构分析主要包括主营业务收入与其他业务收入构成分析、现销收入与赊销收入构成分析两个方面。

（1）主营业务收入与其他业务收入构成分析。通过对主营业务收入与其他业务收入的构成情况分析，可以了解与判断企业的经营方针、方向及效果，进而可分析预测企业的持续发展能力。如果企业的利润主要来源于主营业务收入，那就说明企业的经营成果是稳定的；如果企业的利润大多来自非主营收入，哪怕当年利润再高，企业的经营都可能是不太稳定的，其发展潜力和前景显然是值得怀疑的。

对于多元化经营的公司来说，还必须对其主营业务收入进行详细分析。可以通过计算各种收入在总收入中所占的比重来对主营业务收入的构成进行分析，通过收入构成分析了解企业生产经营过程中一些生产经营战略的变化，并为企业经营者了解企业的盈利产品或者业务提供信息。

（2）现销收入与赊销收入构成分析。企业收入中的现销收入与赊销收入构成受企业的产品适销程度、企业竞争战略、会计政策选择等多个因素影响。通过对二者结构及其变动情况分析，可了解与掌握企业产品销售情况及战略选择，分析判断其合理性。当然，在市场经济条件下，由于赊销是企业的商业秘密，所以并不要求企业披露其赊销收入情况。因此，这种分析方法更适用于企业内部分析。

（二）成本费用分析

成本费用是营业成本、销售费用、管理费用及财务费用的统称。从各项财务成果的分析可以看出，成本费用对财务成果有着十分重要的影响，降低成本费用是增加财务成果的关键途径。因此，进行财务成果分析，应在揭示财务成果完成情况的基础上，进一步对影响财务成果的基本要素——成本费用进行分析，以找出影响成本费用升降的原因，为降低成本费用、促进财务成果的增长指明方向。

1．营业成本

无论是工业制造企业还是商品流通企业，占成本额较大的一项是销售成本，即利润表上的营业成本。此项成本直接与销售收入配比以确定销售毛利。当货品购入至未售出之前，它们作为流动资产列示在资产负债表的存货中；当商品出售时，该部分成本即转化为营业成本。

工业企业的营业成本由直接材料、直接人工和制造费用构成，然而实际产品包含的项目将随成本计算和分摊方法的不同而异。营业成本分析包括全部营业成本分析和单位营业成本分析两部分。对于全部营业成本分析，分析者可以采用变动趋势分析和营业成本占营业收入的结构分析相结合的方式进行。比较的参照值可以是本企业的历史数值或预算数值，以判别营业成本的发展趋势和计划完成情况。在进行全部营业成本分析时，也可以分产品，观察每类产品的利润贡献度，或与行业数值比较以分析企业在行业中的地位。在全部营业成本分析的同时还需深入地对单位营业成本进行分析，因为无论是全部营业成本分析还是百元营业收入成本分析，单位销售成本都是影响和决定它们的重要因素。

必须指出的是，企业的营业成本的高低，既有企业不可控的因素（如受市场因素的影响而引起的价格波动），也有企业可以控制的因素（如在一定的市场价格水平条件下，企业可以通过选择供货渠道、采购批量等来控制成本水平），还有企业通过成本会计系统的会计核算对企业制造成本处理的影响。因此，对营业成本降低和提高的质量评价，应结合多种因素进行。

2．销售费用

销售费用是指企业在销售商品和材料、提供劳务的过程中发生的各种费用。销售费用与收入的关系因行业而不同，也因企业而有别。如果产品的市场竞争比较激烈，其销售费用则较高，反之则较低。从企业管理层对各项费用的有效控制来看，尽管管理层对诸如广告费、营销人员的薪酬等可以采取控制或降低规模等措施，但是，这种控制或降低或者对企业的长期发展不利，或者影响有关人员的积极性。因此，我们认为，在企业业务发展的条件下，企业的销售费用不应当降低。片面追求在一定时期的费用降低，有可能对企业的长期发展不利。

对销售费用进行分析，应注意广告费的处理，有的企业基于业绩反映的考虑，采取了将巨额广告费列为长期待摊费用的处理方法。

3. 管理费用

管理费用属于固定性费用，尽管管理层可以对某些管理费用采取控制或降低规模等措施，但是，在企业业务发展的条件下，企业的管理费用不应当降低。片面追求在一定时期的费用降低，有可能对企业的长期发展不利。同时，管理费用与营业收入两者之间也存在一定的比例关系，如果营业收入增长而管理费用下降，应注意企业是否存在操纵利润之嫌。

值得一提的是，研究费用与开发费用的分界点涉及复杂的技术问题，极易为某些企业的违规操作留下空间。另外，通过控制固定资产修理费用支出发生的时间，也可以达到企业进行盈余管理的目的。所以，报表使用者应关注管理费用中的重点项目。

4. 财务费用

财务费用的分析可以从两方面进行：一是分析平均实际利率；二是分析财务费用占销售收入的比重。

平均实际利率的计算公式如下：

平均实际利率＝财务费用总额÷负债总额

平均实际利率的分析应结合若干年的趋势加以比较判断，如果某年数据比较特别，应进一步分析原因。此外，平均实际利率也可与行业平均值或市场利率相比较，借以测算有无偏高的情况。

分析者应横向考察销售收入增长以及负债比重，通过趋势分析，可以推测企业在利息费用资本化处理上的恰当程度。利息资本化在某种程度上成为上市公司用来调控利润的“法宝”。上市公司通过借款费用资本化来操纵利润的表现有两种：一是以某项资产还处于试生产阶段为借口，甚至拿出当地政府职能部门对“在建工程”的定性，将利息费用资本化，虚增资产价值和利润；二是在建工程中利息费用资本化数额和利润表中反映的财务费用，远远小于企业平均借款余额应承担的利息费用，利息费用通过其他方式被消化利用，最终都被拐弯抹角地资本化并形成资产。

（三）其他损益类项目分析

1. 资产减值损失

在对资产减值损失进行分析时，应注意企业管理当局是否存在为进行盈余管理而多提或少提资产减值损失的情况。另外，资产减值准则中还明确规定，除金融工具以外的非流动资产，资产减值损失一经确认，在以后会计期间不得转回。这个规定大大地收缩了以往利用“资产减值转回”制造虚假利润的弹性空间，有助于减少企业管理当局粉饰财务报告的可能性，进一步提高了会计信息质量的可靠性，提高了会计信息的决策相关性。

2. 其他收益

其他收益反映与企业日常活动相关的政府补助。这部分收益受政策影响较大，有较大的政策风险，不具有稳定性。

3. 投资收益（或损失）

投资收益主要是投资持有期间享有的收益及投资转让处置所得。由于长期股权投资采用权益法核算所确认的投资收益可能是没有现金流入的，但要进行利润分配，所以会导致企业现金流转困难。因此，对投资收益进行分析，应当关注企业所确认的投资收益是否有现金流入。另外，还应注意投资收益占净利润的比例，占比偏高且分布集中，则不利于企业盈利质量与可持续性的提升。虽然企业以闲置资金投入证券市场有其合理性，但对普通投资者来说，这种投资收益具有两面性和不稳定性的特点。在整个市场向好时，它能够为企业的经营业绩锦上添花，但遇到市场不好的时候，它会令企业的经营雪上加霜，造成企业业绩大起大落，不利于企业的长远稳定发展。

4. 公允价值变动收益（或损失）

公允价值变动收益，反映的是企业以公允价值计量且其变动计入当期损益的金融资产、采用公允价值模式计量的投资性房地产等公允价值变动形成的浮盈或浮亏，属于未实现损益。所谓未实现损益，就是账面上还未实现的利润或未发生的损失，若确认未实现损益，会增加企业的税负，虚增企业的未分配利润。所以如果想正确分析上市公司的价值，应该去掉这一部分对利润的影响。在对公允价值变动损益进行分析时，一定要清楚交易性金融资产或投资性房地产等公允价值变动给企业带来的损益都是非主营的，变化也非常快。

5. 资产处置收益（或损失）

资产处置收益反映企业因处置持有待售的非流动资产、固定资产、在建工程、生产性生物资产及无形资产而产生的处置利得或损失。这部分收益不具有持续性，不宜过大。

6. 营业外收支

营业外收入反映企业发生的各项营业外收入，包括债务重组利得、与企业日常活动无关的政府补助（一般是与资产相关的政府补助）、盘盈利得、捐赠利得等。营业外收入属于利得，它不具有经常性的特点，而且数额不可以计量，但不需要企业付出代价，实际上是一种纯收入。营业外支出反映企业发生的各项营业外支出，包括债务重组损失、公益性捐赠支出、非常损失、盘亏损失、非流动资产毁损报废损失等。营业外支出在一定程度上反映企业管理方面存在的问题，如违反法律、合同规定等。营业外收支净额在企业税前净收益中所占比重不应过大。营业外收入常常成为利润的“调节器”，对企业业绩的影响不可小视。例如，很多ST公司、＊ST公司惯用的保壳伎俩就是通过剥离资产、债务重组、政府补贴等手法增加营业外收入，从而摆脱亏损。

7. 所得税费用

企业缴纳的所得税和其他费用一样，也属于一项费用，所以称为所得税费用。利润表中的所得税费用由两个部分组成：当期所得税和递延所得税资产或负债。当期所得税是指企业按照《企业所得税法》的规定针对当期发生的交易和事项，确定应纳税所得额计算的应纳税额，即应交所得税。所得税费用则依据当期应交所得税和递延所得税资产或负债的期末、期初余额相比加以确定。因此，只能将期末暂时性差异与期初暂时性差异的应纳税影响额之间的差额视为对本期所得税费用的调整。企业在所得税方面的节约，属于企业税收筹划的范畴，与企业常规的费用控制具有明显的不同。因此，我们认为，企业对所得税不存在常规意义上的降低或控制问题。

五、利润的质量特征

（一）真实性

利润的确定必须以实际发生的经济业务为基础并遵循会计准则和会计制度，这是收益最基本的质量要求，否则企业报告的收益就是虚假收益，不但不能为决策提供有效的信息支持，相反会误导信息使用者的决策。会计收益应尽量与经济学的收益即真实收益接近，这需要对目前的会计模式进行改进。

（二）现金保障性

利润是建立在权责发生制和会计分期假设基础之上的，是某一会计期间账面收入和账面费用配比的结果，体现为应计现金净流入的概念和可能财富的增加，并不直接等同于实际现金净流入与真实财富增加，只有当应计现金净流入成为实际现金净流入时才表明收益的真正实现。

（三）持续性

持续性会计盈余是企业综合素质和竞争能力的体现，对企业未来收益有较强的预测价值，而暂进性盈余和价格无关盈余没有持续性，对企业未来收益无预测价值。收益持续性越强，收益质量越高。

（四）稳定性

利润的稳定性是指企业收益水平变动的基本态势，如果企业某一期收益水平很高但缺乏稳定性，也不是良好的经营状况的反映。

（五）安全性

利润的安全性是指企业面临风险时的应对能力。收益稳定性越差，说明企业所面临的风险越大，安全性越差；反之，说明企业所面临的风险越小，安全性越好。

作业10-1

从哪些迹象可以判断企业的利润质量可能恶化？

【参考答案】

利润质量恶化，必然会反映到企业的各个方面。低质量的企业利润，表现为资产运转不灵、企业所依赖的业务具有企业的主观操纵性或没有较好的市场发展前景、企业对利润具有较差的支付能力、利润所带来的净资产的增加不能为企业的未来发展奠定良好的资产基础。对于信息使用者而言，可以从下列情况来判断企业的利润质量是否正在恶化：

(1) 企业扩张过快。

(2) 企业反常压缩酌量性成本。

(3) 企业变更会计政策和会计估计，并因此提高了企业业绩。

(4) 应收账款规模的不正常增加、应收账款平均收账期的不正常变长。

(5) 企业存货周转过于缓慢。

(6) 应付账款规模的不正常增加、应付账款平均付账期的不正常延长。

(7) 企业无形资产规模的不正常增加。

(8) 企业的业绩过度依赖非主营业务。

(9) 企业计提的各种准备过低。

(10) 企业利润表的期间费用不正常的降低。

(11) 企业举债过度。

(12) 更改注册会计师，审计报告出现异常。

(13) 企业有足够可供分配的利润，但不进行现金股利分配。

第二节 获利能力分析

获利是企业的目的，利润代表企业从所投资的资源上所获得的回报。企业获利能力的下降趋势意味着其从事经营活动的风险增加。投资者希望获利多少与企业所投入资源的多少相称，评估任何营利组织最重要的方面就是该企业的利润业绩与其可用资源金额之间的关系。

对股东来讲，其收入是以股利的形式取得的，且利润的增长会引起股价的上涨，从而使其获得资本收益，因此分析企业的获利能力就显得至关重要。对债权人来讲，利润是企业偿债资金的来源之一，所以获利能力分析也是十分重要的。而对企业的管理层而言，利润则是衡量其经营业绩的标准。

在对企业的获利能力进行分析时，通常用一些相对数来衡量收益而不用绝对数，因为相对数比绝对数更能说明问题。这些相对数的比较基础可以是销售额、资本或经营性资产。例如有A、B两家企业，2×17年的销售收入均为1 000万元，净利润为250万元。仅凭这两个数据，我们无法判断到底哪家企业的获利能力强。但是如果我们知道，A企业的总资产为10 000万元、所有者权益为2 500万元，B企业的总资产为5 000万元、所有者权益为1 000万元，那么我们就可以判断出B企业的获利能力高于A企业，因为B企业每一元所有者权益带来的净利润为0.25元，而A企业为0.1元。

一般来说，我们从四个方面来对企业的获利能力进行分析，分别是销售获利能力、资产获利能力、成本费用获利能力和上市公司（股东）获利能力。

一、销售获利能力

销售获利能力主要是指企业在销售方面的获利能力，反映企业销售获利能力的主要指标包括毛利率、营业利润率和销售净利润率。评价销售获利能力的数据均来自利润表。

（一）毛利率

毛利率是毛利与营业收入之比，其中毛利是营业收入与营业成本的差额。该财务比率反映了企业营业收入减除营业成本后的毛利与营业收入相比的获利能力，是企业初始的获利能力。其计算公式为：

毛利率＝（营业收入－营业成本）÷营业收入×100％

毛利率在一定程度上反映企业生产环节的效率高低、获利能力的强弱。毛利对于企业是非常重要的，它不仅是企业利润的起点，也是企业分配现金流的起点，毛利越高，抵补各项支出的能力越强，获利能力越高。

分析毛利率时应注意以下几个问题：

（1）各年之间任何毛利率的变化都值得关注，尤其是当企业正处于衰退的趋势时。毛利率的减少可能由多种原因导致，如竞争加剧、存货成本攀升、售价偏低或其他经营中的不利因素，关键在于找到真正的原因。毛利率的高低也与企业的定价政策密不可分。

（2）不同行业的毛利率会有较大出入。有个概括性的经济原则：日常必需品应以低毛利率出售（论点是政府价格控制），而高消费的奢侈品倾向于得到更多的毛利率。另一个经济原则是：企业的产品须加速更新换代，由于新产品的研究和开发需要大量融资，故应得到较高的毛利率作为回报。

毛利率的一些例子如下：

酒吧/饮食	35％～50％
食品零售	8％～16％
药房	20％～40％
时装店	50％～100％

因此分析企业的毛利率时，应与同行业水平比较，以正确评价企业的获利能力。

（二）营业利润率

营业利润率是指营业利润和营业收入的比率，体现每一元的营业收入能够带来多少营业利润。其计算公式如下：

营业利润率＝营业利润÷营业收入×100％

营业利润率考虑到了期间费用及投资收益等的问题，在毛利率没有下降的情况下，营业利润率的下降则表明了企业管理不善，在期间费用增加的同时，销售收入没有相应增长，这种期间费用的增加可能是由于管理人员工资增长、不必要的雇佣增加、交通和娱乐支出的增加等，而其增长可能完全是为了促进销售，只是还未达到预期效果，抑或费用失控；或者是投资收益、公允价值变动损益、资产减值损失、资产处置损益及其他收益发生变化。这些都是需要回答的问题。但营业利润率不能充分反映企业的资本结构对获利能力的影响。

比平均水平高些的营业利润率通常是企业良好管理的标志，但不正常的过高营业利润率则可能意味着企业在未来会面临竞争，除非外行加入该行业会有障碍（例如高额的开办费用、高技术/专利权或企业享有的其他特殊优惠）。

同时考察营业利润率和毛利率可以获得更多的信息。

【例 10-1】某企业连续两年的利润表数据如表 10-4 所示。

表 10-4　　　　利润表（简表）　　　　单位：万元

项目	第 1 年	第 2 年
营业收入	90 000	120 000
减：营业成本	63 000	72 000
期间费用	13 500	30 000
营业利润	13 500	18 000
加：营业外净收益	1 000	1 500
利润总额	14 500	19 500

要求：分别计算各年的毛利率和营业利润率，并进行分析。

第1年毛利率＝(90 000－63 000)÷90 000×100%＝30%

第2年毛利率＝(120 000－72 000)÷120 000×100%＝40%

第1年营业利润率＝13 500÷90 000×100%＝15%

第2年营业利润率＝18 000÷120 000×100%＝15%

从计算结果可以看出，两年的毛利率分别是 30%和 40%，但营业利润率都是 15%。该企业毛利率的增长并未使营业利润率同时增长，这是因为期间费用的比例已从第 1 年的 15%上升至第 2 年的 25%。

由于会计准则将企业利润表中的“营业利润”扩展到包括投资收益、公允价值变动损益等范围更广泛的内容，所以，为更加准确地反映企业从事经营活动的业绩，我们可引入核心利润率评价指标。其计算公式为：

核心利润率＝核心利润÷营业收入×100%

（三）销售净利润率

销售净利润率是指企业实现的净利润与营业收入的比率，用以衡量企业在一定时期用销售收入获取利润的能力。其计算公式如下：

销售净利润率＝净利润÷营业收入×100%

销售净利润率可以反映每实现一元的收入给企业带来的净利润。销售净利润率低，表明企业经营者未能创造足够多的营业收入或未能控制好成本费用。该指标越高越好，数值高表明企业的获利能力强。如果毛利率和期间费用率是正常的，则销售净利润率的下降意味着营业外支出、所得税支出项目的增加，应仔细查明其原因。

在分析企业的销售净利润率时，应注意以下几个方面：

(1) 销售净利润率是反映企业销售的最终获利能力的指标。该比率越高，说明企业的获利能力越强。但是不同行业的指标值不尽相同：高科技企业的销售净利润率相对较高，而重工业和传统制造业的销售净利润率相对较低。分析时应该结合不同行业的具体情况进行。在不同行业间进行比较时，必须考虑不同行业和不同时期的情况，设定参考基准，否则将无法得出正确结论。

(2) 净利润并非都由营业收入产生，它还会受到诸如投资收益、公允价值变动损益、营业外收支等因素的影响，所以在分析比较时应注意考虑上述因素。

（3）销售净利润率和毛利率的关系。毛利率是企业获利的基础，净利润则代表企业的最终成绩。尽管有时毛利率大，企业也可能净利润小甚至亏损，这是由于企业期间费用太大等所导致的，但实际上毛利率对企业来说是更为关键的。

（4）不能绝对地认为销售净利润率越高越好，还必须分析企业的销售增长情况和利润的变动情况。如企业放弃销售规模和市场占有率，一味提高销售价格，也可能以较少的销售换来较高的销售净利润率，但这会导致企业缺乏发展价值和可持续稳定增长的潜力。相反，如果企业为了扩大产品销售和增加市场份额，主动降低售价，以增强产品市场竞争能力，这样会使销售净利润率适度下降，这是企业经营和财务政策调整的结果，并不一定会导致财务状况不佳。

作业 10－2

根据表 10－5，计算恒瑞医药 2013—2017 年的销售净利润率，并做出简单的分析。

表 10－5　　恒瑞医药 2013—2017 年利润相关数据　　单位：亿元

项目	2017 年	2016 年	2015 年	2014 年	2013 年
营业收入	138.36	110.94	93.16	74.52	62.03
净利润	32.17	25.89	21.72	15.16	12.38
销售净利润率					
行业平均销售净利润率	14.74%	15.15%	14.96%	13.86%	13.71%

【参考答案】

2013—2017 年的销售净利润率分别为 19.96%、20.34%、23.31%、23.34%、23.25%。

恒瑞医药 2013—2017 年的销售净利润率基本都在 20%左右，均高于行业平均水平，获利能力较强。该公司 2017 年的销售净利润率为 23.25%，比 2016 年的 23.34%略有下降，但也比行业平均水平高出 8.51 百分点。恒瑞医药的产品具有较高的知名度和品牌优势，其主要产品抗肿瘤药、手术麻醉类药、造影剂等的市场份额在行业内均名列前茅。该公司连续五年毛利率均处于81%～87%的绝对高位水平，获利能力极强，也是高销售净利润率的主要原因。当然，要详细分析该公司较高的销售净利润率的其他具体原因还需对公司的报表做进一步的分析。

二、资产获利能力

资产获利能力主要是指企业资产项目的获利能力。反映资产获利能力的主要指标包括总资产报酬率和净资产报酬率。

（一）总资产报酬率

总资产报酬率又称总资产收益率，该指标反映企业利用全部经济资源获取利润的能力。其计算公式为：

总资产报酬率＝净利润÷总资产平均余额×100％

总资产报酬率表明每一元资产能够创造的净利润是多少，它是反映企业资产综合利用效果的指标。该比率越高，证明企业资产利用的效率越高，利用全部资产创造的利润也越多，企业的获利能力越强，财务管理的水平越高。

在分析企业的总资产报酬率时，应注意以下几个方面：

(1) 总资产报酬率反映企业资产利用的综合效果。总资产报酬率是一个综合性较强的指标，与企业经营管理的各个方面相关。企业综合经营管理水平越高，各部门、各环节的工作效率和工作质量越高，资产运用越得当，费用控制越严格，利润水平越高，总资产报酬率越高。反之亦然。

(2) 总资产报酬率的高低主要取决于总资产周转速度的快慢以及利润的大小。企业的销售净利润率越大，资产周转速度越快，则总资产报酬率越高。因此，提高总资产报酬率可以从两方面入手：一方面加强资产管理，提高资产利用率；另一方面加强销售管理，增加销售收入，提高利润水平。

(3) 计算总资产报酬率时，有一种观点是分子应该用“息税前利润”(息税前利润＝净利润＋利息＋所得税)。由于净利润已扣除了负债利息，所以必然会受到资本结构的影响，因而导致不同时期、不同企业的总资产报酬率会因资本结构等因素的不同而缺乏可比性。而用息税前利润，则可以避免因资本结构不同而导致不同的收益值，能够较好体现企业资产的总体增值情况，而且便于企业之间的比较。但由于这种方法未能反映终极所得，不太符合所有者的分析要求，同时利息指标在分析时也不易获得，故本教材采用“净利润”作为分子。

(4) 总资产报酬率是一个综合指标，为了正确评价企业经济效益的高低，挖掘提高利润水平的潜力，可以用该项指标与本企业前期、计划、同行业平均水平和同行业内先进企业的指标进行对比，分析形成差异的原因。

举例说明如何利用总资产报酬率进行分析。日照港总资产报酬率的计算如表 10－6 所示。

表 10－6　　日照港总资产报酬率计算表　　单位：万元

项目	2017 年	2016 年	2015 年	2014 年	2013 年
净利润	36 887.56	17 624.32	30 815.85	57 251.39	略
总资产	2 014 947.79	1 984 419.58	1 859 632.34	1 756 384.85	229 185.53
总资产报酬率	1.84％	0.92％	1.70％	5.77％	略

由表 10－6 可知，2015—2017 年日照港的总资产报酬率迅速下降，2016 年降至 0.92％相对较低的水平。企业资产的利用效率逐年降低，获利能力也变弱，这是危险的信号，2017 年略有改善，但还是偏低。

(二) 总资产报酬率的杜邦分析

总资产报酬率可以分解为销售净利润率和总资产周转率，请看下面的变形过程：

总资产报酬率＝净利润÷总资产平均余额

＝净利润÷营业收入×营业收入÷总资产平均余额

＝销售净利润率×总资产周转率

（1）销售净利润率。该指标越高，说明企业通过扩大销售获取利润的能力越强。

（2）总资产周转率。总资产周转率是营业收入与总资产平均余额的比率，衡量企业的资产在创造收入时发挥了多大的运用效率。较高的总资产周转率意味着投入同样数额的资产能获取更多的收益。

资产周转率可从不同的角度来衡量：营业收入/总资产；营业收入/净资产；营业收入/运用资本；营业收入/固定资产；营业收入/流动资产。

在运用销售净利润率和总资产周转率来深入分析总资产报酬率时，不能孤立地看待其中任何一个指标，而应权衡考虑。

作业10－3

X公司和Y公司的年度财务报表数据摘录如表10－7所示。

表10－7　X公司、Y公司部分年度报表数据　单位：万元

项目	X公司	Y公司
总资产	100 000	110 000
营业收入	120 000	550 000
净利润	30 000	33 000

要求：根据以上数据计算X公司和Y公司的销售净利润率、总资产周转率以及总资产报酬率，并进行简单评价。

【参考答案】

	X公司	Y公司
销售净利润率	30 000÷120 000×100％＝25％	33 000÷550 000×100％＝6％
总资产周转率	120 000÷100 000＝1.2倍	550 000÷110 000＝5倍
总资产报酬率	30 000÷100 000×100％＝30％	33 000÷110 000×100％＝30％

评价：

X公司以较低的总资产周转率和相对较高的销售净利润率经营，其销售额较低。而Y公司则以较高的总资产周转率完成较高的销售额，但其销售净利润率较低。两家公司获取了相同的总资产报酬率，可以推断X公司经营的是高消费市场，而Y公司经营的是大众型市场。

（三）净资产报酬率

净资产报酬率又称所有者权益收益率，它是净利润与平均所有者权益（股东权益）的比率。其计算公式为：

净资产报酬率＝净利润÷所有者权益平均余额×100％

净资产报酬率是从所有者权益角度来看企业的获利能力的，该指标高，说明投入企业

的资本的回报水平高，企业的获利能力强。该指标比较标准一般为10%。

在进行净资产报酬率分析时，应该注意以下几个方面：

(1) 净资产报酬率反映所有者投资的获利能力，该比率越高，说明所有者投资带来的收益越高。

(2) 净资产报酬率是一个既反映获利能力又反映资本安全程度的综合性指标。净资产报酬率从所有者角度考查企业获利水平的高低，而总资产报酬率则从所有者和债权人两方面来共同考查整个企业的获利水平。在相同的总资产报酬率水平下，由于企业采用不同的资本结构形式，即不同的负债与所有者权益比例，会造成净资产报酬率的不同，净资产占总资产的比重越高，净资产报酬率就越低；反之，则越高。换一个角度讲，以资本安全为原则，净资产占总资产的比重越高，公司的财务结构就越安全，风险程度就越低；反之，则越不安全，风险程度越高。

(3) 净资产报酬率是衡量企业获利能力的主要指标之一，也是杜邦财务比率分析体系的核心指标。

(四) 净资产报酬率的杜邦分析

杜邦分析体系的基本原理是将财务指标作为一个系统，将财务分析与评价作为一个系统工程，全面评价企业的偿债能力、营运能力、获利能力及其相互之间的关系，在全面财务分析的基础上进行全面财务评价，使评价者对企业的财务状况有深入的认识，能有效地进行财务决策，其主要内容如图10-1所示。

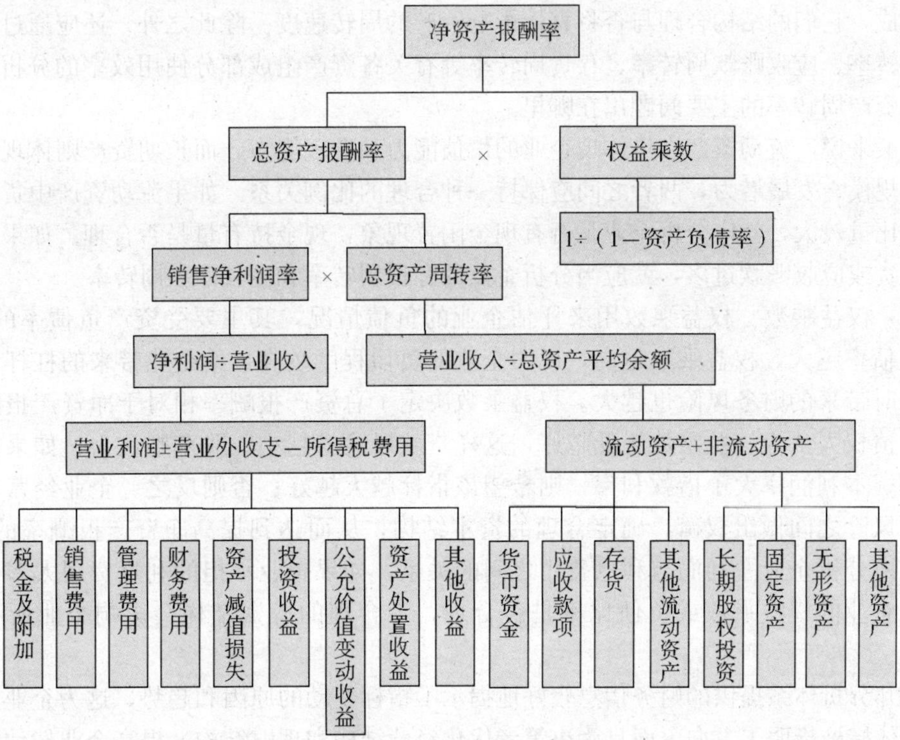

图10-1　杜邦分析体系

净资产报酬率可分解成下列公式：

总资产报酬率＝销售净利润率×总资产周转率

净资产报酬率＝销售净利润率×总资产周转率×权益乘数

权益乘数＝1÷(1－资产负债率)＝1＋产权比率

杜邦分析法利用各个主要财务比率之间的内在联系，由核心指标——净资产报酬率倒推出许多相关指标，细化分解，建立财务比率分析的综合模型，以此来综合地分析和评价企业的财务状况和经营业绩。

由图 10－1 我们可以看出，决定净资产报酬率高低的有两个指标：总资产报酬率和权益乘数。其中总资产报酬率又由销售净利润率、总资产周转率决定。

（1）销售净利润率。销售净利润率反映企业的收益水平，即每一元的销售收入可以为企业带来多少净利润。提高销售净利润率是提高企业获利能力的关键所在，同时是提高资产周转率的必要前提。要想提高销售净利润率，一是要扩大销售收入，二是要降低成本费用。扩大销售收入具有特殊重要意义，既有利于提高销售净利润率，又可提高资产周转率，这样自然会使总资产报酬率升高。降低成本费用是提高销售净利润率的一个重要手段，从杜邦分析图可以看出成本费用的基本结构是否合理，从而找出降低成本费用的途径和加强成本费用控制的方法。如果企业财务费用支出过高，就要进一步分析企业负债比率是否过高；如果是管理费用过高，就要进一步分析企业资产周转情况；等等。

（2）总资产周转率。资产周转率反映企业的资产管理效率和营运能力，即企业利用这些资产能以多快的速度产生收益，周转越快，销售能力越强。总资产由流动资产与非流动资产组成，它们的结构合理与否将直接影响资产的周转速度。除此之外，还应通过对流动资产周转率、应收账款周转率、存货周转率等有关各资产组成部分使用效率的分析，判断影响总资产周转率的主要问题出在哪里。

一般来说，流动资产直接体现企业的偿债能力和变现能力，而长期资产则体现该企业的经营规模、发展潜力，两者之间应保持一种合理的比例关系。如果流动资产中货币资金所占的比重较大，就应分析企业是否有现金闲置现象，现金持有量是否合理。如果流动资产中存货或应收账款过多，就应当分析企业的存货周转率和应收账款周转率。

（3）权益乘数。权益乘数用来评估企业的负债情况，其主要受资产负债率的影响，资产负债率越大，权益乘数越高，说明企业的负债程度越高，给企业带来的杠杆利益越多，同时带来的财务风险也越大。权益乘数决定了总资产报酬率相对于净资产报酬率的倍数。债权人认为权益乘数越低越好，这样贷款风险就越小。股东则认为，如果能够保证全部资本利润率大于借款利率，则希望该指标越大越好；否则反之。企业经营者要从盈利和风险之间做出权衡，确定合理的资本结构，从而达到提高净资产报酬率的目的。同时，应分析企业净利润与利息费用之间的关系，如果企业承担的利息费用太多，就应当考虑企业的权益乘数或负债比率是否合理，不合理的筹资结构会影响企业所有者的收益。

杜邦分析体系提供的财务信息较好地揭示了指标变动的原因和趋势，这为企业进一步采取具体措施指明了方向，而且为决策者优化经营结构和理财结构、提高企业偿债能力和经营效益提供了基本思路，即要提高净资产报酬率的根本途径在于扩大销售、改善经营结构、节约成本费用开支、合理配置资源、加速资金周转、优化资本结构等。

作业 10-4

某企业 2×16 年、2×17 年的有关资料如表 10-8 所示。

表 10-8　　某企业 2×16 年、2×17 年的有关资料　　金额单位：元

项目	2×17 年	2×16 年
营业收入	3 000 000	2 000 000
其中：赊销净额	600 000	504 000
全部成本	2 776 119	1 880 598
其中：营业成本	1 771 119	1 158 598
管理费用	750 000	540 000
销售费用	240 000	170 000
财务费用	15 000	12 000
利润总额	223 881	119 402
所得税费用	73 881	39 402
净利润	150 000	80 000
资产总额	1 500 000	800 000
其中：固定资产	600 000	360 000
库存现金	300 000	110 000
应收账款	150 000	70 000
存货	450 000	260 000
负债总额	750 000	320 000
所有者权益总额	750 000	480 000

要求：运用杜邦分析体系对该企业的净资产报酬率及其增减变动原因进行计算分析（为方便分析，涉及平均余额的均用年末数代替）。

【参考答案】

2×16 年、2×17 年杜邦分析相关指标如表 10-9 所示。

表 10-9　　杜邦分析相关指标

指标	2×17 年	2×16 年
净资产报酬率	150 000÷750 000×100%=20%	80 000÷480 000×100%=16.7%
总资产报酬率	150 000÷1 500 000×100%=10%	80 000÷800 000×100%=10%
权益乘数	1÷(1−750 000÷1 500 000)=2	1÷(1−320 000÷800 000)=1.67
销售净利润率	150 000÷3 000 000×100%=5%	80 000÷2 000 000×100%=4%
总资产周转率	3 000 000÷1 500 000=2 次	2 000 000÷800 000=2.5 次

该企业 2×17 年的净资产报酬率比 2×16 年增长了近20%[(20%－16.7%)÷16.7%]，主要在于2×17 年的权益乘数较 2×16 年增长了 20%，两年的总资产报酬率并无差异，均为 10%。说明该企业 2×17 年更好地利用了负债来为股东增加收益。

尽管该企业 2×16 年和 2×17 年的总资产报酬率相同，但两年的财务状况和经营成果均存在差异。由于 2×17 年的销售净利润率比 2×16 年提高了25%[(5%－4%)÷4%]，从而使其总资产报酬率提高了 25%；但由于 2×17 年的总资产周转率比 2×16 年慢了25%[(2.5－2)÷2)]，又使其总资产报酬率降低了 25%。一正一负导致两年的总资产报酬率相同，如果 2×17 年仍能维持 2×16 年的总资产周转率水平，则其总资产报酬率将为 12.5%。

该企业 2×17 年销售净利润率的提高，是由于其净利润增长幅度大于其收入增长幅度所致。2×17 年净利润的增加，一方面是由于收入增加而增加了总毛利，另一方面是由于其成本费用水平降低（2×16 年全部成本占收入的比例为 94.03%，2×17 年则为 92.54%）。其中各项成本费用的情况又存在差异，营业成本占收入的比重较 2×16 年上升 1.11 百分点，说明企业本年销售毛利率下降了 1.11%，具体原因需进一步获取资料分析。但是企业顶住了毛利率下降的压力，从控制期间费用入手，使得 2×17 年各项期间费用均有不同程度的下降，尤其是管理费用下降幅度较大，从 2×16 年占收入的 27%下降为 2×17 年的 25%。各项成本费用占收入的百分比如表 10－10 所示。

表 10－10　　各项成本费用占收入的百分比

项目	2×17 年	2×16 年
全部成本/营业收入	92.54%	94.03%
营业成本/营业收入	59.04%	57.93%
管理费用/营业收入	25.00%	27.00%
销售费用/营业收入	8.00%	8.50%
财务费用/营业收入	0.50%	0.60%

该企业总资产周转率减慢，主要是由其收入增加幅度低于资产占用增加幅度所致，说明 2×17 年销售的增加是以更多的资产占用为代价的，资产的运用效率有所降低。

三、成本费用获利能力

成本费用获利能力主要是通过成本费用利润率来体现。成本费用利润率是指企业的净利润与成本费用总额的比率，它反映企业所费和所得之间的关系，是从总耗费的角度来分析企业的获利能力。其计算公式如下：

成本费用利润率＝净利润÷成本费用×100%

成本费用一般包括营业成本、税金及附加、三项期间费用及资产减值损失。

成本费用利润率是全面反映企业耗费所取得收益的指标。当获取的利润总额不变时，成本费用总额越小，成本费用利润率越高；当成本费用总额不变时，利润总额越大，成本费用利润率越高。成本费用利润率越高，说明每一元耗费获取的利润越多，企业效益越好。反之，利润不变而成本费用额增加，或成本费用额不变而利润额减少，则成本费用利润率会下降，说明企业获利能力降低，经济效益下滑。

对成本费用利润率指标进行分析时应注意以下问题：

（1）成本费用利润率反映的是企业投入与产出的比率关系，应注意保持公式分子与分母口径的一致。

（2）对成本费用利润率进行分析，应将本期指标与计划或上期指标进行比较，可以说明本期成本管理工作的成效大小。

（3）耗费与利润是此消彼长的关系。利用成本费用利润率既可评价企业获利能力的强弱，也可以评价企业对费用的控制能力和管理水平。

四、上市公司（股东）获利能力

（一）每股收益

每股收益是企业归属于普通股股东的净利润与发行在外普通股股数的比率，是普通股股东每持有一股所能享有的企业利润或需承担的企业亏损。每股收益是综合反映上市公司获利能力的最重要的财务指标之一，连接着资产负债表和利润表两张报表，反映一定时期内普通股的获利水平及投资风险，是投资人、债权人等信息使用者据以评价企业获利能力，预测企业成长潜力进而做出相关经济决策的一项重要的财务指标。

每股收益越大，说明企业获利能力越强，股利分配来源越充足，资产增值能力越强。

每股收益剔除了不同上市公司之间由于股本数量不同造成的差异，因而能更准确地衡量不同上市公司之间的相对获利能力。而且，每股收益还可用于企业不同会计期间的业绩比较，以了解该企业获利能力的变化趋势；另外，该指标还可用于企业经营实际与盈利预测的比较，以掌握该企业的管理能力。同时，该指标还常被用于计算企业的其他每股指标，如市盈率、股利支付率。

每股收益的计算见第四章第三节，此处不再赘述。

（二）市盈率

市盈率是指普通股每股市价与每股收益的比值，是通过公司股票的市场行情，间接评价公司获利能力的指标。市盈率的计算公式如下：

市盈率＝普通股每股市价÷普通股每股收益

市盈率通过将每股股价与每股收益进行比较，反映了投资者对该企业每一元利润所愿意支付的价格。以市盈率的高低来评价股票的投资价值，已成为中国股市的一种趋势，对股市的发展而言，这是一种进步。

一般来说，市盈率越低越好，市盈率越低，表示公司股票的投资价值越高。但也有一种观点认为，若公司在股票市场上连续维持较高的市盈率，或与其他上市公司相比市盈率较高，则说明公司具有潜在的成长能力，有较高的声誉，对股东有较大的吸引力。股东购买股票获取的收益由两部分组成：一是股利收入，二是股票增值收益。股东认为，虽然从目前盈利情况分析，每获得一元钱付出代价较高，但相信将来公司股票市价一定会上涨，股东会取得更高的差价。实际上这两种观点都具有一定的片面性，市盈率并不是越低越好，也不是越高越好，过高的市盈率蕴含着较高的风险，除非公司在未来有较高的收益，才可能把股价抬高上去，否则市盈率过高总是不利的。市盈率过低，说明投资者对公司缺乏信心，不愿意承担较大的风险。

股票市价是随着企业的获利能力上升而上升的，在健全而完善的金融市场上，能吸引投资者的关键不是市盈率绝对额的高或者低，而是将市盈率与企业未来的市盈率前景相比较，如是认为该市盈率偏低，即可投资于该种股票。例如，投资者对企业的未来经营前景非常看好，即使该公司股票市盈率比较高，也有继续投资的价值。反之，若是企业后劲不足，未来的获利能力会明显下降，即使该公司股票有较低的市盈率，也不值得投资者进行投资。

在全球成熟的资本市场中，股票的市盈率一般为 20 倍，其中，美国 1874—1998 年股票市场的平均市盈率为 13.2 倍，我国上市公司的市盈率普遍较高。但也不能基于此就认为我国上市公司没有投资价值，发展中国家的市盈率普遍高于发达国家，这也是一个全球规律性的现象。

分析市盈率时应注意：

（1）市盈率不适合用于不同行业之间的比较，应在同行业之间进行比较分析。

（2）每股收益很小时的市盈率不具有太大的意义。

（3）影响市盈率变动的因素之一是股票市价，但股票市价的变动除了公司本身的经营状况外，还受到宏观形势和经济环境等多种因素的影响。因此，要对股票市场进行全面的了解和分析，才能对市盈率波动的原因做出正确的评价。市盈率还会受利率影响，当利率发生变化时，市盈率也应做适当的调整，一般来说，市盈率与一年期存款利率有着互为倒数的关系，尽管不很精确。

（三）每股净资产

每股净资产，又称每股账面价值，是指公司股东权益（净资产）与发行在外的普通股股数的比率，其计算公式为：

每股净资产＝股东权益总额÷当期发行在外的普通股股数

每股净资产指标表明了发行在外的每一普通股股份所能分配的企业账面净资产的价值。这里所说的账面净资产是指企业账面上的总资产减去负债后的余额，即股东权益总额。如果公司有优先股，还应在分子中减去优先股股本。每股净资产指标反映每一股份于会计期末在公司账面上到底值多少钱，它与股票面值、发行价值、市场价值乃至清算价值等往往有较大差距。这主要是因为股东权益中包括按照面值计算的股本，以及包括溢价发行的溢价净收入在内的资本公积金、盈余公积金和未分配利润等。

每股净资产越高，说明公司每股实际拥有的净资产越大，公司的发展潜力越强。对于投资者来说，每股净资产是进行投资决策的重要参考依据。利用该指标进行横向和纵向对比，可以评价公司发展状况的好坏和发展潜力的大小，估计其上市股票或拟上市股票的合理市价，判断股票投资风险的大小。

需注意的是，在市场投机气氛较浓的情况下，每股净资产指标往往不太受重视，投资者特别是短期投资者更注重股票市价的变动。有的公司的股票市价低于其账面价值，投资者会认为这个企业没有发展前景，从而失去对该公司股票的兴趣；如果股票市价高于其账面价值，而且差距较大，投资者会认为企业发展前景良好，有潜力，因而甘愿承担较大的风险购进该公司股票。

(四) 市净率

市净率指的是每股市价与每股净资产的比率，其计算公式为：

市净率＝每股市价÷每股净资产

每股净资产是股票的账面价值，它是用成本计量的，而每股市价是这些资产的现在价值，它是证券市场上交易的结果。市净率可用于投资分析，一般来说，市净率较低的股票，投资价值较高；相反，则投资价值较低。但在判断投资价值时，还要考虑当时的市场环境、公司经营情况以及获利能力等因素。

(五) 每股股利

每股股利衡量的是每一股发行在外的普通股所能获得的股利，其计算公式是：

每股股利＝股利÷当期发行在外的普通股股数

每股股利越大，说明公司股本获利能力越强；每股股利越小，说明公司股本获利能力越弱。但须注意，上市公司每股股利发放多少，除了受上市公司获利能力大小影响以外，还取决于公司的股利发放政策。如果公司为了增强公司发展的后劲而增加公司的留存收益，则当前的每股股利必然会减少；反之，则当前的每股股利会增加。

(六) 股利支付率

股利支付率也称股利发放率，是指普通股净收益中股利所占的比重，它反映的是普通股股东从每股的全部盈利中分到多少。其计算公式为：

股利支付率＝普通股每股股利÷普通股每股收益

股利支付率越大，说明公司当期对股东发放的股利越多，股东能获得更多的实际收益；反之，说明公司将利润留存在企业。这个指标反映了企业的股利政策，其高低根据企业对资金需要量的具体情况而定，没有固定的标准。而且投资者的股利偏好不同，对这个指标的看法也会不一致。

分析股利支付率时要注意，这个指标的高低与公司的股利政策有关，还与公司的生命周期有关，一般新设立或发展中的公司的股利发放率较低。此外，不同股东对指标的要求也不一样，希望股票升值、寻求资本利得报酬方式的股东，要求该指标低些，公司积累多些，用于扩大再生产以利股票增值。希望多发放现金股利、寻求股利报酬方式的股东，则要求该指标高些，以期获得更大的短期效益。股利政策还具有信号作用，对股票价格产生一定的影响。

另外，股利支付率越低，则公司的留存收益率就越大，说明公司未来发展的财务实力越强，公司积累的资金会越充裕，财务风险越小。但留存收益率并非越大越好，过大的留存收益率会使股东目前的收益要求不能得到满足，长期的低股利和高留存的财务政策会使投资者丧失信心，并影响公司股价。低支付率的股利政策可能比较适宜于公司的初创阶段。

本章小结

利润表是现代财务报表体系中的一个基本报表。它旨在反映企业在一定时期内的各项收入、费用及利润。利润表不仅要揭示期间收益的结果，更要揭示其过程，以向财务报表使用者全面展示企业收益实现的过程。

获利能力分析具有特别重要的意义，因为利润是股东利益的源泉，是企业偿还债务尤其是长期债务的基本保障，也是衡量企业管理当局业绩的主要指标。获利能力分析中通常运用的基本分析比率是各种形式的利润率，包括以销售、资产、成本费用为基础的利润比率，它们分别用于说明企业营业过程的获利能力、资产报酬水平，以及净资产报酬水平。

股东获利能力分析事实上是企业获利能力分析的一个侧面，即直接从股东利益的角度分析企业的获利能力。股东获利能力主要通过每股收益、市盈率等指标来衡量。

课后思考题

1. 简述分析利润表的意义。
2. 怎样进行利润表的水平分析?
3. 怎样进行利润表的结构分析?
4. 你认为利润表中哪些项目是分析的重点？重点项目分析的内容是什么?
5. 试以某上市公司的年报为例，对该公司的利润表进行趋势分析。
6. 衡量企业获利能力的指标有哪些？各项指标的公式是什么?
7. 什么是杜邦分析体系？其作用有哪些?

课后练习题

一、单项选择题

1. 如果企业本年销售收入增长快于销售成本的增长，那么企业本年营业利润（　　）。

A. 一定大于零　　B. 一定大于上年营业利润

C. 一定大于上年利润总额　　D. 不一定大于上年营业利润

2. 销售品种构成变动会引起产品销售利润变动，主要是因为（　　）。

A. 各种产品的价格不同　　B. 各种产品的单位成本不同

C. 各种产品的单位利润不同　　D. 各种产品的利润率高低不同

3. 产品销售费用、管理费用和财务费用构成企业的（　　）。

A. 生产费用　　B. 期间费用　　C. 直接费用　　D. 间接费用

4. 在财务分析中，最关心企业获利能力的利益主体是（　　）。

A. 企业经营者　　B. 企业债权人

C. 政府经济管理机构　　D. 企业所有者

5. 下列不属于反映获利能力的指标是（　　）。

A. 销售净利润率　　B. 利息保障倍数

C. 成本费用利润率　　D. 总资产报酬率

6. 营业利润率指标计算公式中，分子是指（　　）。

A. 营业利润　　B. 销售利润　　C. 税前利润　　D. 息税前利润

7. 某公司的净利润是136万元，销售收入是3 000万元，销售净利润率为（　　）。

A. 4%　　B. 5%　　C. 4.53%　　D. 6%

8. 下列各项中，引起企业销售净利润率下降的是（　　）。

A. 增加销货量　　B. 加速折旧

C. 降低单位成本　　D. 提高售价

9. 某公司的期初资产为 1 680 万元，期末资产为 2 000 万元，净利润为 136 万元，该企业总资产报酬率为（　　）。

A. 10%　　B. 7.4%　　C. 8.3%　　D. 9.5%

10. （　　）是一个综合性最强的财务分析指标，是杜邦分析体系的核心。

A. 净资产报酬率　　B. 总资产报酬率

C. 销售净利润率　　D. 总资产周转率

11. 某企业某年度总资产报酬率为 12%，资产负债率为 50%，其净资产报酬率为（　　）。

A. 48%　　B. 30%　　C. 24%　　D. 6%

12. 某公司资产负债率为 60%，净资产报酬率为 25%，其总资产净利率为（　　）。

A. 10%　　B. 15%　　C. 24%　　D. 30%

13. 在杜邦分析体系中，假设其他情况相同，下列说法错误的是（　　）。

A. 权益乘数大，则财务风险大　　B. 权益乘数大，则净资产报酬率大

C. 权益乘数等于所有者权益比率的倒数　　D. 权益乘数大，则总资产报酬率大

14. 通过对杜邦分析体系的分析可知，提高股东权益报酬率的途径不包括（　　）。

A. 加强销售管理，提高销售净利润率

B. 加强资产管理，提高其利用率和周转率

C. 加强负债管理，降低资产负债率

D. 加强利润管理，增加利润总额

15. 在下列各项中，计算结果等于股利支付率的是（　　）。

A. 每股收益除以每股股利　　B. 每股股利除以每股收益

C. 每股股利除以每股市价　　D. 每股收益除以每股市价

16. 某股份公司上市流通普通股的股价为每股 16.8 元，每股收益为 0.8 元，该公司的市盈率为（　　）。

A. 16.8　　B. 21　　C. 13.44　　D. 16

17. 下列有关市盈率的说法不正确的是（　　）。

A. 该比率越高，说明市场对公司的未来越看好

B. 该比率越低，说明市场对公司的未来越看好

C. 该指标不宜用于不同行业之间的比较

D. 该指标是普通股每股市价与每股收益的比值

二、多项选择题

1. 利润表分析的主要内容包括（　　）。

A. 利润额增减变动分析　　B. 利润结构变动分析

C. 收入分析　　D. 成本费用分析

E. 其他损益项目分析

2. 下列指标中，比率越高，说明企业获利能力越强的有（　　）。

A. 总资产报酬率　　B. 成本费用利润率

C. 资产负债率　　D. 销售毛利率

E. 销售净利润率

3. 下列计算净资产报酬率的公式中，正确的有（　　）。

A. 净资产报酬率＝销售净利润率×总资产周转率

B. 净资产报酬率＝总资产报酬率×权益乘数

C. 净资产报酬率＝(净利润÷平均净资产)×100%

D. 净资产报酬率＝(净利润÷年末股东权益)×100%

E. 净资产报酬率＝销售净利润率×总资产周转率×权益乘数

4. 企业净资产报酬率的提高，取决于（　　）。

A. 销售净利润率的提高　　B. 总资产周转的加速

C. 资产负债率的适当提高　　D. 产权比率的适当提高

E. 总资产报酬率的提高

5. 下列关于市盈率的说法中，正确的有（　　）。

A. 市盈率很高，则投资风险大

B. 市盈率很低，则投资风险小

C. 在市价确定的情况下，每股收益越低，市盈率越高，投资风险越小

D. 市盈率指标在各个行业的比较中均可使用

E. 每股收益很小时的市盈率不具有太大的意义

6. 下列财务比率中，可以反映企业获利能力的是（　　）。

A. 净资产报酬率　　B. 市盈率

C. 销售净利润率　　D. 收账期

E. 流动比率

三、判断题

1. 净资产报酬率＝销售净利润率×总资产周转率×权益乘数。（　　）

2. 在分析资产周转率时，只需选用年末资产余额作基数即可。（　　）

3. 息税前利润是指扣除利息和所得税前的利润，即营业利润与利息支出之和。（　　）

4. 对于股东来讲，股利支付率总是越高越好。（　　）

四、填空及计算分析题

1. 某公司2×14—2×17年的利润表部分数据如表10-11所示。

表10-11　　某公司利润表部分数据　　单位：万元

项目	2×17年	2×16年	2×15年	2×14年
营业收入	43 513	46 591	49 787	44 036
减：营业成本	27 208	28 841	29 863	26 214
期间费用	14 281	15 632	15 088	14 166
净利润	2 511	3 751	6 674	6 392

(1) 从2×14年到2×17年，收入（□急剧增加/□轻微增加/□急剧下降/□轻微下降）。

(2) 从2×14年到2×17年，营业成本（□急剧增加/□轻微增加/□急剧下降/□轻微下降），这种情况是（□期望/□不期望）发生的。请解释原因。

(3) 从2×14年到2×17年，净利润（□急剧增加/□轻微增加/□急剧下降/□轻微下降），这种情况是（□期望/□不期望）发生的。请解释原因。

净收益下降表明公司（□销货不畅/□收款不畅/□费用增加比率大于收入增长比率）。

(4) 计算每年的销售净利润率，并对结果加以评述。

(5) 从经营情况来看：

该公司最好的年度是（□2×17年/□2×16年/□2×15年/□2×14年）；

该公司最差的年度是（□2×17年/□2×16年/□2×15年/□2×15年）。

(6) 加深对利润表分析方法的理解。在利润表中你最关心的项目是哪个？其次呢？最后呢？请解释原因。

2. 销售净利润率分析。甲、乙、丙、丁四家公司某年利润表中的部分数据如表10-12所示。

表10-12　　四家公司利润表部分数据　　单位：万元

项目	甲公司	乙公司	丙公司	丁公司
营业收入	905 446	16 131 500	3 121 900	882 725
净利润	82 454	295 600	161 400	128 976

(1) 对于上述所列的每一家公司，计算销售净利润率，将结果列示如下：

销售净利润率________；________；________；________。

(2) 上面计算的销售净利润率范围一般在（□小于1%/□1%至10%/□大于10%）。

(3) 乙公司要比丁公司大得多，但乙公司的销售净利润率（□大于/□等于/□小于）丁公司。

丁公司的销售净利润率表明其每一元的营业收入中有________%最终转化为利润，但是乙公司的营业收入中每一元仅________%最终转化为利润。

(4) 销售净利润率最大的公司是（□甲公司/□乙公司/□丙公司/□丁公司）。

(5) 对于销售净利润率来说，（□上升/□下降）趋势是好的，表明企业获利能力在增强。

(6) 低的销售净利润率表明公司财务状况不佳吗？（□是/□否）对你的回答加以解释。

3. 净资产报酬率分析。A、B、C、D四家公司连续三年的净资产报酬率如表10-13所示。

表10-13　　四家公司2×15—2×17年净资产报酬率　　单位：万元

公司	2×17年	2×16年	2×15年
A公司	18%	17%	16%
B公司	3.50%	28%	35%
C公司	3.10%	31%	17%
D公司	37%	36%	34%

（1）对于上述每家公司，三年资料中最高的净资产报酬率分别为________、________、________、________。

（2）2×17 年年末，A 公司每一元的股东权益可以获利________。

（3）B 公司的净资产报酬率（□升高/□降低），这是一个（□有利/□不利）的趋势。

（4）根据最近一年的资料，使用股东权益最有效的公司是（□A 公司/□B 公司/□C 公司/□D 公司）。

（5）你是否认为较高的净资产报酬率表示一个公司使用股东权益获利更有效率？（□是/□否）请解释原因。

（6）净资产报酬率大于总资产报酬率表示公司：借款利率（□低于/□高于）投资者获得的收益率；使用债务（□有效/□无效）；具有（□好/□差）的财务状况。

4. 已知某公司某年财务报表的有关资料如表 10－14、表 10－15 所示。

表 10－14　　某公司某年资产负债表有关资料　　单位：万元

资产负债表项目	年初数	年末数
资产	8 000	10 000
负债	4 500	6 000
所有者权益	3 500	4 000

表 10－15　　某公司某年利润表有关资料　　单位：万元

利润表项目	上年数	本年数
主营业务收入净额	（略）	20 000
净利润	（略）	500

要求：（1）计算杜邦分析体系中的下列指标（凡计算指标涉及资产负债表项目数据的，均按平均数计算）：净资产报酬率；总资产报酬率；销售净利润率；总资产周转率；权益乘数（计算结果保留三位小数）。

（2）用文字列出净资产报酬率与上述其他各项指标之间的关系式，并用本题数据加以验证。

5. 根据图 10－2 研究这两家房地产上市公司的业绩情况。

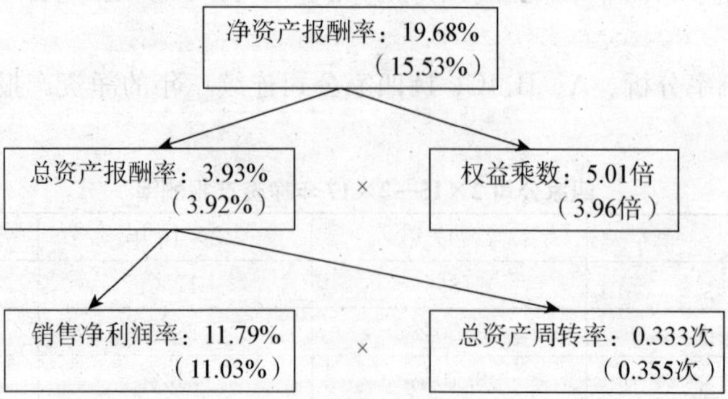

图 10－2　万科 A 与保利地产 2016 年的杜邦分析

说明：括号内为保利地产的数据。

6. 利用以下资料计算 A 公司和 B 公司的股票市场业绩比率。

单位：万元

	A公司	B公司
净利润	20 000	1 000
优先股股息	(1 500)	(50)
普通股股息	(3 000)	(500)
	15 500	450
普通股股数	32 500 万股	3 800 万股
普通股市价	12	8

7. 大运公司是一家化学原料及化学制品制造公司，于 2×17 年年初研究成功并开发了一系列新产品，这些产品占了公司销售额的 60%。表 10－16、表 10－17 为大运公司简化的财务报表。

表 10－16　　**资产负债表（简表）**

2×17 年 12 月 31 日　　单位：万元

资产	期末余额	年初余额	负债和股东权益	期末余额	年初余额
流动资产：			流动负债：		
货币资金	12	84	短期借款	4 875	0
应收票据及应收账款	4 116	2 421	应付票据及应付账款	3 918	1 821
其他应收款	603	402	应交税费	1 170	630
存货	7 230	3 627	应付股利	1 200	900
流动资产合计	11 961	6 534	其他应付款	603	372
非流动资产：			流动负债合计	11 766	3 723
固定资产	22 605	12 900	非流动负债：		
无形资产	2 100	0	长期借款	11 400	5 400
非流动资产合计	24 705	12 900	非流动负债合计	11 400	5 400
			负债合计	23 166	9 123
			股东权益：		
			股本	5 400	5 400
			资本公积	2 856	2 856
			盈余公积	1 680	900
			未分配利润	3 564	1 155
			股东权益合计	13 500	10 311
资产总计	36 666	19 434	负债和股东权益合计	36 666	19 434

表 10 - 17　　利润表（简表）

2×17 年　　单位：万元

项目	本期金额	上期金额
一、营业收入	33 615	21 009
减：营业成本	17 427	11 244
税金及附加	270	176
销售费用	2 778	2 116
管理费用	6 561	4 575
财务费用	1 368	648
资产减值损失	21	15
二、营业利润（亏损以“一”号填列）	5 190	2 235
加：营业外收入	5	3
减：营业外支出	3	2
三、利润总额（亏损总额以“一”号填列）	5 192	2 236
减：所得税费用	1 170	630
四、净利润（净亏损以“一”号填列）	4 022	1 606

要求：(1) 计算大运公司 2×16 年和 2×17 年的下列财务比率（指标中的平均数均用期末数代替）：毛利率、销售净利润率、总资产报酬率、净资产报酬率、资产负债率、权益乘数、流动比率、速动比率、收账期、存货期。

(2) 根据上述财务报表及财务比率计算结果，从下列角度评价大运公司的表现：一位持有大运公司 10%股本的个人投资者；一家给予大运公司贷款的银行（假设长短期借款均由同一家银行提供）。

第十一章 营运能力分析

学习目标

学完本章，你应能做到：

- 了解营运能力分析的目的及内容。
- 掌握营运能力分析的方法。

营运能力是社会生产力在企业中的微观表现，是企业各项经济资源，基于环境约束与价值增值目标，通过配置组合与相互作用而生成的推动企业运行的物质能力。广义的营运能力是企业所有要素所能发挥的营运作用；狭义的营运能力是指企业资产的营运效率，不直接体现人力资源的合理使用和有效利用。本章对营运能力的研究，实际上是对企业在资产管理方面所表现的效率研究，是狭义的营运能力分析，这种能力表现为企业充分利用现有资源创造社会财富的能力，它可用来评价企业对拥有资源的利用程度。其实质是对企业的现有资源进行合理的配置，对资金进行有效的利用，以尽可能短的周转时间，生产出尽可能多的产品，创造尽可能多的营业收入。因此，营运能力决定着企业的偿债能力和获利能力，而且是了解企业财务状况稳定与否和获利能力强弱的关键环节。建立和推行科学、合理、有效的企业营运能力评价指标，有助于正确引导企业经营行为，帮助企业寻找经营差距及其产生的根本原因，促进企业加强各项资产的管理和提高经济效益，并为国家宏观经济政策的制定及投资者、相关利益人的决策提供依据。

一、营运能力分析的目的

企业营运能力主要是指营运资产的效率和效益。营运资产的效率通常是指资产的周转速度。营运资产的效益是指营运资产的利用效果，通过其投入和产出相比较来体现。对企业营运能力进行分析，主要目的有以下三个。

（一）评价企业资产的流动性

企业资产的两大基本特征是收益性和流动性。企业经营的基本动机就是获取预期的收益。当企业的资产处在静止状态时，根本就谈不上收益，当企业运用这些资产进行经营时，才可能产生收益。企业营运能力越强，资产的流动性越高，企业获得预期收益的可能性越大。流动性是企业营运能力的具体体现，通过对企业营运能力的分析，可以对企业资产的流动性做出评价。

（二）评价企业资产利用的效益

提高企业资产流动性是企业利用资产进行经营活动的手段，其目的在于提高企业资产利用的效益。企业资产营运能力的实质，就是以尽可能少的资产占用、尽可能短的时间周转，生产出尽可能多的产品，实现尽可能多的销售收入，创造出尽可能多的纯收入。通过企业产出额与资产占用额的比较，可以评价企业资产利用的效益，为提高企业经济效益指明方向。

（三）分析企业资产利用的潜力

企业营运能力的高低，取决于多种因素，通过企业营运能力分析，可以了解企业资产利用方面存在哪些问题，还有多少潜力可以挖掘，进而采取有效措施，提高企业资产营运能力。

二、企业营运能力分析的内容及指标

营运能力分析是对企业资金周转状况进行的分析，资金周转得越快，说明资金利用效率越高，企业的经营管理水平越好。企业的营运能力主要通过各项周转率来体现，包括总资产周转率、流动资产周转率、固定资产周转率、应收账款周转率、存货周转率等。具体主要包括以下三方面内容。

（一）流动资产营运能力分析

通过对应收账款周转率、存货周转率和流动资产周转率的分析，揭示流动资产周转速度变动的原因，评价资产的流动性。衡量流动资产营运能力的指标主要有应收账款周转率、存货周转率以及流动资产周转率。其计算公式如下：

应收账款周转率＝赊销净额÷平均应收票据及应收账款

收账期＝平均应收票据及应收账款÷赊销净额×365

存货周转率＝销售成本÷平均存货

存货期＝平均存货÷销售成本×365

关于应收账款周转率和存货周转率指标的详细分析见本教材第九章第二节。此处我们主要介绍流动资产周转率。

流动资产周转率是企业一定时期的营业收入与流动资产平均余额的比率，即企业流动资产在一定时期内（通常为一年）周转的次数。其计算公式为：

流动资产周转率＝营业收入÷流动资产平均余额

同样，还可以用流动资产周转天数来表示流动资产的周转速度，它表示流动资产周转一次需要的时间，因而能更直观地说明流动资产的周转速度。其计算公式为：

流动资产周转天数＝365÷流动资产周转率

流动资产的周转次数或天数，均表示流动资产的周转速度。一般来说，流动资产在一定时期的周转次数越多，亦即每周转一次所需要的天数越少，周转速度就越快，企业以相同的流动资产占用实现的销售收入就越多，流动资产的营运能力就越好；反之，周转速度就越慢，流动资产的营运能力就越差，效率就越低。生产经营任何一个环节的工作得到改善，都会反映到周转天数的缩短上来。按天数表示的流动资产周转率能更直接地反映企业生产经营状况的改善，便于比较不同时期的流动资产周转率，应用较为普遍。

（二）非流动资产营运能力分析

通过对固定资产周转率、长期资产周转率、固定资产产值率、固定资产收入率的分析，揭示固定资产利用效果和周转速度变动的原因，评价固定资产的营运能力。衡量非流动资产营运能力的指标主要有固定资产周转率和固定资产周转天数。其计算公式为：

固定资产周转率＝营业收入÷平均固定资产净值

固定资产周转天数＝365÷固定资产周转率

固定资产周转率高，表明企业固定资产利用充分，同时表明企业固定资产投资得当，固定资产结构合理，能够充分发挥作用；反之，如果固定资产周转率不高，则表明企业的固定资产使用效率不高，提供的生产成果不多，企业的营运能力不强。

（三）总资产营运能力分析

通过对总资产周转率、总资产产值率和总资产收入率的分析，揭示总资产周转速度和利用效率变动的原因，评价总资产营运能力。衡量总资产营运能力的指标主要有总资产周转率和总资产周转天数。其计算公式为：

总资产周转率＝营业收入÷总资产平均余额

总资产周转天数＝365÷总资产周转率

如果总资产周转率较低，说明企业利用全部资产进行经营的效率较差，最终会影响企业的获利能力。此时企业应采取各项措施来提高企业的资产利用程度，如提高销售收入或处理多余的资产。

在进行总资产周转率的分析时，应注意以下问题：

（1）总资产营运能力取决于每一项资产的营运能力。在分析总资产营运能力时，应单独分析各项重要资产的营运能力。

（2）资产结构会影响总资产营运能力。由于各单项资产的营运能力不同，因此资产结构会影响总资产营运能力。如果营运能力强的资产所占总资产比例小，而营运能力弱的资产所占总资产比例大，总资产的营运能力就较弱。

（3）资产的增加应与销售收入的增加相配比，特别是固定资产的增加（销售收入的增加意味着产品数量的增加，而生产能力与固定资产之间存在必然的联系）。

（4）如果企业的总资产周转率突然上升，而企业的销售收入与以往持平，则有可能是因企业本期报废了大量固定资产造成的，这并不能说明企业资产利用率提高。在进行总资产周转率分析时，应与企业以前年度的资产周转率进行趋势分析。

（5）不同行业的总资产营运能力有着较大的差异（如商品流通企业的总资产营运能力

一般远高于制造业企业的总资产营运能力）。计算分析时一般要参照相同指标的同行业先进水平或平均水平。

三、资产周转率分析注意事项

由于资产周转率指标中的资产数据是一个时点数，极易受偶然因素的干扰甚至是人为的修饰，因此，要弄清企业资产周转率的真实状况，首先应对其进行趋势分析，即对同一企业的各个时期的资产周转率加以对比分析，以掌握其发展规律和发展趋势。

资产周转率的同业比较即同行业之间的比较，它可以与同行业平均水平相比，也可以与同行业先进水平相比，前者反映的是在行业中的一般状况，后者反映的是与行业先进水平的距离或者是在行业中的领先地位。企业进行实际分析时可根据需要选择比较标准。

本章小结

企业获利能力的高低，既取决于产品的获利能力，又受资产营运能力的影响。企业的营运能力越强，资产运用效率越高，企业的业务越发达，营业收入越多，利润越高。

本章主要阐述了营运能力分析的目的、内容及衡量指标。企业应根据不同的资产类型对流动资产、非流动资产以及总资产的营运能力分别进行分析，其意义在于进一步为改善经营管理、增强企业营运能力指明方向。

课后思考题

1. 为什么要进行企业营运能力分析?
2. 衡量企业营运能力的指标有哪些？其计算公式分别是什么?

课后练习题

一、单项选择题

1. 反映资产周转速度的指标不包括（　　）。

A. 存货期　　B. 速动比率

C. 流动资产周转率　　D. 应收账款周转率

2. 某公司某年营业收入为 5 852 万元，年末总资产为 2 012 万元，年初总资产为 1 650 万元，则总资产周转率为（　　）。

A. 3.5　　B. 3.8　　C. 3.2　　D. 2.9

3. 某企业总资产周转率为 1.8，会引起该指标下降的经济业务是（　　）。

A. 销售商品取得收入　　B. 借入一笔短期借款

C. 用银行存款购入一台设备　　D. 用银行存款支付一年的保险费

4. 某企业上年度和本年度的流动资产平均占用额分别为 100 万元和 120 万元，流动资产周转率为 6 和 8，则本年度比上年度的销售收入增加了（　　）万元。

A. 80　　B. 180　　C. 320　　D. 360

5. 当销售净利润率一定时，投资报酬率的高低直接取决于（　　）。

A. 销售收入的多少　　B. 营业利润的高低

C. 投资收益的大小　　D. 资产周转率的快慢

二、多项选择题

1. 反映企业营运能力的指标有（　　）。

A. 总资产周转率　　B. 固定资产周转率　　C. 流动资产周转率

D. 存货周转率　　E. 应收账款周转率

2. 影响存货周转率的因素有（　　）。

A. 材料周转率　　B. 在产品周转率　　C. 产品生产成本

D. 产成品周转率　　E. 总产值

3. 应收账款周转率越高越好，因为它表明（　　）。

A. 收账迅速　　B. 减少坏账损失　　C. 资产流动性高

D. 营业收入增加　　E. 利润增加

4. 存货周转率偏低的原因可能有（　　）。

A. 过度采购　　B. 大量赊销　　C. 产品滞销

D. 销售政策发生变化　　E. 生产效率低下

三、计算分析题

1. 某公司年初流动资产为 220 万元，年末流动资产为 280 万元，本年利润总额为 100 万元，所得税税率为 25%，销售净利润率为 20%。计算该公司流动资产周转率。

2. 某企业连续三年的资产负债表中相关资产项目的数据如表 11－1 所示。

表 11－1　　某企业 2×15—2×17 年资产负债表部分数据　　单位：万元

项目	2×15 年末	2×16 年末	2×17 年末
流动资产	2 200	2 680	2 680
其中：应收账款	944	1 028	1 140
存货	1 060	928	1 070
固定资产	3 800	3 340	3 500
资产总额	8 800	8 060	8 920

已知 2×17 年营业收入为 10 465 万元，比 2×16 年增长了 15%，营业成本为 8 176 万元，比 2×16 年增长了 12%。

要求：(1) 计算该企业 2×16 年和 2×17 年的应收账款周转率、存货周转率、流动资产周转率、固定资产周转率、总资产周转率。

(2) 对该企业的资产运用效率进行评价。

第十二章
现金流量表及现金能力分析

学习目标

学完本章，你应能做到：

- 理解分析现金流量表的目的。
- 掌握现金流量表的分析方法。
- 能够运用指标对企业的现金偿债能力进行分析。
- 能够运用指标对企业的创现能力进行分析。
- 能够运用指标对企业的现金支付能力进行分析。

第一节　现金流量表分析

一、分析现金流量表的目的

企业现金流量是伴随着经营活动、投资活动和筹资活动产生的，这些活动的背后是一系列交易行为。因此，现金流量在一定程度上反映了企业交易行为的合理性与有效性，反映了企业财务状况的质量与经营管理的水平。对现金流量进行分析，站在不同利益相关者角度，其目的不同。

（一）企业经营者

企业经营者最为关注的是企业的生存、发展和获利情况，从现金流量角度上看，经营者的一般原则是：销售商品与提供劳务所收到的现金，应该超过为生产商品与提供劳务而支付的现金，并且妥善利用销售收入。因此，企业经营者进行现金流量分析的目的是判断企业交易活动创造现金流量的能力，并通过分析企业账面净利润与实际现金流量之间差异产生的原因，发现企业业务活动中存在的不足，为寻求改善和加强经营管理的措施与途径提供依据。

(二) 企业所有者

企业所有者最为关注的是能否最大限度地获得投资收益及资本利得情况，而企业支付股利的能力取决于现金流量状况。因此，企业所有者进行现金流量分析的目的是判断企业获取现金利润能力、股利支付能力和风险规避能力。

(三) 企业债权人

企业债权人最为关注的是企业对债权的保障程度，即以现金资产偿还本金及利息的能力。因此，债权人进行现金流量分析的目的是判断企业偿债能力的高低及企业信誉。

(四) 其他利益相关者

现金资产是任何契约履行的最佳资产形式，良好的现金流量状况在一定程度上表明了企业的信用状况及信守合约的能力。因此，对于利益相关者来说，现金流量分析可作为判断未来与该企业发生业务往来的可行性依据。

二、现金流量表项目分析

现金流量表的目的是揭示在会计期间内影响现金的经济事项的有关信息。报表中描述了三种一般类型的经济事项或活动：经营活动现金流量、筹资活动现金流量和投资活动现金流量。

那些在某个期间影响现金的事项可能对投资者、供应商、债权人和雇员非常重要。有关经营活动现金流量的信息指出了企业的连续业务产生现金的能力。有关投资活动现金流量的信息指出了企业如何为资本项目而使用（收到）现金或清理资产以在不利形势下继续生存。有关筹资活动现金流量的信息指出了企业如何为其扩张筹集资金或者向股东分配股利，如果一个筹资事项不涉及现金（如优先股转为普通股），这个信息将单独披露。

(一) 经营活动现金流量分析

经营活动现金流量是指企业经营活动中的所有交易和事项所产生的现金流量。它是企业现金的主要来源。相对于净利润而言，企业的经营活动现金流量更能反映企业真实的经营成果。净利润是根据权责发生制原则计算出来的，只是账面上的盈利，并不代表企业实际的可支配资源的增加。经营活动现金流量则反映了企业资金的充裕程度。经营活动现金流量正的金额越大，企业的资金越充裕，就有越多的资金用于企业的进一步扩充经营规模。反之，若企业的经营活动现金流量长期为负，则企业必将入不敷出，难以支付企业的日常开支和到期偿债，最后导致破产。

1. 经营活动现金流量的充裕性分析

(1) 经营活动产生的现金流量小于零。在这种情况下，企业正常的经营活动产生的现金流入不足以支付企业经营活动引起的现金流出。在企业的初创期，由于大量的扩大生产活动、开拓市场活动及产能没有达到规模经营的水平，经营活动的现金流量会出现负值。

这是企业成长过程中的正常现象。处于成长期的企业，虽然创造的现金不断增加，但由于还处在不断地扩大再生产过程中，一般不会有很充裕的现金流量。企业处于成熟期以后，经营活动的现金流量若仍然是负的，则必须采取一定手段从短期周转中补充资金。事实上处于这种情况的企业很难筹集到资金，因此会面临资金链断裂的情况，从而导致企业破产。在企业的衰退期，由于新产品的出现和市场占有率的逐渐下滑，在后期，经营活动现金流量一般也会是负的，这也是企业发展过程中的正常现象。

（2）经营活动产生的现金流量等于零。这就是说，企业正常的经营活动产生的现金流入刚好可以满足企业经营活动引起的现金流出，企业的经营活动现金流量处于平衡状态。在这种情况下，企业仅仅弥补了付现成本，非付现成本没有得到货币补偿。从短期看，企业无须向短期周转中注入资金，仍然可以维持周转。但是从长期来看，一旦需要重新购置固定资产，企业就面临着资金的危机。必须采取一定手段融资，否则无法更换设备继续生产。即使筹集到了资金，企业如果一直处于无法使非付现成本得到货币补偿的状态，那么最后的命运也必然是融资枯竭，走向破产。

（3）经营活动产生的现金流量大于零，但是无法完全弥补非付现成本。在这种情况下，企业的经营活动现金流入足以使经营付现成本得到货币补偿，但是无法完全弥补折旧或摊销等非付现成本。由于折旧加摊销费用不需要立即支付现金，企业的日常开支并不困难，甚至会有一部分节余，但是由于积攒起来的资金不足以重新购置固定资产，企业从长期来看仍是面临危机的。

（4）经营活动产生的现金流量大于零且刚好可以弥补非付现成本。在这种情况下，企业摆脱了日常经营在现金流量方面的压力。企业经营活动产生的现金流量刚好能够弥补企业的付现成本和非付现成本，能够维持经营活动货币的简单再生产，但是无法为企业的扩大再生产和进一步发展提供资金。

（5）经营活动产生的现金流量大于零且在弥补非付现成本后仍有剩余。在这种情况下，企业的经营活动现金流量完全弥补非付现成本后仍有剩余的资金，可以用于投资活动等，有利于企业的长期可持续发展，是企业运行的一种良好状态。企业富余的现金可以用于购置设备，从而扩大企业的生产规模，使企业获得更大的未来发展潜力。

2. 经营活动现金流量的操纵分析

随着投资者对企业财务状况关注的深入，越来越多的企业重视现金流管理。由于经营活动能给企业带来持续的现金流入，对基于经营活动现金净流量的分析越来越引起重视，故企业对现金流量表的操纵主要集中在经营活动产生的现金流量各项目上。

（1）篡改现金流量性质。将筹资活动现金流入粉饰为经营活动现金流入，企业把筹资活动的现金流入加到经营活动现金流量中，如把占用其他企业的资金称作是购货单位的预付账款。将经营活动支出放到投资活动中，如把本来应属于本期费用的支出硬是和某项固定资产的购建联系起来，合在一起夸大经营活动现金流量。将投资活动现金流入粉饰为经营活动现金流入，从而使经营活动现金流量净额大于零。

（2）应收票据贴现。对应收票据贴现，特别是在会计期末向银行贴现商业票据，既可以解决企业现金不足的困境，又可减少期末应收票据余额。但如果贴现的商业汇票到期时，票据承兑人不能承兑，贴现银行将会将贴现款划回或转为逾期贷款。因此，应收票据贴现实质上是企业筹措资金的一种形式，并不能改善企业的获现能力和收益质量。

（3）利用应付项目。投资者对经营活动现金流量重视程度的增加驱使上市公司产生对其进行改善的动机，在改善应收款项余地已不大的情况下，将目标瞄准了应付项目。如果一个公司某年经营活动现金流量主要得益于经营性应付项目的巨额增长，分析人员应该如何看待呢？我们不能假设企业一定赖账，但应看到当期应付项目的增长必然对应未来应付项目的减少，从而减少以后年度经营活动现金流量。

（二）投资活动现金流量分析

投资活动现金流量是指企业长期资产的购建和不包括现金等价物范围在内的投资及处置活动产生的现金流量。一般在企业的初创期和成长期，企业会有大规模的投资活动，从而导致企业的投资活动现金流量小于零。在企业的衰退期，随着产品销量的减少，一般会对固定资产等长期投资进行处置。此时，企业的投资活动现金流量一般会大于零。应该注意的是，购置或处置固定资产的现金流出或流入，结合固定资产的投资规模或者性质，可以进一步了解企业的发展战略和方向。对一种或者一系列产品而言，若处置其相关固定资产的现金流入大于重新购置该固定资产的现金支出，说明该企业的该产品在逐步萎缩或者该企业正试图退出该行业。

1. 投资活动现金流量小于或等于零

在投资活动现金流量小于或等于零的情况下，企业在购建固定资产、无形资产和其他长期资产、权益性投资及债务性投资等方面所支付的现金大于企业因处置固定资产、无形资产或其他长期资产、收回投资、分得股利、取得债券收入等所收到的现金净额之和。投资活动现金流量小于或等于零，不能武断地认为是好还是坏。应该观察这个特征是否符合企业的发展阶段，是否与企业的发展战略和发展方向相一致，才能进一步做出判断。从企业投资活动引起的现金流出量来看，企业的投资活动明显地分为两类：一为对内扩大再生产或转产投资，即购建固定资产、无形资产和其他长期资产支付的现金；二为对外扩张性投资，即对外股权、债权投资支付的现金。上述两类活动都将增加企业未来的现金流量，因而应该体现企业长期发展战略的要求。因此，此类活动的现金流量应有较强的计划性并应该与企业的发展战略有较为密切的联系，都不应该是冲动的结果，而应该是在进行充分的研究与论证以后决策的结果。为此，我们应该关注投资活动的现金流出量与企业投资计划的吻合程度。

另外，由于对内扩大再生产而进行的固定资产等投资的收回方式增加了经营活动的现金流量，所以长期来看，投资活动现金流量净额的累计数会小于零。

2. 投资活动现金流量大于零

投资活动现金流量大于零的情形是指，上述投资活动的现金流入量大于与投资活动相关的现金流出量。投资活动现金流量大于零可能出于两种原因：一是企业的投资回报的资金大于投资的现金流出；二是由于企业迫于资金压力，处理在用的固定资产或者持有的长期投资等。分析时应该加以区分，找到真正的原因。投资活动必须符合企业的发展战略，盲目的投资在增加企业的资金压力的同时，会导致巨大的亏损，导致投资无法收回，严重的可能会导致企业破产。

（三）筹资活动现金流量分析

筹资活动是指导致企业资本及债务规模和结构发生变化的活动，包括吸收投资、发行股票、借入和偿还资金、分配利润等活动。如果该项的现金净流入量大幅增加，则说明企业需要从外部大量筹集资金；如果筹资活动的现金净流出量大幅增加，则说明企业外部筹资规模正在收缩。

1. 筹资活动现金流量小于或等于零

筹资活动现金流量小于或等于零是指筹资活动产生的现金流入量小于或者等于筹资活动产生的现金流出量。这种情况的出现，可能是因为企业的筹资达到了一定的目的，利用经营活动产生的现金流量或者投资活动产生的现金流量在债务到期时进行偿还，也可能因为企业的投资活动或者经营活动出现失误，需要变卖资产偿还债务。

2. 筹资活动现金流量大于零

筹资活动现金流量大于零是指筹资活动产生的现金流入量大于筹资活动产生的现金流出量。在企业的初创期和成长期，内部资金不足以满足大规模的投资，需要从外部筹集资金。分析一个企业的筹资活动现金流量大于零是否正常，关键看筹集资金的目的，可能是企业扩大规模，也可能是企业的投资失误出现亏损，或者是经营活动现金流量长期入不敷出。

作业 12-1

请思考：在一般情况下，一个健康成长企业的经营活动、投资活动和筹资活动净现金流量符号如何？

【参考答案】

一般来说，一个健康成长的企业，经营活动现金流量应是正数，投资活动现金流量是负数，筹资活动现金流量是正负相间的。

三、现金流量表结构分析

现金流量表结构分析包括现金流入结构、现金流出结构、现金净流量结构和现金流入流出比分析，其方法是将现金流量表中某一项目数字作为基数，再计算出该项目各个组成部分占总体的百分比，以分析各项目的具体构成，从而揭示现金流量表中各部分和总体的结构关系。下面以夏虹公司 2×17 年现金流量表（见表 12－1）为例进行分析。

表 12－1　　2×17 年夏虹公司现金流量表　　单位：万元

项目	行次	本期金额
一、经营活动产生的现金流量：		
销售商品、提供劳务收到的现金	1	710 490
收到的税费返还	3	0
收到其他与经营活动有关的现金	8	921
经营活动现金流入小计	9	711 411
购买商品、接受劳务支付的现金	10	514 140
支付给职工以及为职工支付的现金	12	22 043

续前表

项目	行次	本期金额
支付的各项税费	13	84 078
支付其他与经营活动有关的现金	18	19 220
经营活动现金流出小计	20	639 481
经营活动产生的现金流量净额	21	71 930
二、投资活动产生的现金流量：		
收回投资收到的现金	22	0
取得投资收益收到的现金	23	997
处置固定资产、无形资产和其他长期资产收回的现金净额	25	53
处置子公司及其他营业单位收到的现金净额	26	0
收到其他与投资活动有关的现金	28	738
投资活动现金流入小计	29	1 788
购建固定资产、无形资产和其他长期资产支付的现金	30	73 038
投资支付的现金	31	4 332
取得子公司及其他营业单位支付的现金净额	32	0
支付其他与投资活动有关的现金	35	1
投资活动现金流出小计	36	77 371
投资活动产生的现金流量净额	37	−75 583
三、筹资活动产生的现金流量：		
吸收投资收到的现金	38	0
取得借款收到的现金	40	91 000
收到其他与筹资活动有关的现金	43	0
筹资活动现金流入小计	44	91 000
偿还债务支付的现金	45	71 000
分配股利、利润或偿付利息支付的现金	46	25 845
支付其他与筹资活动有关的现金	52	3 127
筹资活动现金流出小计	53	99 972
筹资活动产生的现金流量净额	54	−8 972
四、汇率变动对现金及现金等价物的影响	55	0
五、现金及现金等价物净增加额	56	−12 625
加：期初现金及现金等价物余额	57	70 683
六、期末现金及现金等价物余额	58	58 058

(一) 现金流入结构的分析

现金流入结构分析反映企业现金总流入结构和各项业务活动现金流入结构，即经营活动现金流入、投资活动现金流入以及筹资活动现金流入等在全部现金流入中的比重以及各项业务活动现金流入中具体项目的构成情况。通过现金流入结构的分析，可以明确企业现金的来源，把握增加现金流入的途径。

夏虹公司2×17年总现金流入中经营活动的现金流入占88.46%，投资活动的现金流入仅占0.22%，筹资活动的现金流入占11.32%。所以，该公司当年现金流入主要来自生产经营活动，也有一部分来自筹资活动，而投资活动的现金流入所占比例很小。在经营活动现金流入中，销售商品、提供劳务收到的现金占99.87%；在投资活动现金流入中，取得投资收益收到的现金占55.76%，其次是收到的其他与投资活动有关的现金，占41.28%，处置固定资产、无形资产和其他长期资产所收回的现金净额占2.96%，没有收回投资收到的现金，说明该公司投资活动正常；在筹资活动现金流入中，本年借款收到的现金91 000万元占100%。

（二）现金流出结构的分析

现金流出结构分为总流出结构分析和三项活动现金流出的内部结构分析，总流出结构是指三项活动现金流出占现金总流出的百分比，三项活动现金流出的内部结构是指企业各项活动在三项活动现金流出中所占比例。现金流出结构分析具体反映企业的现金用在哪些方面，从而明确节约现金开支的途径。

夏虹公司2×17年现金流出中，经营活动现金流出占78.29%，投资活动现金流出占9.47%，筹资活动现金流出占12.24%，即企业大部分现金流出为经营活动需要，而投资活动和筹资活动占用较少。在经营活动现金流出中，购买商品、接受劳务支付的现金占80.40%，支付的各项税费占13.15%，支付给职工以及为职工支付的现金占3.45%，支付其他与经营活动有关的现金占3%，经营活动现金流出的结构是合理的；在投资活动现金流出中，购建固定资产、无形资产和其他长期资产支付的现金占94.4%，投资支付的现金占5.6%，说明公司正在进行固定资产投资；在筹资活动现金流出中，偿还债务支付的现金占71.02%，分配股利、利润或偿付利息支付的现金占25.85%，支付其他与筹资活动有关的现金只占3.13%。

（三）现金净流量结构的分析

现金净流量结构是指经营活动、投资活动、筹资活动以及汇率变动影响的现金流量净额占全部现金净流量的百分比，它反映企业的现金净流量是如何形成与分布的，可以反映出现金收支是否平衡及其原因。

夏虹公司2×17年现金净流量结构如表12-2所示。

表12-2　　夏虹公司2×17年现金净流量结构表

项目	金额/万元	结构百分比/%
经营活动产生的现金流量净额	71 930	−570
投资活动产生的现金流量净额	−75 583	599
筹资活动产生的现金流量净额	−8 972	71
汇率变动对现金及现金等物价的影响	0	0
现金及现金等价物净增加额	−12 625	100

从表 12 - 2 可以看出，夏虹公司现金流量净额为负数，经营活动产生的现金流量净额为 71 930 万元，占总净流量的－570%，投资活动产生的现金流量净额为－75 583 万元，占总净流量的 599%，筹资活动产生的现金流量净额为－8 972 万元，占总净流量的 71%，说明企业经营活动产生的现金净流量基本能满足投资需要，但还要有一定的筹资补充。企业已处于成熟期，并在进行生产结构调整。

如果将不同时期的现金流量结构放在一起进行比较，就可以了解到企业现金流量结构的变化及未来的发展趋势。夏虹公司 2×15—2×17 年三年现金流入、流出结构如表 12 - 3、表 12 - 4 所示。

表 12 - 3　　2×15—2×17 年三年现金流入结构表　　单位：%

项目	2×15 年	2×16 年	2×17 年
经营活动现金流入	79	86.33	88.46
投资活动现金流入	1.86	0.16	0.22
筹资活动现金流入	19.14	13.51	11.32
合计	100	100	100

表 12 - 4　　2×15—2×17 年三年现金流出结构表　　单位：%

项目	2×15 年	2×16 年	2×17 年
经营活动现金流出	68.40	80.32	78.29
投资活动现金流出	18.15	10.18	9.47
筹资活动现金流出	13.45	9.50	12.24
合计	100	100	100

从表 12 - 3 可以看出，夏虹公司的现金流入中，经营活动所取得的现金所占比重很大，而且在全部现金流入中比例不断上升，企业经营活动发展趋势良好；筹资活动现金流入占有一定比例，但该比例在不断下降，说明企业对筹资的依赖性逐步减小，而越来越依赖于经营活动的现金流入。

从表 12 - 4 可以看出，企业全部现金流出中主要是经营活动现金流出，且所占比重呈上升趋势；投资活动现金流出占有一定比重，但呈逐年下降的趋势，说明企业的投资力度在减弱；筹资活动现金流出所占比例有升有降，这是企业现金流动的正常表现。

趋势分析法也可用于现金流量总额和各项目现金流量的分析，用来预测现金流量的未来走势。在进行现金流量结构分析时，应注意结构指标的合理性，同时要与企业所处的发展阶段联系起来分析，因为各种结构性比率在不同阶段表现出不同的特点。对于处于初创期的企业来说，现金流入结构中筹资活动现金流入占绝大部分，现金流出结构中投资活动现金流出占绝大部分。在发展期，经营活动现金流入增加，筹资活动现金流入已经下降，但还占一定份额，投资活动现金流出大幅度下降，但小额投资仍在继续。在成熟期，占现金流入和现金流出绝大部分的是经营活动现金流量，筹资活动现金流出在增加，因为大量债务到了还本付息期，分红比例也在提高，而投资支出基本停止，投资活动现金流入大量增加。在衰退期，企业经营萎缩，经营活动现金流量大大减少，企业必须调整经营方向，否则将进入财务困难状况。

（四）现金流入流出比分析

现金流入流出比是指当期流出的现金取得了多少现金流入的回报，其计算公式为：

现金流入流出比＝现金流入÷现金流出

现金流入流出比表示企业1元现金流出可换回多少现金流入。夏虹公司经营活动现金流入流出比为1.11，说明每1元现金流出能换回1.11元现金流入，经营活动现金流入流出比数值越大越好。投资活动现金流入流出比为0.02，表明公司处于扩张时期，公司处于初创期、发展期和生产经营结构调整期时，此比值小，而公司处于衰退期或缺少投资机会时，此比值较大。筹资活动现金流入流出比为0.91，表明公司偿还借款、支付利息、分配股利等的现金流出大于筹集的资金。对现金流量的结构分析，还可以采取和历史比较、和同业比较的方式，和历史比较可以观察企业现金流量的变化趋势，对未来现金流量进行预测。和同业比较可以找出差距，发现问题。一般来说，一个健康成长的公司，经营活动现金流量应是正数，投资活动现金流量是负数，筹资活动现金流量是正负相间的。夏虹公司目前就是这样。

在现金流量分析中，经营活动现金流量是分析的重点，其结构百分比具有代表性，可以根据它们和计划销售额来预测未来的经营活动现金流量。

1. 计算销售收现比

销售收现比的计算公式为：

销售收现比＝销售收现÷销售额×100％

此比例的计算可以用前几年的平均数。

假设夏虹公司2×17年的销售额（含增值税）为787 548万元，预计2×18年可增加8％，经营活动现金流量结构百分比不变，则：

销售收现比＝710 490÷787 548×100％＝90.22％

2. 计算预计销售商品现金流入

由于企业销售商品、提供劳务收到的现金占经营活动现金流入的绝大多数，在进行预测时，可以用此数代表经营活动现金流入。预计销售商品现金流入的计算公式为：

预计销售商品现金流入＝销售额×增长率×销售收现比

根据相关资料，2×18年夏虹公司预计销售商品现金流入为：

预计销售商品现金流入＝787 548×(1＋8％)×90.22％＝767 368（万元）

3. 计算经营活动现金流出

经营活动现金流出的计算公式为：

经营活动现金流出＝预计销售商品现金流入÷经营活动现金流入流出比

其中，“经营活动现金流入流出比”可以采用前几年的平均数。

根据相关资料，预计2×18年夏虹公司经营活动现金流出为：

经营活动现金流出＝767 368÷1.11＝691 323（万元）

4. 预计购买商品和劳务付现

预计购买商品和劳务付现的计算公式为：

$$\text{购买商品和劳务付现}=\text{经营活动现金流出}\times\text{购买商品和劳务现金流出占经营活动现金流出百分比}$$

其中，“购买商品和劳务现金流出占经营活动现金流出百分比”可以采用前几年的平均数。

根据相关资料，假设夏虹公司购买商品和劳务现金流出占经营活动现金流出百分比前三年的平均数为 80.4%，则 2×18 年夏虹公司预计购买商品和劳务付现为：

购买商品和劳务付现＝691 323×80.4%＝555 824（万元）

用同样方法可以计算经营活动现金流量的其他项目。

第二节　现金能力指标分析

现金能力指标分析主要包括现金偿债能力分析、创现能力分析、支付能力分析和资本支出能力分析四个方面。

一、现金偿债能力分析

现金偿债能力是指企业偿付各项随时可能到期的债务的能力。从这个定义来看，现金流量概念较传统的流动比率、速动比率等指标具有明显的优势。企业流动资产体现的是能在一年内或一个营业周期内变现的资产，包括了许多流动性不强的项目，如呆滞的存货、有可能收不回来的应收款项，以及本质上属于费用的待摊费用、预付账款等。它们虽然具有资产的性质，但事实上不能再转变为现金，不再具有偿付债务的能力。并且，不同企业的流动资产结构差异很大，资产质量各不相同，因此，仅用流动比率等指标来分析企业的偿债能力，往往有失偏颇。用现金流量指标对企业偿债能力进行分析，可以有效地弥补流动比率、速动比率等传统指标的缺陷，使偿债能力分析更具有实际意义。

企业举债必须以能够偿还为前提，否则企业的生产经营会陷入危机。因此，通过现金流量分析与测定企业的偿债能力，有利于经营者做出正确的决策，有利于债权人的贷款决策。常用的现金流量偿债能力指标主要有现金比率、现金负债总额比率、现金流动负债比率和现金到期负债比率。

（一）现金比率

现金比率是指企业的现金和现金等价物余额与企业的流动负债的比例，用公式表示为：

现金比率＝(现金＋现金等价物余额)÷流动负债

现金比率的含义详见本教材第九章第二节相关内容。

若夏虹公司 2×17 年年末的流动负债为 258 495 万元，则其现金比率＝58 058÷258 495＝0.22。

（二）现金负债总额比率

现金负债总额比率反映经营活动产生的现金净流量与总负债之比。其计算公式如下：

现金负债总额比率＝经营活动现金净流量÷负债总额

现金负债总额比率反映企业用年度经营活动产生的现金净流量偿还全部债务的能力，

体现了企业偿债风险的高低。一般而言，该指标越大，说明企业承担债务的能力越强，偿债时效保障越强，相应风险越小；反之，偿债时效保障越弱，相应风险越大。

若夏虹公司2×17年负债总额为325 495万元，则现金负债总额比率＝71 930÷325 495＝0.22＝22%。

该指标可衡量企业最高利息的承受能力，并与市场利率进行比较，以测算最大的借款筹资能力。夏虹公司的最大付息能力为22%，即利率高达22%时公司仍能按时付息。只要能按时付息，公司就能借新债还旧债，维持原有的债务规模。如果目前市场利率是10%，那么，夏虹公司的最大负债能力为719 300（71 930÷10%）万元，从付息能力上看，该公司还可借债393 805（719 300－325 495）万元。由此可见，该公司的举债能力是很强的。把这一比率倒过来计算，称为负债偿还期或动态负债率，即

负债偿还期＝负债总额÷经营活动现金净流量

负债偿还期从偿还债务本金的角度，测算企业用经营活动现金净流入量在多长的时间能够还清目前所有的债务，以评价企业资金筹措能力及判断债务偿还的能力。通常认为，负债偿还期在3.5年左右为好。

夏虹公司2×17年负债偿还期为：325 495÷71 930＝4.53（年）。

企业偿还债务的根本保障取决于企业经营活动的现金流量。在正常经营情况下，企业当期经营活动所获得的现金流入，首先要满足生产经营活动中的一些基本流出，如原材料的购买、工资的支付以及税金的缴纳等，然后才用于偿还债务。所以，分析企业的偿债能力，首先应分析企业当期取得的现金在满足生产经营活动时的情况，再分析经营活动产生的现金净流量能否用于偿还债务。

这里之所以采用经营活动产生的现金净流量，而不使用投资活动与筹资活动产生的现金净流量，原因是投资活动与筹资活动产生的现金净流量一般情况下在总现金净流量中所占的比重较低，而且举债筹资形成的现金流入最终仍需要经营活动现金流量来偿还。如果企业经营活动所取得的现金在满足经营活动正常运转支出后，不能偿还债务而必须向外筹集资金来偿债的话，说明企业财务状况已经存在问题。

（三）现金流动负债比率

现金流动负债比率，即现金流量负债率，是指企业经营活动现金净流量与流动负债的比率。计算公式为：

现金流动负债比率＝经营活动现金净流量÷流动负债

公式中分子的数据来源于现金流量表，分母的数据来源于资产负债表。

夏虹公司现金流动负债比率为：71 930÷258 495＝0.28。

现金流动负债比率说明企业用经营活动中获取的现金净额偿还债务的能力。在企业经营活动较为稳定、流动负债波动不大的情况下，该比率越大，说明企业经营活动偿还流动负债的能力越强，也反映其生产活动获利能力越强。

（四）现金到期负债比率

现金到期负债比率反映经营活动现金净流量与本期到期债务之比，用公式表示为：

现金到期负债比率＝经营活动现金净流量÷本期到期债务

本期到期债务是指本期到期的长期债务和本期到期的应付票据及其利息。通常这两种债务是不能展期的，必须如数偿还。

若夏虹公司 2×17 年到期债务为 24 000 万元，则其现金到期负债比率＝71 930÷24 000＝3。

若同行业的平均现金到期负债比率为 2.5，说明夏虹公司的偿债能力较好。现金到期负债比率用来衡量企业到期债务本金及利息可由经营活动创造现金支付的程度。该比率越大，说明企业偿付到期债务的能力越强。如果该比率小于 1，说明企业经营活动产生的现金不足以偿付到期的本息，企业必须对外筹资或者出售资产才能偿付债务。

二、创现能力分析

创现能力是指企业获取现金净流量的能力，它是从现金流量角度来评价企业的产出效率。利润指标是反映企业财务成果的重要指标，而现金流量则是衡量企业价值最主要的指标。对企业利润的计量是以权责发生制为基础的，广泛地运用收入实现原则、费用配比原则、划分资本性支出和收益性支出原则等，对收入与费用按其归属进行确认，而不管是否真正发生收入或支出。而且，这其中还包括了太多的会计估计，以此计算的利润常常使一个企业的盈利水平与其真实的财务状况不符。有的企业账面上业绩可观，而现金却入不敷出，举步维艰；而有些企业虽然巨额亏损，却现金充裕，周转自如。

因此，会计收益仅表现为账面上的利润，如果企业较长时间不创造现金流量，则企业势必面临巨大的现金压力，这对企业营运资金周转、偿还债务及各项投资活动均十分不利。从现金流量角度对企业创现能力进行分析，可以客观地揭示企业真正的价值。创现能力指标主要有现金净流量、经营活动创现率、主营业务收入现金流量、投资活动创现率等。

（一）现金净流量

现金净流量即现金及现金等价物净增加额。该指标反映在现金流量表的最后一行，它具体体现了企业的创现能力，是一个综合性指标，也是现金流量指标分析的基础。

（二）经营活动创现率

经营活动创现率是指经营活动现金净流量与净利润的比率，反映企业当期实现的净利润中创造的现金净流量。其计算公式为：

经营活动创现率＝经营活动现金净流量÷净利润

若夏虹公司 2×17 年净利润为 82 000 元，则其经营活动创现率＝71 930÷82 000＝87.72%。

一般而言，企业在创造净利润的同时，应该创造出相应的现金净流量，这样，企业盈利质量和财务状况才能得到保障。如果企业的经营活动创现率为零或负值，说明企业利润不是来自经营活动，而是来自其他渠道，表明企业通过自身创造现金流量的能力较差，经营活动存在巨大风险。由于资本支出等项目对净利润与现金流量的不同影响，该指标应以等于或大于 1 为宜。这里需要注意的是，为了保障与经营活动现金净流量计算口径一致，净利润的计算应剔除投资收益和筹资费用等项目。

反映经营活动创现能力的另一个指标是销售现金比率，该指标是指企业经营活动现金净流量与销售额的比率。其计算公式为：

销售现金比率＝经营活动现金净流量÷销售额

若夏虹公司2×17年销售额为787 548万元，则其销售现金比率＝71 930÷787 548＝0.09。

销售现金比率反映每1元销售得到的净现金。其数值越大，说明企业销售获取现金的能力越强。

（三）主营业务收入现金流量

主营业务收入现金流量是指销售商品和提供劳务收到的现金与主营业务收入的比率，反映企业在收付实现制下当期主营业务收入的资金收现情况。其计算公式为：

主营业务收入现金流量＝销售商品和提供劳务收到的现金÷主营业务收入

若夏虹公司2×17年主营业务收入为787 548万元，则其主营业务收入现金流量＝710 490÷787 548＝90.22%。

如果主营业务收入现金流量等于1，说明企业本期销售商品和提供劳务收到的现金与主营业务收入一致，没有形成挂账，周转良好；如果该指标大于1，说明企业不仅收回了当期的全部销售收入，而且收回了前期的部分应收款项，同时说明企业销售收入实现后所增加的资产转换现金速度快，质量高；如果该指标小于1，说明企业账面收入高，实际收到的现金少，挂账较多，企业主营业务收入没有创造相应的现金流入，此时应该更加关注企业债权资产的质量。

（四）投资活动创现率

投资活动创现率是指投资活动现金净流量与投资收益的比率，反映企业实现的投资收益中所带来的现金净流量水平。其计算公式为：

投资活动创现率＝投资活动现金净流量÷投资收益

投资活动创现率越高，说明企业投资收现状况越好，也说明企业投资水平越高。在具体应用该指标时，应注意以下两种情况：一是若企业投资活动现金净流量为负值，则不必计算该指标。这是因为该企业的投资活动不仅没有带来相应的投资收益，反而造成了一定的投资本金的损失。二是根据企业投资活动明细项目来判断收回投资取得的现金是由哪一类具体投资活动带来的。夏虹公司2×17年投资活动现金净流量为负数，故不必计算该指标。

此外，当以下几种比例关系正常时，对企业创现能力可以持乐观态度：第一，应收账款余额增长幅度与主营业务收入增长幅度有正常的比例关系；第二，应付账款余额增长幅度与应收账款余额增长幅度有正常的比例关系；第三，企业产品生命周期及存货库存时间接近或超过同行业先进水平。通过创现能力分析可以表明企业在现金流量方面的产出效率，同时表明企业利润的风险程度。但值得注意的是，在认同创现能力重要地位的同时，不要简单地排斥利润和获利能力指标，以免由于过度追求创现能力，而在一定程度上妨碍企业的销售增长和正常获利。

三、支付能力分析

支付能力是指企业除了用现金偿还债务外，用现金来支付其他各项开支，如购买原材料、支付职工工资、支付投资者股利（利润）开支等的能力。企业的支付能力特别是股利支付能力是投资人、经营者及潜在投资人共同关注的问题，投资人是出于对自身获得回报的考虑；经营者是出于对企业制定股利政策的需要；而潜在投资人则是出于投资决策的考虑。由此可见，股利支付能力指标对不同利益相关者的巨大作用。由于现金流量是企业分配现金股利的资金来源，因此借助于现金流量开展股利支付能力分析，对于科学评估企业股利支付能力具有重要作用。用于股利支付能力分析的现金流量指标主要有每股现金净流量、现金股利保障倍数和股本现金净流量比率。

（一）每股现金净流量

每股现金净流量是指企业经营活动现金净流量扣除优先股股利后与当期发行在外普通股的加权平均数之比。其计算公式为：

$$\text{每股现金净流量}=\left(\text{经营活动现金净流量}-\text{优先股股利}\right)\div\text{当期发行在外普通股的加权平均数}$$

若2×17年夏虹公司优先股股利为16 000万元，2×16年年末普通股股数为140 000万股，2×17年6月30日发行普通股14 000万股，则：

流通在外普通股的加权平均股数＝140 000＋14 000×6÷12＝147 000（万股）

每股现金净流量＝(71 930－16 000)÷147 000＝0.38

每股现金净流量反映某一会计年度内，发行在外的普通股加权平均每股所获得的经营活动现金净流量，它从一个新的视角，即现金流量角度来反映每一普通股股份的产出效率和分配水平。该指标可以与按照净利润计算的每股收益进行比较分析。每股现金净流量越高，表示企业的每股普通股在一个会计年度中所赚取的现金流量越多，企业经营活动现金净流量越充裕，企业的财务弹性和支付股利的能力就越强；反之，则每股普通股所赚取的现金流量越少，企业现金支付能力越弱。

目前，虽然对用现金流量来分析股利支付能力的争议很大，美国财务会计准则委员会(FASB）也禁止公司披露每股现金净流量，但由于该指标的直观性及实效性，大多数分析师们依然愿意采用该指标进行分析。

（二）现金股利保障倍数

现金股利保障倍数是指企业经营活动现金净流量与现金股利之比。其计算公式为：

现金股利保障倍数＝经营活动现金净流量÷现金股利

若夏虹公司2×17年流通股股数为148 655万股，每股派发现金股利0.11元，则该公司现金股利保障倍数＝(71 930÷148 655)÷0.11＝4.4。

现金股利保障倍数反映了企业用正常的经营活动现金净流量来支付现金股利的能力，在一定程度上体现了企业的股利政策。从理论上讲，该比率应该大于1，只有这样才能说明企业当期创造的经营活动现金净流量足以支付当期的现金股利；否则，如果该比率小于

1，则企业为支付股利必须筹集现金甚至必须变卖资产，其股利支付能力弱。

（三）股本现金净流量比率

股本现金净流量比率是指企业经营活动现金净流量与股本之比。其计算公式为：

股本现金净流量比率＝经营活动现金净流量÷股本

若夏虹公司2×17年股本为148 655万元，则该公司股本现金净流量比率＝71 930÷148 655＝48.39％。

股本现金净流量比率反映企业的资本支出和支付现金股利的能力。该比率越高，企业资本支出和支付现金股利的能力就越强。

四、资本支出能力分析

资本支出能力是指企业维持或扩大其资本资产规模的能力，它往往体现了企业的财务弹性及成长性优劣。一般来说，信息使用者除分析企业现金净流量在获利、偿债等方面的影响外，还应当关注企业的资本支出能力，以便更好地把握企业财务弹性和未来发展趋势。常用的资本支出能力指标有再投资比率和投资活动筹资比率。

（一）再投资比率

再投资比率也称资本性购置比率，是经营活动现金净流量与资本支出的比率，反映企业经营活动现金净流量支付各项资本性支出的能力。其计算公式为：

再投资比率＝经营活动现金净流量÷资本支出

若夏虹公司2×17年资本支出为68 000万元，则该公司再投资比率＝71 930÷68 000＝105.78％。

再投资比率等于或接近1时，表明企业经营活动产生的现金净流量可以满足企业进行资本性投资的现金需要；当该指标大于1时，表明企业经营活动产生的现金净流量在补偿资本性投资所需现金后，仍然有剩余，可以用来偿还债务或支付股利；而当该指标小于1时，表明企业经营活动产生的现金净流量不能满足企业进行资本性投资的现金需要，企业必须通过举债来满足需要。在具体应用该指标时，需要注意的问题是，由于资本性支出经常受到各种异常因素影响，年与年之间可能有较大变动，会影响预测分析的正确性。因此，在计算经营活动现金净流量和资本支出时，如果使用几年来的平均数，则可有效地消除单一年度异常因素的影响，使计算结果更准确。

（二）投资活动筹资比率

投资活动筹资比率反映了企业投资活动现金净流量与经营活动、筹资活动现金净流量的关系。该指标的计算公式为：

投资活动筹资比率＝投资活动现金净流量÷经营活动与筹资活动现金净流量

夏虹公司2×17年的投资活动筹资比率＝－75 583÷（71 930－8 972）＝－120.05％。

由于企业投资活动的现金净流量通常为负值，故投资活动筹资比率反映了企业投资现金支出的资金来源。从企业资本支出角度而言，该指标绝对值原则上应该小于1。如果大于1，表明企业投资活动的现金流出不仅耗尽了同期产生的经营活动现金净流量，而且动用了期初现金余额，企业资产流动性必然受到影响，企业未来的资本性支出能力也将大打折扣。

本章小结

企业经营者进行现金流量分析的目的是判断企业交易活动创造现金流量的能力，为寻求改善和加强经营管理的措施与途径提供依据。企业所有者进行现金流量分析的目的是判断企业获取现金利润能力、股利支付能力和风险规避能力。债权人进行现金流量分析的目的是判断企业偿债能力的强弱及企业信誉。

现金流量表的目的是揭示在会计期间内影响现金的经济事项的有关信息。现金流量表项目分析，分别从经营活动现金流量、筹资活动现金流量和投资活动现金流量三方面进行。

现金净流量结构分析是指经营活动、投资活动、筹资活动以及汇率变动影响的现金流量净额占全部现金净流量的百分比，它反映企业的现金净流量是如何形成与分布的，可以反映出现金收支是否平衡及其原因。

现金能力指标分析主要包括现金偿债能力分析、创现能力分析、支付能力分析和资本支出能力分析四个方面。常用的现金流量偿债能力指标主要有现金比率、现金负债总额比率、现金流动负债比率和现金到期负债比率。创现能力指标主要有现金净流量、经营活动创现率、主营业务收入现金流量、投资活动创现率等。用于股利支付能力分析的现金流量指标主要有每股现金净流量、现金股利保障倍数和股本现金净流量比率。常用的资本支出能力指标有再投资比率和投资活动筹资比率。

课后思考题

1. 现金流量表分析的相关利益者分析现金流量表的目的是什么？现金流量表项目分析包含几个方面？筹资活动现金流量小于零说明什么？

2. 现金流量表结构分析可以从哪几个方面进行？如何计算预计销售商品现金流入？

3. 现金能力指标分析主要有几个方面？每个方面能力的各自具体指标包含哪些？这些具体指标的计算公式是什么？并对指标的意义进行说明。

课后练习题

一、单项选择题

1. 下列指标中，最能反映企业盈利质量的指标是（　）。

A. 利息保障倍数　　B. 流动比率

C. 经营活动创现率　　D. 销售利润率

2. 下列不属于经营活动现金流量的是（　）。

A. 收回应收账款

B. 本期收到客户的预付款项

C. 以现金支付的在建工程人员的工资

D. 向购买方收取的增值税销项税额

3. 支付股票股利时（　　）。

A. 影响当期经营活动现金流量　　B. 影响当期投资活动现金流量

C. 影响当期筹资活动现金流量　　D. 不影响当期现金流量

4. 反映企业当期营业收入的现金收回情况，可以用来与营业收入对比分析的现金流量表项目是（　　）。

A. 经营活动现金流入小计　　B. 经营活动产生的现金流量净额

C. 现金及现金等价物净增加额　　D. 销售商品、提供劳务收到的现金

5. 反映企业自身生产活动创造现金流量水平的指标是（　　）。

A. 经营活动产生的现金流量净额　　B. 投资活动产生的现金流量净额

C. 筹资活动产生的现金流量净额　　D. 现金及现金等价物净增加额

6.（　　）是指企业持有的期限短、流动性强、易于转换为已知金额现金、价值变动风险很小的投资。

A. 现金　　B. 现金等价物　　C. 短期投资　　D. 应收票据

7. 现金流量表是以（　　）为基础编制的。

A. 现金　　B. 经营活动　　C. 筹资活动　　D. 投资活动

8. 现金流量表是按照（　　）编制的。

A. 权责发生制　　B. 收付实现制　　C. 历史成本　　D. 公允价值

9. 现金流量表的核心是（　　）。

A. 经营活动　　B. 投资活动　　C. 筹资活动　　D. 现金流量

10. 企业当期收到的税费返还应列入现金流量表中的（　　）现金流入量。

A. 经营活动　　B. 投资活动　　C. 筹资活动　　D. 汇率变动影响

二、多项选择题

1. 根据现行的会计准则，现金流量表将现金分为三类，它们是（　　）。

A. 经营活动现金流量　　B. 筹资活动现金流量

C. 投资活动现金流量　　D. 营业现金流量

E. 营运现金流量

2. 进行现金流量表分析的目的有（　　）。

A. 了解现金流变动情况及其原因

B. 判断企业获得现金的能力

C. 有利于分析企业的偿债能力及长期发展能力

D. 评价企业的盈利质量

E. 有利于分析企业的支付能力和再投资能力

3. 关于企业现金流量与企业经营周期的关系，下列说法正确的有（　　）。

A. 在企业的创业期，投资活动活跃，投资活动消耗的现金流量远大于经营活动产生的现金流量

B. 在企业的成熟期，经营活动现金流量稳定，净流量很大，现金流量充足

C. 一般在企业的创业期存在大量的筹资需求，筹资活动产生的现金流量巨大

D. 在企业的成长期，经营、筹资和投资的现金流量都为正

E. 在企业的衰退期，一般会对固定资产等长期投资进行处置，投资活动现金流量一般会大于零

4. 企业的日常经营活动现金流入量不足以支付企业日常经营活动现金的流出量，企业可以采取的措施包括（　　）。

A. 提高销售收入的收现率　　B. 向银行借入贷款

C. 加速应收账款的收回　　D. 临时动用准备投资的现金

E. 变现长期资产

5. 若企业的筹资活动现金净流量小于零，可能是由于（　　）。

A. 企业处在无法取得贷款的困境中，同时需要偿还到期债务

B. 企业处于良好的运转状态，近期内不打算扩充规模，开始大规模偿还前期债务

C. 企业处于良好的运转状态，大量派发现金股利

D. 企业处于良好的运转状态，大量派发股票股利

E. 企业为到达一定的目的而筹资，利用经营活动或投资活动产生的现金流偿还债务

三、判断题

1. 现金流量表中，股利支出属于投资活动现金流量。（　　）

2. 现金流量表项目分析，即通过对现金流量表每个项目前后期的增减变动来观察企业现金流的变化情况，对异常变动的原因和后果进行分析。（　　）

3. 除非企业可以完全弥补非付现成本，否则企业会从经营活动产生的现金流量大于零但是无法弥补非付现成本的情况变为经营活动产生的现金流量等于零或小于零的情况，进而破产。（　　）

4. 经营活动现金流量大于零，企业一定处于盈利状态。（　　）

5. 企业支付所得税将引起投资活动现金流出量的增加。（　　）

6. 一般情况下，企业的非经营收益越多，收益质量就越好。（　　）

7. 处置子公司及其他营业单位收到的现金净额属于筹资活动现金流入量。（　　）

四、计算分析题

1. 宏盛公司 2×17 年和 2×16 年的现金流量净增加额资料如表 12-5 所示。

表 12-5　　宏盛公司现金流量净增加额构成　　单位：万元

项目	2×17 年	2×16 年
经营活动产生的现金流量净额	120 000	90 000
投资活动产生的现金流量净额	−900 000	−400 000
筹资活动产生的现金流量净额	1 000 000	250 000
汇率变动对现金的影响额	0	0
现金及现金等价物净增加额	220 000	−60 000

要求：(1) 编制宏盛公司现金流量净增加额结构分析表。

(2) 根据结构分析表中的有关数据分析宏盛公司 2×17 年存在的问题。

2. 某公司有关财务资料如下：

(1) 负债总额为 23 000 万元，其中流动负债占 80%，年内到期的长期负债为 1 500 万元。

(2) 经营活动净现金流量为 6 600 万元。

(3) 公司当年净利润为 7 500 万元。

要求：(1) 计算该公司的现金到期债务比率、现金流动负债比率、现金债务总额比率。

(2) 计算该公司的净利润现金比率（经营活动创现率）。

(3) 若目前市场利率为 15%，则该公司理论上还可借入多少资金？

第十三章
企业发展能力分析

学习目标

学完本章，你应能做到：

- 了解企业发展能力分析的意义和内容。
- 熟悉各种增长率指标的内涵。
- 掌握各种增长率指标的计算并对企业单项发展能力进行分析。
- 掌握并利用增长率指标分析的基本框架对企业的整体发展能力进行分析。

第一节　企业发展能力概述

一、发展能力分析的意义

企业能否持续发展对所有者、经营者及其他相关利益团体至关重要，因此有必要对企业的发展能力进行深入分析。发展能力分析的意义主要体现在以下方面：

第一，对于所有者而言，可以通过发展能力分析衡量企业为所有者创造价值的程度，从而为采取下一步战略行动提供依据。

第二，对于潜在的投资者而言，可以通过发展能力分析评价企业的成长性，从而选择合适的目标企业，做出正确的投资决策。

第三，对于经营者而言，可以通过发展能力分析发现影响企业未来发展的关键因素，从而采取正确的经营策略和财务策略促进企业可持续发展。

第四，对于债权人而言，可以通过发展能力分析判断企业未来获利能力，从而做出正确的信贷决策。

二、发展能力分析的内容

与获利能力一样，企业发展能力的大小同样是一个相对的概念，即分析期的所有者权益、收益、销售收入和资产相对于上一期的所有者权益、收益、销售收入和资产的变化程度。仅仅利用发展额只能说明企业某一方面的增减金额，无法反映企业在某一方面的增减幅度，既不利于不同规模企业之间的横向对比，也不能准确反映企业的发展能力，因此在实践中通常使用发展率来进行企业发展能力分析。当然，企业不同方面的发展率之间存在相互作用、相互影响的关系，因此只有将各方面的发展率加以比较，才能全面分析企业的整体发展能力。

可见，企业发展能力分析的内容可分为以下两部分。

（一）企业单项发展能力分析

企业价值要获得发展，就必须依赖于所有者权益、收益、销售收入和资产等方面的不断增长。企业单项发展能力分析就是通过计算和分析所有者权益增长率、收益增长率、销售增长率、资产增长率等指标，分别衡量企业在所有者权益、收益、销售收入、资产等方面所具有的发展能力，并对其在所有者权益、收益、销售收入、资产等方面所具有的发展趋势进行评估。

（二）企业整体发展能力分析

企业要获得可持续发展，就必须在所有者权益、收益、销售收入和资产等方面谋求协调发展。企业整体发展能力分析就是通过对所有者权益增长率、收益增长率、销售增长比率、资产增长率等指标进行相互比较与全面分析，综合判断企业的整体发展能力。

过分地重视取得和维持短期财务结果，很可能使企业急功近利，在短期业绩方面投资过多，而在长期的价值创造方面关注甚少。在我国，甚至一些最优秀的企业都不能完全免除以财务结果为导向的短期行为。

很多类似案例向企业家提出一个深刻的问题：什么才是经营企业至关重要的东西？是利润，还是持续发展？的确，利润很重要，但对于高明的企业家，持续发展更重要，利润只是实现持续发展的基础。

作业 13-1

请思考：单纯追求利润最大化是否会导致企业短期行为，不利其长期发展？

【参考答案】

如果以利润最大化为企业目标，必然导致企业短期行为，不利其长期发展，应以企业价值最大化为导向，才有利企业可持续发展。

第二节　单项发展能力分析

单项发展能力分析主要包括所有者权益增长率分析、资产增长率分析、销售增长率分析和收益增长率分析。下面的分析以何光公司为例。

一、所有者权益增长率分析

（一）所有者权益增长率的内涵和计算

所有者权益增加是驱动剩余收益增长的因素之一，可以采用比率表示。所有者权益的增加就是期初余额到期末余额的变化，利用所有者权益增长率能够解释这种变化。所有者权益增长率是本期所有者权益增加额与所有者权益期初余额之比，也叫做资本积累率。其计算公式如下：

$$\text{所有者权益增长率}=\text{本期所有者权益增加额}\div\text{所有者权益期初余额}\times 100\%$$

若何光公司 2×17 年年末的所有者权益为 35 780 万元，2×16 年年末的所有者权益为 32 480万元，则：

$$\text{所有者权益增长率}=(35\,780-32\,480)\div 32\,480\times 100\%=10.16\%$$

所有者权益增加表示企业可能不断有新的资本加入，说明了所有者对企业前景充分看好。在资本结构不变的情况下，所有者权益增加的同时增加了企业的负债筹资能力，为企业获取债务资本打开了空间，提高了企业的可持续增长能力。

所有者权益增长率越高，表明企业本期所有者权益增加得越多；反之，所有者权益增长率越低，表明企业本年度所有者权益增加得越少。

对所有者权益增长率的分析还应该注意所有者权益不同类别的变化情况，一般来说，资本的扩张大都来源于外部资金的注入，反映企业获得了新的资本，具备了进一步发展的基础。如果资本的扩张主要来源于留存收益的增长，可以反映出企业在自身的经营过程中不断积累发展后备资金，既表明企业在过去经营过程中的发展业绩，也说明企业具有进一步的发展后劲。

如需分析企业两年及两年以上的所有者权益平均增长率，还可用 N（$N>1$）年资本平均增长率指标，其计算公式为：

$$N\text{ 年资本平均增长率}=\left(\sqrt[n]{\frac{\text{年末所有者权益}}{N\text{ 年前末所有者权益}}}-1\right)\times 100\%$$

N 年资本平均增长率表示企业连续 N 期的资本积累增长情况，体现企业的发展趋势和水平，资本增长是企业发展壮大的标志，也是企业扩大再生产的源泉，在没有新的所有者资本投入的情况下，本指标反映了投资者投入资本的保全和增长情况，该指标越高，说明资本保值增值能力越强。企业可以长期使用的资金越充裕，应付风险和持续发展的能力越强。

这种计算 N 年平均增长率的方法也可用于资产增长率、销售增长率和收益增长率的分析。

（二）所有者权益增长率分析

所有者权益的增长主要来源于经营活动产生的净利润和融资活动产生的股东净支付。所谓股东净支付，就是股东对企业当年的新增投资扣除当年发放的股利。这样，所有者权益增长率还可以表示如下：

$$\text{所有者权益增长率}=\frac{\text{本期所有者权益增加额}}{\text{所有者权益期初余额}}\times 100\%$$

$$=\frac{\text{净利润}+(\text{股东新增投资}-\text{支付股东股利})}{\text{所有者权益期初余额}}\times 100\%$$

$$=\frac{\text{净利润}+\text{股东的净支付}}{\text{所有者权益期初余额}}\times 100\%$$

$$=\text{净资产收益率}+\text{股东净投资率}$$

公式中的净资产收益率和股东净投资率都是以所有者权益期初余额作为分母计算的。从公式中可以看出，所有者权益增长率是受净资产收益率和股东净投资率这两个因素驱动的。其中，净资产收益率反映了企业运用所有者投入资本创造收益的能力，而股东净投资率反映了企业利用股东新投资的程度，这两个比率的高低都反映了对所有者权益增长的贡献程度。从根本上看，一个企业的所有者权益增长应该主要依赖于企业运用所有者投入资本所创造的收益。尽管一个企业的价值在短期内可以通过筹集和投入尽可能多的资本来增加，并且这种行为在扩大企业规模的同时有利于经营者，但是这种策略通常不符合所有者的最佳利益，因为它忽视了权益资本具有机会成本，并应获得合理投资报酬的事实。

为正确判断和预测企业所有者权益规模的发展趋势和发展水平，应将企业不同时期的所有者权益增长率加以比较。因为一个持续增长型企业，其所有者权益应该是不断增长的，如果时增时减，则反映出企业发展不稳定，同时说明企业并不具备良好的发展能力，因此仅仅计算和分析某个时期的所有者权益增长率是不全面的，应利用趋势分析法将一个企业不同时期的所有者权益增长率加以比较，才能正确评价企业发展能力。

二、资产增长率分析

（一）资产增长率的内涵和计算

资产是企业拥有或者控制的用于经营并取得收入的资源，同时是企业进行筹资和运营的物质保证。资产的规模和增长情况表明企业的实力和发展速度，也是体现企业价值和实现企业价值扩大的重要手段。在实践中，凡是表现为不断发展的企业，都表现为企业的资产规模稳定并不断地增长，因此把资产增长率作为衡量企业发展能力的重要指标。

企业要增加销售收入，就需要通过增加资产投入来实现。资产增长率就是本期资产增加额与资产期初余额之比，其计算公式如下：

资产增长率＝本期资产增加额÷资产期初余额×100％

若何光公司 2×17 年年末总资产为 52 100 万元，2×16 年年末总资产为 48 900 万元，则：

资产增长率＝(52 100－48 900)÷48 900×100％＝6.54％

资产增长率是用来考核企业资产投入增长幅度的财务指标。资产增长率为正数，则说明企业本期资产规模增加，资产增长率越大，则说明资产规模增加幅度越大；资产增长率为负数，则说明企业本期资产规模缩减，资产出现负增长。N 年资产平均增长率的计算公式为：

$$N\text{ 年资产平均增长率}=\left(\sqrt[n]{\frac{\text{年末资产}}{N\text{ 年前年末资产}}}-1\right)\times 100\%$$

（二）资产增长率分析

在对资产增长率进行具体分析时，应该注意以下几点：

（1）企业资产增长率高并不意味着企业的资产规模增长就一定适当。评价一个企业的资产规模增长是否适当，必须与销售增长、利润增长等情况结合起来分析。如果资产增加，而销售和利润没有增长和减少，说明企业的资产没有得到充分的利用，可能存在盲目扩张而形成资产浪费和营运不良等。所以只有在一个企业的销售增长、利润增长超过资产规模增长的情况下，这种资产规模增长才属于效益型增长，才是适当的、正常的。

（2）要正确分析企业资产增长的来源。因为企业的资产一般来自负债和所有者权益，在其他条件不变的情形下，无论是增加负债规模还是增加所有者权益规模，都会提高资产增长率。如果一个企业的资产增长完全依赖于负债的增长，而所有者权益项目在年度里没有发生变动或者变动不大，这说明企业可能潜藏着经营风险或财务风险，因此不具备良好的发展潜力。从企业自身的角度来看，企业资产的增加应该主要取决于企业盈利的增加。当然，盈利的增加能带来多大程度的资产增加还要视企业实行的股利政策而定。

（3）全面认识企业资产规模的增长趋势和增长水平，应将企业不同时期的资产增长率加以比较。因为一个健康的处于成长期的企业，其资产规模应该是不断扩张的，如果时增时减，则反映出企业的经营业务并不稳定，同时说明企业并不具备良好的发展能力。所以只有将一个企业不同时期的资产增长率加以比较，才能正确评价企业资产规模的增长能力。

三、销售增长率分析

（一）销售增长率的内涵和计算

市场是企业生存和发展的空间，销售增长是企业增长的源泉。一个企业的销售情况越好，说明其在市场中所占份额越多，企业生存和发展的市场空间也越大，因此可以用销售增长率来反映企业在销售方面的发展能力。销售增长率就是本期营业收入增加额与上期营业收入净额之比，其计算公式如下：

$$销售增长率=本期营业收入增加额\div上期营业收入净额\times100\%$$

若何光公司 2×17 年营业收入为 123 560 万元，2×16 年年末营业收入为 121 240 万元，则：

$$销售增长率=(123\ 560-121\ 240)\div121\ 240\times100\%=1.91\%$$

需要说明的是，如果上期营业收入净额为负值，则应取其绝对值代入公式进行计算。该公式反映的是企业某期整体销售增长情况。销售增长率为正数，则说明企业本期销售规模增加，销售增长率越大，则说明企业销售收入增长得越快，销售情况越好；销售增长率为负数，则说明企业销售规模缩小，销售出现负增长，销售情况较差。N 年销售平均增长率的计算公式为：

$$N\text{年销售平均增长率}=\left(\sqrt[n]{\frac{\text{本年营业收入}}{N\text{年期营业收入}}}-1\right)\times100\%$$

(二) 销售增长率分析

在利用销售增长率来分析企业在销售方面的发展能力时，应该注意以下几个方面：

(1) 要判断企业在销售方面是否具有良好的成长性，必须分析销售增长是否具有效益性。如果销售收入的增加主要依赖于资产的相应增加，也就是销售增长率低于资产增长率，说明这种销售增长不具有效益性，同时反映企业在销售方面可持续发展能力不强。在正常的情况下，一个企业的销售增长率应高于其资产增长率，只有这样才能说明企业在销售方面具有良好的成长性。

(2) 全面、正确地分析和判断一个企业销售收入的增长趋势和增长水平，必须将一个企业不同时期的销售增长率加以比较和分析。因为销售增长率仅仅是对某个时期的销售情况而言，某个时期的销售增长率可能会受到一些偶然的和非正常的因素影响，而无法反映出企业实际的销售增长能力。

(3) 可以利用某种产品销售增长率指标，来观察企业产品的结构情况，进而也可以分析企业的成长性，其计算公式可表示如下：

某种产品销售增长率＝某种产品本期销售收入增加额÷上期销售收入净额×100%

根据产品生命周期理论，每种产品的生命周期一般可以划分为四个阶段，即初创期、成长期、成熟期和衰退期。每种产品在不同的阶段反映出的销售情况也不同，在初创期，由于产品研究开发成功，刚刚投入正常生产，因此该阶段的产品销售规模较小，而且增长比较缓慢，即某种产品销售增长率较低。在成长期，由于产品市场不断拓展，生产规模不断增加，销售量迅速扩大，因此该阶段的产品销售增长较快，即某种产品销售增长率较高。在成熟期，由于市场已经基本饱和，销售量趋于基本稳定，因此该阶段的产品销售将不再有大幅度的增长，即某种产品销售增长率与上一期相比变动不大。在衰退期，由于该产品的市场开始萎缩，因此该阶段的产品销售增长速度开始放慢甚至出现负增长，即某种产品销售增长率较上一期变动非常小，甚至表现为负数。

根据这一原理，借助某种产品销售增长率指标，大致可以分析企业生产经营的产品所处的生命周期阶段，据此也可以判断企业发展前景。对一个具有良好发展前景的企业来说，较为理想的产品结构是成熟一代、生产一代、储备一代、开发一代，如图 13-1 所示。如果一个企业所有产品都处于成熟期或者衰退期，那么它的发展前景就不容乐观了。

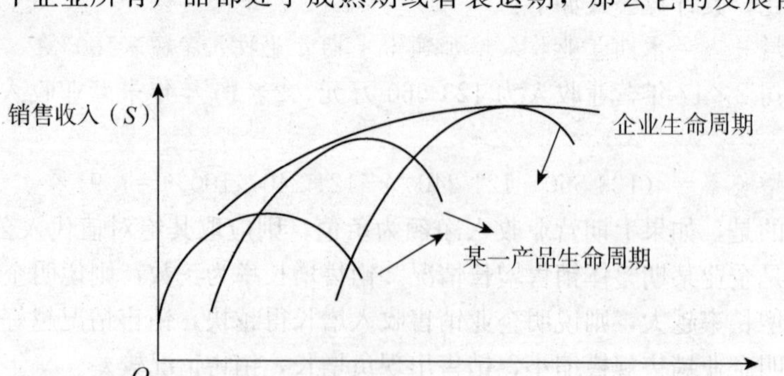

图 13-1　产品生命周期与销售收入的关系

四、收益增长率分析

(一) 收益增长率的内涵和计算

由于一个企业的价值主要取决于其获利及增长能力，所以企业的收益增长是反映企业增长能力的重要方面。由于收益可表现为营业利润、利润总额、净利润等多种指标，因此相应的收益增长率也具有不同的表现形式。在实际应用中，通常使用的是净利润增长率和营业利润增长率这两个比率。

由于净利润是企业经营业绩的结果，因此净利润的增长是企业成长性的基本表现。净利润增长率是本期净利润增加额与上期净利润之比，其计算公式如下：

$$\text{净利润增长率}=\text{本期净利润增加额}\div\text{上期净利润}\times 100\%$$

若何光公司 2×17 年的净利润为 7 800 万元，2×16 年的净利润为 6 890 万元，则：

$$\text{净利润增长率}=(7\,800-6\,890)\div 6\,890\times 100\%=13.21\%$$

需要说明的是，如果上期净利润为负值，则应取其绝对值代入公式进行计算。该公式反映的是企业净利润增长情况。净利润增长率为正数，则说明企业本期净利润增加，净利润增长率越大，则说明企业收益增长得越多；净利润增长率为负数，则说明企业本期净利润减少，收益降低。N 年净利润平均增长率的计算公式为：

$$N\text{ 年净利润平均增长率}=\left(\sqrt[n]{\frac{\text{本年净利润}}{N\text{ 年期净利润}}}-1\right)\times 100\%$$

如果一个企业销售收入增长，但利润并未增长，那么从长远看，它并没有创造经济价值。同样，一个企业如果营业利润增长，但营业收入并未增长，也就是说，其利润的增长并不是来自营业收入，那么这样的增长也是不能持续的，随着时间的推移也将会消失。因此，利用营业利润增长率这一比率也可以较好地考察企业的成长性。营业利润增长率是本期营业利润增加额与上期营业利润之比，其计算公式如下：

$$\text{营业利润增长率}=\text{本期营业利润增加额}\div\text{上期营业利润}\times 100\%$$

需要说明的是，如果上期营业利润为负值，则应取其绝对值代入公式进行计算。该公式反映的是企业营业利润增长情况。营业利润增长率为正数，则说明企业本期营业利润增加，营业利润增长率越大，则说明企业营业利润增长得越多；营业利润增长率为负数，则说明企业本期营业利润减少，收益降低。

(二) 收益增长率分析

要全面认识企业净利润的增长能力，还需要结合企业的营业利润增长情况共同分析。如果企业的净利润主要来源于营业利润，则表明企业产品获利能力较强，具有良好的增长能力；相反，如果企业的净利润不是主要来源于正常业务，而是来自营业外收入或者其他项目，则说明企业的持续发展能力并不强。

要分析营业利润增长情况，应结合企业的营业收入增长情况一起分析。如果企业的营业利润增长率高于企业的销售增长率即营业收入增长率，则说明企业正处于成长期，业务不断拓展，企业的获利能力不断增强；反之，如果企业的营业利润增长率低于营业收入增长率，则反映企业营业成本、税费、期间费用等成本上升超过了营业收入的增长，说明企业的获利能力并不强，企业发展潜力值得怀疑。

为了更正确地反映企业净利润和营业利润的增长趋势，应将企业连续多期的净利润增长率和营业利润增长率指标进行对比分析，这样可以排除个别时期偶然性或特殊性因素的影响，从而更加全面真实地揭示企业净利润和营业利润的增长情况。

第三节　整体发展能力分析

一、整体发展能力分析

除了对企业发展能力进行单项分析以外，还需要分析企业的整体发展能力。其原因在于：其一，所有者权益增长率、收益增长率、销售增长率和资产增长率等指标，只是从所有者权益、收益、销售收入和资产等不同的侧面考察了企业的发展能力，不足以涵盖企业发展能力的全部。其二，所有者权益增长率、收益增长率、销售增长率和资产增长率等指标之间相互作用、相互影响，不能截然分开。因此，在实际运用时，只有把几种类型的增长率指标相互联系起来进行综合分析，才能正确评价一个企业的整体发展能力。

那么，应该如何分析企业的整体发展能力呢？具体的思路如下：

首先，分别计算所有者权益增长率、收益增长率、销售增长率和资产增长率等指标的实际值。

其次，分别将上述增长率指标实际值与以前不同时期增长率数值和同行业平均水平进行比较，分析企业在所有者权益、收益、销售收入和资产等方面的增长能力。

再次，分析所有者权益增长率、收益增长率、销售增长率和资产增长率等指标之间的关系，判断不同方面增长的效益性及它们之间的协调性。

最后，根据以上分析结果，运用一定的分析标准，判断企业的整体发展能力。一般而言，只有企业的所有者权益增长率、资产增长率、销售增长率、收益增长率保持同步增长，且不低于行业平均水平，才可以判断这个企业具有良好的发展能力。

根据上述分析思路可形成企业整体发展能力分析框架，如图 13－2 所示。

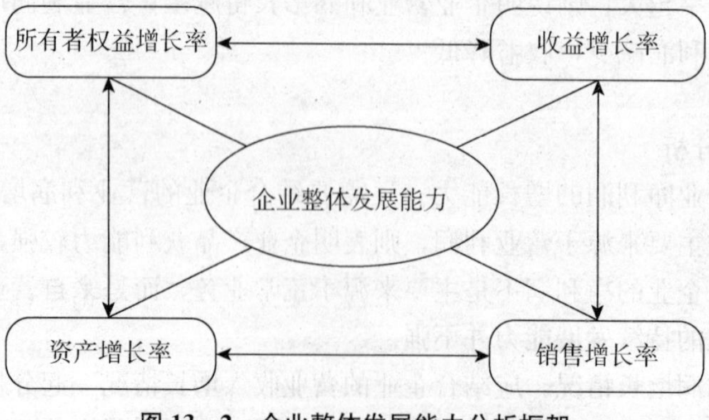

图 13－2　企业整体发展能力分析框架

运用这一分析框架能够比较全面地分析企业发展的影响因素，从而能够比较全面地评价企业的发展能力，但对于各因素的增长与企业发展的关系无法从数量上进行确定。

从企业整体的角度考虑企业的增长，就是保持企业的可持续增长能力，从某种程度上来讲就是保持和谐的财务策略和经营策略。对快速成长的企业而言，其资源会变得相当紧张，管理层需要采取积极的财务政策和经营政策加以控制，如发行新的权益资本，提高财务杠杆系数，减少股利或利润支付比例来满足资金的需求，同时调整经营政策来进行成长管理，如通过分流部分订单、改变销售策略、停止或减少入不敷出的经营项目来减少增长的现金压力等。

对于成长过慢的企业来说，管理层面临的问题之一是如何解决处理现金顺差问题。企业可根据自身的情况进行股票回购或增发股利，通过并买入成长型企业，即在更有活力的行业寻找物有所值的成长机会。一般来说，企业可持续增长能力的评价指标是可持续增长率。

二、整体发展能力分析框架应用

应用企业整体发展能力分析框架分析企业整体发展能力时应该注意以下几方面。

(一) 对股东权益增长的分析

所有者权益的增长一方面来源于净利润，净利润主要来自营业利润，营业利润又主要取决于销售收入，并且销售收入的增长在资产使用效率保持一定的前提下要依赖于资产投入的增加；所有者权益的增长另一方面来源于所有者的净投资，而净投资取决于本期所有者投入资本的增加和本期股利的发放。

(二) 对收益增长的分析

收益的增长主要表现为净利润的增长，而对于一个持续发展的企业而言，其净利润的增长应该主要来源于营业利润，而营业利润的增长又主要来自营业收入的增加。

(三) 对销售增长的分析

销售增长是企业营业收入的主要来源，也是企业价值增长的源泉。一个企业只有不断开拓市场，保持稳定的市场份额，才能不断扩大营业收入，增加股东权益。同时为企业进一步扩大市场、开发新产品和进行技术改造提供资金来源，最终促进企业的进一步发展。

(四) 对资产增长的分析

企业资产是取得销售收入的保障，要实现销售收入的增长，在资产利用效率一定的条件下就需要扩大资产规模。要扩大资产规模，一方面可以通过负债融资实现，另一方面可以依赖股东权益的增长，即净利润和净投资的增长。

总之，在运用企业整体发展能力分析框架时需要注意各种类型增长率之间的相互关系，否则无法对企业的整体发展能力做出正确的判断。

本章小结

企业发展能力分析对于债权人、经营者、股东等有各自不同的意义。企业发展能力分析的内容包括单项发展能力分析和整体发展能力分析。将二者结合，才能综合判断企业的发展能力。

企业单项发展能力分析就是通过计算和分析股东权益增长率、收益增长率、销售增长率、资产增长率等指标，分别衡量企业在所有者权益、收益、销售收入、资产等方面所具有的发展能力，并对其在所有者权益、收益、销售收入、资产等方面所具有的发展趋势进行评估。

企业要获得可持续发展，就必须在所有者权益、收益、销售收入和资产等各方面谋求协调发展。企业整体发展能力分析就是通过对所有者权益增长率、收益增长率、销售增长率、资产增长率等指标进行相互比较与全面分析，综合判断企业的整体发展能力。

应用企业整体发展能力分析框架分析企业整体发展能力时，应该注意各种类型增长率之间的相互关系，否则无法对企业的整体发展能力做出正确的判断。

课后思考题

1. 企业发展能力分析对于相关利益者各自的意义是什么？它和现金流量表等分析的目的有什么区别？

2. 企业发展能力分析的内容包含哪些？

3. 企业单项发展能力分析指标具体包含哪些？这些指标是如何应用的？

4. 如何分析企业的整体发展能力？在应用企业整体发展能力分析框架时需要注意哪些问题？

课后练习题

一、单项选择题

1. 下列因素中，能直接影响股东权益增长率变化的指标是（ ）。

A. 净资产收益率　　B. 总资产周转率

C. 总资产报酬率　　D. 总资产

2. 如果企业某一种产品处于成熟期，其销售增长率的特点是（ ）。

A. 比值比较大　　B. 与上期相比变动不大

C. 比值比较小　　D. 与上期相比变动非常小

3. 下列指标中，不属于增长率指标的是（ ）。

A. 利息保障倍数　　B. 销售增长率

C. 股东权益增长率　　D. 资本积累率

4. 如果企业某一种产品处于衰退期，其销售增长率的特点是（ ）。

A. 比值比较大　　B. 增长速度与上期相比变动不大

C. 比值比较小　　D. 增长速度开始放慢甚至出现负增长

二、多项选择题

1. 可以用于反映企业增长能力的财务指标包括（　　）。

A. 资产增长率　　B. 销售增长率
C. 资本积累率　　D. 净利润增长率
E. 所有者权益增长率

2. 股东权益增长率的大小直接取决于下列因素中的（　　）。

A. 权益乘数　　B. 总资产报酬率
C. 净资产收益率　　D. 总资产周转率
E. 股东净投资率

3. 下列项目中，属于企业资产规模增加的原因是（　　）。

A. 企业对外举债　　B. 企业实现盈利
C. 企业发放股利　　D. 企业发行股票
E. 企业偿还货款

4. 可以用来反映企业收益增长能力的财务指标有（　　）。

A. 净利润增长率　　B. 销售增长率
C. 总资产报酬率　　D. 资本积累率
E. 营业利润增长率

三、判断题

1. 企业资产增长率越高意味着对企业越有利。（　　）

2. 企业能否持续增长对投资者、经营者至关重要，但对债权人而言相对不重要，因为他们更关心企业的变现能力。（　　）

3. 在产品生命周期的成长期，产品销售增长率一般趋于稳定，与上期相比变化不大。（　　）

4. 增长能力的大小是一个相对概念。（　　）

5. 仅分析某一项增长能力指标，无法得出企业整体发展能力情况的结论。（　　）

四、计算分析题

1. 已知甲公司从 2×14 年到 2×17 年的净利润分别为 180 万元、200 万元、220 万元、250 万元，2×14 年到 2×17 年的所有者权益净额分别为 1 400 万元、1 800 万元、2 100 万元、2 450 万元。请计算甲公司的所有者权益增长率，并根据所有者权益增长率的直接影响因素分析其变化的原因。

2. 已知乙公司 2×14 年到 2×17 年的资产总额分别为 200 万元、296 万元、452 万元、708 万元，四年的负债总额分别是 78 万元、120 万元、179 万元、270 万元。请计算并分析乙公司的净资产增长能力。

参考文献

[1] 潘爱香．财务报表分析．北京：中央广播电视大学出版社，2011.
[2] 曹军，刘翠侠．财务报表编制与分析实务（修订本）．北京：清华大学出版社，北京交通大学出版社，2007.
[3] 池国华．财务报表分析：第 3 版．北京：清华大学出版社，北京交通大学出版社，2017.
[4] 财政部会计资格评价中心．初级会计实务．北京：经济科学出版社，2017.
[5] 财政部会计资格评价中心．中级会计实务．北京：经济科学出版社，2017.
[6] 戴欣苗．财务报表分析技巧·策略：第 3 版．北京：清华大学出版社，2017.
[7] 黄玮勤．财务报表解释．上海：上海教育出版社，2003.
[8] 沃尔特·T. 小哈里森，查尔斯·T. 亨格瑞．财务会计：第 6 版．北京：清华大学出版社，2007.
[9] 卡伦·P. 舍尼贝克．财务报表说明与分析：第 2 版．北京：北京大学出版社，2003.
[10] 穆林娟．财务报表分析．上海：复旦大学出版社，2008.
[11] 王萍．财务报表分析：第 2 版．北京：清华大学出版社，北京交通大学出版社，2013.
[12] 于久洪．财务报表编制与分析：第 3 版．北京：中国人民大学出版社，2016.
[13] 中国注册会计师协会．会计．北京：中国财政经济出版社，2018.
[14] 中华人民共和国财政部．企业会计准则（2018 版）．北京：经济科学出版社，2017.
[15] 企业会计准则编审委员会．企业会计准则应用指南．上海：立信会计出版社，2017.
[16] 张新民，钱爱民．财务报表分析：第 3 版．北京：中国人民大学出版社，2014.
[17] http：//www. sse. com. cn.
[18] http：//www. zese. cn.
[19] http：//www. cninfo. com. cn.

图书在版编目（CIP）数据

财务报表编制与分析/伍巧君，王海民主编．—2版．—北京：中国人民大学出版社，2018.7
21世纪高等继续教育精品教材．会计系列
ISBN 978-7-300-25866-9

Ⅰ.①财… Ⅱ.①伍… ②王… Ⅲ.①会计报表-编制-成人高等教育-教材 ②会计报表-会计分析-成人高等教育-教材 Ⅳ.①F231.5

中国版本图书馆CIP数据核字（2018）第126181号

21世纪高等继续教育精品教材·会计系列
财务报表编制与分析（第二版）
主编 伍巧君 王海民
Caiwu Baobiao Bianzhi yu Fenxi

出版发行	中国人民大学出版社		
社 址	北京中关村大街31号	**邮政编码**	100080
电 话	010－62511242（总编室）		010－62511770（质管部）
	010－82501766（邮购部）		010－62514148（门市部）
	010－62515195（发行公司）		010－62515275（盗版举报）
网 址	http://www.crup.com.cn		
	http://www.ttrnet.com(人大教研网)		
经 销	新华书店		
印 刷	北京东君印刷有限公司	**版 次**	2011年8月第1版
规 格	185mm×260mm 16开本		2018年7月第2版
印 张	17.5	**印 次**	2018年7月第1次印刷
字 数	418 000	**定 价**	38.00元